石塚伸一［編著］

龍谷大学社会科学研究所叢書第53巻

現代「市民法」論と新しい市民運動

21世紀の「市民像」を求めて

現代人文社

はしがき

　わたしたちの研究会は、「現代『市民法』論の系譜を検討し、近代法の発展過程の中にこれを位置づけるとともに、これらの理論と新たな市民運動の展開との関係を検討し、21世紀の新たな『市民像』を構築する」ことを目的として、1999年4月に発足した。メンバーは、石井幸三、牛尾洋也、福島至、三阪佳弘（以上龍谷大学）、佐藤岩夫（大阪市立大学、現在は東京大学社会科学研究所）、佐々木光明（三重短期大学）、前田朗（東京造形大学）、金尚均（西南学院大学、現在は龍谷大学）、松宮孝明、葛野尋之（以上立命館大学）、馬場健一（神戸大学）、本田稔（大阪経済法科大学、現在は立命館大学）の各氏と石塚（龍谷大学）が原初メンバーである。その後、村井敏邦（一橋大学、現在は龍谷大学）、中川孝博の両氏（大阪経済法科大学）に参加していただいた。萩屋昌志（龍谷大学）、見上崇洋（立命館大学）、西尾幸夫（関西学院大学）の各氏にも、オブザーバーとして、ご協力いただいた。

　1999年から2001年にかけて、龍谷大学社会科学研究所の共同研究助成を受け、定期的に研究会を開催するとともに、2度にわたり、海外調査を実施した。2002年度には、龍谷大学矯正・保護研究センターのコミュニティー・プリズン・プロジェクト（刑事政策におけるNGOの役割、社会的援助のあり方、地域社会との連携などについて研究することを目的とする）として認めていただき、研究成果を発表するための準備作業に入った。

　各年次の研究活動の詳細については、巻末の「研究活動記録」をご参照いただきたい。ここでは、主な活動だけを紹介しておく。

　1999年度は、5回の研究会を開催し、2回の講演会を開催した。2000年3月には、第1次イギリス調査を実施し、現地のNGOを中心にインタヴュー調査と関連文献の収集を行なった。その成果は、石井論文に示されている。

　2000年度は、3回の研究会を開催した。NGOとの関係では、「京都・アミティ研究会」と協力して、アメリカの犯罪者の社会復帰のための自

助グループ「アミティ」の招聘に成功し，同メンバーの関西セミナーに協力した。また，薬物依存症からの回復のための自助グループ「ダルク（DARC）」の講演会を開催した。これらの成果は，石塚伸一「犯罪者の社会復帰と自助グループの役割～国家的パラダイムから市民的パラダイムへ～」法学セミナー548号70～75頁（2000年7月）に発表されている。司法制度改革をめぐる市民の活動についても，「京都・当番弁護士を支える市民の会」や司法制度改革審議会の地方公聴会への参加などによって，詳細な情報収集をすることができた。ケーススタディーとしては，弁護士グループと協力して，きわめて困難とされる死刑確定者との面会調査の機会を得たことは大きな成果である。また，京滋地域における受刑者労働の国家的利用について，聴取り調査も行なった。

2001年2月・3月には，第2次イギリス調査を実施した。2回の調査によって，さまざまな社会問題を抱えながら，市民が自らの力によって，積極的に問題に取り組んでいるイギリス社会の実情を理解することができた。イギリスの市民運動の隆盛は，21世紀の日本社会の在り方を考える上で示唆に富む。自己責任を強調する社会への変容の中で，社会のコアの部分を形づくるのは国家なのか，それとも，市民なのか，という基本的な問題を検討する視座が明らかになった。

2001年度は，6回の研究会を開催した。イギリス調査を踏まえ，刑事司法に関連するNGOの活動を検討した。また，内外の実態調査の成果とNGO活動の理論化を二本の柱とする論文集を刊行することに決定した。

龍谷大学「遺伝子工学と生命倫理と法」研究会と協力して，ハンス・ルートヴィッヒ・シュライバー教授（ゲッティンゲン大学）をお招きし，先端技術に対して，ドイツの市民と社会がどのような取り組みを行っているかを報告していただいた。

2002年3月には，イギリスの調査でお世話になったロッド・モーガン教授（英国保護観察局首席査察官）をお招きし，「ブレア政権下における刑事政策の変容」についての研究会を開催した。

本書は，内外の市民運動にかかわりをもつ人たちの実践的理論研究の成果である。ともすれば，「神々の論争」になりがちの基礎理論を，個

別社会問題での実践の中で再構築し，検証している。本研究会の活動と本書の発行自体が，現代「市民社会」へのひとつの挑戦である。

　研究会後の懇親会のにぎやかさもあって，「酒民法」研究会などと揶揄されたりもした。忙しさの中で分解しそうになる研究会を叱咤激励していただき，本書の完成に漕ぎ着けることができたのは，（株）現代人文社の成澤壽信社長と桑山亜也さん，北井大輔さんのお陰である。こころから，お礼申し上げたい。

　本書は，龍谷大学社会科学研究所の研究助成の成果である。

2003年2月20日

現代「市民法」研究会　代表
石塚伸一

目次

はしがき 1

第1部　理論編　〜現代「市民法」論の展開〜 9

市民運動とその人間像　　石井幸三 11
 1　はじめに 11
 2　用語をめぐる論点 12
 3　結び 25

官僚法の市民法への転轍をめざして　　馬場健一 33
ある情報公開最高裁判決の呪縛を素材に
 1　はじめに 33
 2　本最高裁判決とそこにおける部分公開に関わる法理 35
 3　本最高裁判決の問題性 38
 4　ある関連地裁判決における本最高裁判決の受容と展開 52
 5　市民法への転轍を目指して 60

刑法における近代の弁証法　　本田稔 65
 1　序言 65
 2　古典刑法の特徴 67
 3　近代刑法の弁証法 69
 4　ドイツ刑法史の矛盾構造 74
 5　結語 77

刑事法における市民的公共性　　葛野尋之 85
刑事人権と市民の権利

1 問題設定　85
  2 少年の本人特定報道の禁止と市民の権利　91
  3 少年司法への市民参加　99
  4 結語　111

二つの刑事政策　　石塚伸一　125
〜大きな刑事司法か？　小さな刑事司法か？〜

  はじめに　126
  1 犯罪は増えているか？　〜認知件数の増加と検挙率の低下〜　127
  2 犯罪者の増加？　〜刑事施設の過剰収容〜　130
  3 二つの刑事政策　135
  4 「市民的刑事政策」構想　137
  むすび　〜治安重視の大きな刑事司法か？
　　　　　個人本位の小さな刑事司法か？〜　140

第2部　実践編　〜新しい市民運動を求めて〜　147

少年法「改正」における危機の創出と
プライバタイゼーション　　佐々木光明　149
もとめられる市民的協同の構想

  はじめに　〜「子ども期」への攻撃〜　150
  1 改正立法審議に求められた視点　〜審議の傍聴から〜　151
  2 改正立法審議で採られた手法　154
  3 危機の創出と個人への帰責化　156
  4 「威嚇」が生み出す社会的関係の構図　158
  5 「威嚇」の液状化　160
  6 市民による社会的協同と実践の尊重　163
  むすびに代えて　164

薬物依存からの回復と市民的支援　　石塚伸一　167
北九州にダルクを呼ぶ会
　はじめに　168
　1　北九州にダルクを呼ぼう！　168
　2　さようなら！　北九州　172
　3　ダルクとはなにか　175
　4　司法モデル　〜国家による介入の正統性〜　177
　5　医療モデル
　　　〜「衛生」から「治療」へ，そして「福祉」〜　179
　6　福祉モデル　〜第3のモデルの可能性〜　180
　むすびに代えて
　　　〜自己決定を基礎とした社会復帰と3つのテーゼ〜　183

アミティが市民運動に与えたインパクト
　　　　　　　南口芙美＝石塚伸一　187
京都での取り組み
　はじめに　187
　1　アミティとは何か？　189
　2　来日講演から，アミティ研究会・京都へ　192
　3　再来日へ向けて　193
　4　来日中止　194
　5　再来日実現　196
　おわりに　196

　　ナヤ・アービター講演　　坂上香・訳　199
　　　アメリカの刑務所におけるアミティの実践
　　　〜暴力の連鎖を断つために〜

ドイツの薬物政策　　金尚均　219
　1　ドイツにおける薬物犯罪対策の現状　219

2　ドイツの各地での取り組み　227
　　　3　フランクフルト市の薬物問題に関する研究報告　232
　　　4　小括　235

刑事拘禁とNGO（市民）活動　　福島至　239
ジュリエット・ライオン氏に聞く
　　　1　はじめに　239
　　　2　刑事拘禁とNGO活動の役割・意義　240
　　　3　ジュリエット・ライオン氏に聞く　242
　　　4　むすびにかえて　252

研究活動記録　255

おわりに　〜21世紀の「市民像」を求めて〜　265

第1部

理論編
~現代「市民法」論の展開~

市民運動とその人間像

石井　幸三

1　はじめに
2　用語をめぐる論点
　(1)　市民運動の主体像
　(2)　市民運動の場としてのpublic
　(3)　市民運動の種類とその類似運動
3　結び

1　はじめに

　本稿は，市民運動を取り上げ，それに関係する様々な観念や社会観との関連性を考えながら，市民運動の主体を理論的に位置づけようとする試みである。市民運動は，市民が主体的になすものであるから，市民運動の主体が「市民運動をなしている」と言えば市民運動になるのかもしれないし，新聞などの評価者が「この運動は市民運動である」と位置づければそうなるのかもしれない。市民運動をあえて定義して，これは市民運動であれはそうではないと言うことは，無益かもしれない。しかし，市民運動が，一時的な行為や行動ではなく，非政府組織（NGO）や非営利組織（NPO）といった組織を通じて継続的な活動をなすようになった現在，市民運動（本稿は組織による市民活動も含めて市民運動と言う）のもつ潜在力を民主主義の立場から位置づけることは無益ではないと私は考える。本研究会で行なったイギリスでの調査旅行が，非政府組織を中心に行なわれたにもかかわらず，むしろ非政府組織を中心に行なったからこそ，市民運動のもつ潜在力と民主主義との関係の問いが，浮かんできたと言えよう。
　イギリスの調査旅行を例を挙げよう。本書の執筆者達は，イギリスの刑事法関連の非政府組織を，2000年2月下旬から3月上旬の約10日間に

わたって調査した。見聞した私は，非政府組織が組織として十分な活動をすればする程，組織がビジネスのようになっているという感も持ったが，非政府組織の多さと活動の多様さと活発さに驚かされた。publicな問題は，まさに公機関ならびに全ての人々の共通関心事項であるがゆえに，政府と非政府機関が各々の利害関心からそれに取り組んでいた。歴史的に言えば，サッチャー時代（1979-90）の小さな政府への指向が，従来の政府機能であった領域に非政府組織が参加する活動の余地を与え，非政府組織は，政府機能の分有を通じてそれに対する関与度と能力を高めていった。このような市民運動，非政府組織のあり方は，政府に取り込まれたのか否かというきわどい（critical）問題を起こす。このきわどい問題は，民主主義，市民社会，public（issue）との関連で検討されねばならない。なぜなら，このような非政府組織の活動は，従来の政府活動の領域に対する市民の批判的（critical）関与の成果として考えられるからである。

2　用語をめぐる論点

　市民運動に関係する用語の意味を，以下の論述で生じるかもしれない誤解を避けるため，便宜上，確定しておこう。

(1)　市民運動の主体像
　私は，市民運動の「市民」を，何らかの形式的な基準に照らした市民としてではなく，運動によって社会的関心事項に積極的に参加する主体＝市民になるという理念的な意味で用いる。市民は，形式的ないしは法的な概念ではなく，社会の何らかの共通関心事項に対して主体的に積極的に形成的行動を起こそうとする者である。この意味での市民は，性別，人種，国籍，年齢，宗教，地域住民といったような基準による市民・非市民という区別に関与しない。様々な側面においてグローバル化と言われている事柄が起きている現代社会に積極的に対処していくには，従来の形式的なないし法的な市民概念は，一面では国や公機関を相手にした実際の交渉や訴訟過程で利用されねばならないが，他面では超えら

れねばならない概念である。本稿は，市民の形式的要件にとらわれず，社会の関心事項に対する能動的側面を重視して「市民」という言葉を用いる。

このことは，何らかの形式的ないし法的な基準で市民を理解して研究や説明をなしていくこと自体に意義を認めないと言うことを意味しない。市民運動が，立法，行政，司法の場に行く時は，そのような概念が武器になったり障碍になったりするので，それを研究しておく必要がある。法的な基準での市民を，国家または都市といった共同体の公的事項に参加できる市民「権」（citizenship）を有する人と考える時にも，考慮すべきは，その形式化され固定化された概念とその概念が指示する人の範囲は，部分的にせよ全面的にせよ運動の結果の産物であることである。歴史的にみれば，形式化され固定化された概念は，国家の支配権を握った者によって，排除の論理に使われたり使われていることも事実である。身近な例では，選挙権資格が挙げられる。低所得者，労働者，女性は，多くの国では近代国家の初期の段階では参政権から排除されていた。しかし，彼らは，参政権獲得運動をなすことで，今日の民主主義国家では国家の能動的構成員として正式に認められているのである[1]。市民運動の市民の定義に必要なのは，形式的な市民概念が作られる初期の運動過程での精神を保持しながら，形式的概念を踏み越える思考である。

市民運動にかかわる人は，さし当たっては自己の利益に直接的に関係しない，社会的関心事項に情熱をもって関与している人である。市民運動の多くの主体は，利己主義を超える人間観，社会観をもっているか内在させている。政治哲学からみれば，市民運動の主体はどのように理解されうるのかを問うことができよう。彼らの主体像に関して私が注目するのは，最近の政治哲学で論じられている「市民的徳」（civic virtue）や（シビック）リパブリカニズム（civic republicanism〔市民的〕共和主義）で表わされる人間観との関係である[2]。後者の思想の先駆け者であるH・アレントは，アメリカ独立宣言についてこのように言っている。「独立宣言は，私的幸福と公的幸福の間の差異を曖昧にしているけれども，少なくとも，『幸福の追求』という用語を二重の意味で理解させようとしていることがそれである。すなわち，公的幸福の権利と同時に個

市民運動とその人間像　13

人的福祉を意味し，『公務の参加者』たることと同時に福祉の追求を意味している。しかし，この二重の意味のうちの公的な部分はすぐにも忘れられた」(3)。革命期の人間像には，公的活動を重視するcivicな人間像と経済的活動を重視するcivilな人間像の二つが拮抗していたのである。「civicとcivilには基本的な裂け目がある。今日の言葉遣いでは，civilは，私的個人主義をより指向しており，civicは公的連帯をより指向している」。「civicの次元は，より積極的で参加的であり，責務を強調する。civilのそれは，より消極的で目的合理的であり，安全と権利を強調する」(4)。civicは，民主主義的な政治制度と構成員の参加を基調としており，civilは，経済的活動のための構成員の安全を基調としているのである。私は，市民運動に含まれる人間像を共和主義的＝civic的人間像として把握する。

　この共和主義的市民像を，アメリカ革命，憲法に関する共和主義的理解を巡るシンポジウムを特集した1988年の『イェール・ロー・ジャーナル』97号から抜粋してみよう。「共和主義は，共有された価値の存在と共通善の可能性とへの信念を通じて，社会的同意は，理性的に考え，各人の私的経験から抽象化できる諸個人による『理性的に考えられた』討議から生じるだろうことを基本的に仮定している」(5)。「市民的共和主義の今日的復活は，市民性，政治的平等，討議的決定作成に焦点を当てている」。「市民的共和主義者は，憲法上の論述と決定作成に参加するために市民の空間と非司法的制度の再創造のために働かなければならない」(6)。アメリカ憲法制定時の共和主義は「軍国主義，エリート主義，宗教主義，性差別主義の感情という……強い実質的構成要素を含んでい」(7)。たがゆえに，それを今日に活かせるのか否かの論争も存在するが，共和主義的市民像とそれに基づく社会，国家観は，近現代社会で優勢であった自由主義的個人像，そこから生じる社会，国家観とは異なるものである。その市民像は，社会の関心事項に積極的に関与する民主主義的市民像であり，市民運動にみられる主体像は，近代社会創成期の市民像を継承する契機をもっているのである(8)。

　こう言っても，私は限定を付けておきたい。現代社会では個人の活動や存在の場が，初期の近代社会のそれと異なって飛躍的に多様である。

仕事の場，住居の場，余暇活動の場をとってみても，繋がる人間も異なれば，そこで求められる役割も異なっている。したがって，個人は場面ばめんでの性格を変えて現われていることが考慮されるべきである。特に，仕事の場においては，多くの労働者は資本の利益追求の論理に妥協して生きていかざるをえない。しかし，仕事の場だけが日常生活の場であるわけではないし，仕事の場であってもそこに連帯の場があるはずである。日常に埋没せず，長いものに巻かれず，自らが他者と一緒になって社会や国家の現状を変える契機をどこかで作りだしていくことが市民の役目であろう。全生活領域で，個人はcivicであることは難しいが，ある局面では可能である。市民運動の市民は，参加している運動の場での連帯的繋がりをもったcivicであるが，それ以外の場ではそうでないことも認めねばならない(9)。

(2) 市民運動の場としてのpublic

　限定付きではあるが，「市民運動にみられる主体像は，近代社会創成期の市民像を継承する契機をもっているのである」と書いた。継承と言ってみたところで近代社会創成期の市民像は，近代社会の資本主義的生産様式が優勢になるにつれ衰退してきたのであるから，その再生と言うには再生の可能性に触れる必要があろう。言い方を換えれば，初期の市民像がなぜ過去の歴史のなかで展開することができなかったにもかかわらず，今日ようやくその可能性が垣間見られるようになったのかが説明されねばならないだろう。この問題を正確に論じるには，資本主義経済，社会の発展史，市民社会史，公私（public-private）の歴史を視野に収める必要があろう。私には，それをやり遂げる能力がないので，すぐれた研究に頼り，粗略な見取り図を提出することで前に進むほかない(10)。

　近代革命以後の市民は，政治的国家と市民社会の分裂に対応して，政治を論じる市民と経済行為をする市民に自己分裂する。この市民は，当初，一定の所有条件を満たした男性の有産者である。この状況での社会的関心事項は，主要にはブルジョア的な枠内，公＝政治という等号式の枠内での関心事項か，あるいはブルジョア的文化のなかでの関心事である。社会的関心事項は，ブルジョア民主主義と文化のなかで矮小化され

る。矮小化されるにもかかわらず、そこでの社会的関心事のあり方に意義があるとすれば、J・ハーバーマスの次の指摘が参考になる。1）市民的公共圏の源は生活圏にある(11)。2）論議する公衆とその論議を保証する制度(12)。具体的には、①社会的平等性、対等性の積極的な創造、②それまで問題にされてこなかった領域の問題化、③公衆の非閉鎖性、である。

近代革命期に表われた市民的徳をもつ市民あるいは共和主義的な市民は、公的人間と私的経済的人間の止揚という形で労働者階級の運動として受け継がれるが、その運動には個人的要素が少なく集団主義的要素が色濃かった。

今日の市民運動の主体とそれが可能な状況ができる時期は、ハーバーマスの「再政治化された社会圏」が出現する時期であろう。その時期は、具体的に言えば、生産力上昇による生活領域拡大、政治的権利の享受者拡大という状況下で生産の場だけでは解決できない問題が出現する時期である。日本では、生産の場自体が解決能力を失いつつあり、社会の場での問題解決が浮上せざるをえなくなっている。余暇娯楽、芸術文化、教育を巡る問題、消費者問題、健康問題、環境問題、性差、（主として、過去の植民地支配と資本の安価な労働力供給源としての外国人労働者の流入に起因する）人種を巡る問題がその例として挙げられよう。これらの問題領域が市民運動の領域であり、運動の主体も経済的な関係で結ばれるよりも、運動の目的、運動の進め方といった運動のなかで現われる論点で結ばれる傾向にある。社会を複雑化、分節化していく現代の状況が、現代の市民運動を創出する契機を与えている。

市民運動の場は、このように発達しつつある社会であると言える。したがって、市民運動の場は、このように発達しつつある市民社会であると言い換えても良いのかもしれない。ところで、近年の日本における市民社会論は、経済、社会の発展に対応するように市民社会をより細かく分類するようになってきている。たとえば、吉田克己は三つの市民社会概念を提案する。「①『市民社会』はまず、対等・平等な市民が市場において商品交換を行う市場経済社会である。……これを『市民社会α』と呼ぶことにしたい。②……右の『市民社会』概念は、近代社会におい

て新しく概念化されたもので、アリストテレス以来伝承された古い言語伝統においては、『市民社会』は、経済的原理とは異質で、かつ、国家による政治的統合とも区別される特殊な政治社会とされる。これは、『政治共同体としての市民社会societas civilis』であり、……これを『市民社会β』と呼ぼう。③さらに、『自由な意思に基づく非国家的・非経済的な結合関係』（ハーバーマス）としての『市民社会Zivilgesellshaft』概念が提示されていることは、周知のことであろう。……これを……『市民社会γ』と呼びたい」(13)。

　私が「市民運動の場は市民社会である」と表現するのをためらう理由は、次の通りである。

　1）社会、経済の発展に対応した市民社会概念の分類には賛意を表することができるが、正しさを伝えるために何々の意味での市民社会と限定しなければならない所に難点がある。そして、市民は、場合によって、排他的な機能をもつ。冒頭の参政権でも示唆したように、市民社会βの構成員はステータス・シンボルでもあった。この意味で市民運動がなされるならば、それは市民と周辺的市民や非市民との垣根を高く強固にするだけである。市民運動の主体は自らの市民概念を疑い、揺り動かしていくことで、市民自体を純粋化するのでなく、現状では市民社会の周辺にいる人々の問題を背負い込むことで自らの市民性を開放していく必要があろう。市民社会という名で、市民運動の主体が制限されるようなことは避けられねばならない。

　2）あまり言及されていないことであるが、civilには最広義、最大広義ともいうべき意味がある。civilとは、未開という言葉と対比される(14)。これが、最大広義であろう。私が広義と考えるのは、「（教会に対する）世俗の」という意味をもっていることである。たとえば、Locke, *Two Treatises on civil government* の題は、日本では『市民政府（統治）論』と訳されているが（そう訳すのも不当ではない）、J・ロックの意図は、旧来のキリスト教的思考枠組みからの国家正統化理論から脱して個人の生命、自由、財産といった世俗の事項から国家を正当化することであったことが思い出されるべきである(15)。市民運動が政治的事柄だけではなく、環境問題や消費者問題といった問題にも関与しており、市民運動

市民運動とその人間像　**17**

の場として市民社会と言う場合は，この最広義の意味での市民社会を指すものと考えられる。もし，市民社会を政治国家や家族と異なる領域（＝市民社会α，市民社会γ）としたならば，市民運動の領域から政治事項は排除されるだろう。さらに，市民社会の領域を質的にも量的にも多くをしめる経済領域は，私的財産権を強調する理論によって，privateな＝個人（私人）の領域とされpublicな関心事項から外される可能性をもつ。

3）G・W・F・ヘーゲルやK・マルクスは，市民社会と国家の関係を弁証法の論理のなかで把握していた。そのような弁証法的視点なしに，市民社会と国家が静的に対立した概念として使われた場合，そこに一つの帰結を導くことを可能にする。市民社会と国家が静的に対立された場合，それは，自由主義的（リベラル）な民主主義観に適合する可能性がある(16)。ハーバーマスは，自由主義と共和主義を対比してこのように特徴づけている。自由主義は，①人権を道徳的自律の具現としてとらえ，②社会を市場用に構造化された関係を取り結ぶ行為のネットワークとみなし，③政治参加は国家の暴走を防ぐためにのみある。共和主義は，「政治的意見形成と意思形成は，……市場過程の構造に従うのではなく，相互理解に向かう公的コミュニケーションの控えめな構造に従う。……典型例は，市場ではなく対話である」。自由主義は，人間形成の場を市民社会に置き，政治はそれを助ける条件設定として考え，国家に対立する領域（市民社会）での主体の自由を確保するため法の支配，三権分立を主張する。ここからは，政治活動はどちらかと言えば自己の充実の場ではなく，その参加は必要以上の（supererogatory）ものと考えられる(17)。市民運動の主体は，このように静態化された市民社会と国家（政治）の対立領域に安住しないだろう。むしろ，主体は，publicな事項に関与するのである。

民主主義の人間観を共和主義的な人間観に措定するならば，市民運動の場は，世俗のpublicな領域である。共和主義的民主主義は，人間のあり方としてpublicな領域での活動を積極的に評価しようとする(18)。

このpublicにも注記を施しておきたい。本稿では，今まで，社会的関心領域といった用語も使ってきた。これは，言うまでもなく，英語での

public issue を念頭において使われている。このpublic に相当する漢字は，「私」と対立する意味での「公」である。しかし，公は，「おおやけ」であれ「こう」であれ，役所，朝廷，官府の意味を持っている（『広辞苑』参照）。公共という訳語の使用（たとえば，公共圏）は近年しばしば用いられているが，「公共」の意味さえも一般的になお「官」の色彩を強くもつと言えるだろう(19)。たとえば，日本放送協会は自らを公共放送と位置づけ，他の放送機関を民間放送会社として，日本放送協会のみが公共放送を行なっているという印象を与えている。publicに民間という漢字を当てるのも可能である。民間療法などは，これに当たるだろう。しかし，民間放送局や民間企業が公的＝社会的存在であっても，それを自覚していない場合もある。私立大学のように，設立主体が国や地方自治体でなくても，それらは社会的公的存在としてみなされなければならない。私的感覚であるが，公は官的色彩をもっている。

　Publicという語に対応する日本語を当てる難しさは，周知の事実である。これは，publicという言葉自体が一義的でないという理由にもよる。それにもかかわらず，ことさらpublicという言葉を用いるのは，次のことを主張するためである。

　一つは，市民運動の領域区分についてである。Publicは，①官的公的な領域と②非官的社会的な領域に分けるならば，市民運動は次の三つの領域に関係して存在する。

　①官的社会領域。市民運動が政治の領域に関わってきたのは，市民運動という言葉が日本で定着するきっかけの一つになっている1965年に発足した「べ平連（ベトナムに平和を！市民文化団体連合）」（1966年10月に「ベトナムに平和を！市民連合」に改称）をあげればわかるだろう。②非官的社会領域。市民運動の場は，市民の関心である非官的社会的事項での活動の場である。たとえば，（市民）社会自体のあり方，市民間相互のあり方，市民と組織（会社）間のあり方，人と自然のあり方を巡り，運動や組織が展開される。市民的文化運動は，政治と直接関係ないからという理由で市民運動から排除されるべきでない。文化的市民運動は，官的公的な論議ではややもすれば排除されやすい少数者（非日本国籍人，未成年等）にも開かれている場合があり，国籍による形式的な市

民の等質性をうち破る契機を有している。ここでの市民運動の難しさは，市民相互間の関係を如何に民主主義的な関係として維持できるかであろう。ここでは，法だけでなく道徳，礼儀，慣習といった社会規範が視野に入れられなければならない場合があろう(20)。③構成員が統治に参加するという民主主義の理念から言えば，場合によっては，官的公的領域から社会的公的領域へ移すあるいは両領域の重なる部分でなされる市民運動が重要視されねばならない。つまり，従来は官＝政府の仕事とみなされていた領域に関与したり進出したりする市民運動である。例を挙げれば，犯罪被害者救済活動は，日本では警察の所管の下でなされている場合が多いが，イギリスでは後述のように，警察と協力しつつ主として市民からなる非政府組織によってなされている。警察という統治の基本的部分の周辺が，市民運動（組織）に開かれている。このような市民運動は，市民が多数決民主主義から脱却し，統治に関与する可能性と能力が高める。これは，今後より重要になってくるであろうし，育てる必要がある。

　ここで触れておく必要があるのは，国家機能を極小化し個人の自由を強大化しようとするのがリバタリアニズム（自由至上主義）の主張である。リバタリアニズムの主張は，①の領域を極少化し，できるだけそれを民間に移せと要求する。森村進によれば，「政治の領域を狭く限定しようとするリバタリアニズムはこの言葉〔市民社会〕を避けるのが賢明である。『市民社会』よりは『民間』の方がよい」(21)。恐らく，この民間はpublicに相当するだろう。国家の機能を官が独占的に関与するのを批判する点で，市民運動の領域を拡大しようとする考えとリバタリアニズムは，表面上一致する。両者が異なるのは，次の点にあるだろう。森村の文を引用する。「リバタリアニズムの消極的自由観によれば，市場こそ，個人の自由が典型的に実現されている秩序である」。「それ（市場社会）は協力と分業によって相互に利益を与えあう共存共栄の場である」。「リバタリアニズムは市場を社交に対して優先させるものではない。それは両者を等しく非権力的人間関係として尊重するのである」(22)。市場社会の信奉者であるリバタリアニズムの場合，官の領域に代えて民間組織である営利企業がそれを行なうことに好意的である。それに対して，市民運動を行なう者の多くは，営利企業の活動にも批判的であるだろう。

なぜならば，現代の市場社会が単純な市場社会でなく，資本主義経済社会における市場社会であり，そこでの資本の利潤追求の論理が，市場に権力関係をもたらし，それが人と人の社交の場を狭めたり歪めたりしているからである。市民運動の理論は，根底において，リバタリアニズムが信頼している人間観と相容れない。

　第二に，publicを強調する意義は，こうである。「『publicな』事柄は，互いに知っている人々や同じ『陣営』に属する人々の事柄ではなく，それに代わり，『互いに知らない個人の集合的必要事物が集まって来て，承認され，組織され，運営される場である行為と相互行為の諸領域』である」(23)。ここから，ハーバーマスの「論議する公衆とその論議を保証する制度」が，public（issue）には欠かせなくなる(24)。Publicな事柄をどのように論議していくかは，論議に参加する人の様々な判断で形成されるのであるが，あるべき方向性は論じられてよいだろう。端的に言えば，議論は，自由，平等，公正，社会的正義，社会的善，適性手続きというようなpublicな諸価値，規制が必要な場合には法規範，道徳規範，部分社会の規範といった社会的諸規範を出し合って総合的に議論することが望ましいだろう(25)。

(3) 市民運動の種類とその類似運動

　市民運動にはどのようなものがあるのか。市民運動かもしれない例を挙げてみよう。①「ベ平連運動」，②ある問題を争点にした住民投票を求める，直接政治に関わる運動（たとえば，ダム建設の可否を問う住民投票を求める活動），③自由主義史観研究会のような，直接には（歴史）教科書問題に焦点を当てながらも間接的に政治に関わる運動，④株主オンブズマンのような株式会社監視活動，⑤市民が主体となったプロ・サッカー・チーム維持運営活動，⑥国境を超えた環境保護運動や「アムネスティ・インターナショナル」，⑦ダルク（DARC・薬物乱用者更生施設）のような薬物依存者の自立を支援する活動組織，が挙げられるだろう。⑧あまり政治的関心がないと思われている「日本野鳥の会」が愛知万博計画見直し決議案を提出した（2000年2月5日）。もしこの団体が愛知万博反対運動を展開したなら，それは継続的な市民運動団体ではな

くても市民運動を行なっていると言われるだろう。

このように，市民運動というのは多種多様である。冒頭で書いたように，市民運動主体が「市民運動」をなしていると言えばそうなるのかもしれないし，新聞などの評価者がそうだと位置づければそうなるのかもしれない。市民運動を特徴づけ，類似の運動から区別する基準があるのかを考えてみたい。

①は日本での市民運動の先駆けとなったものである。様々な階層の者が市民として集まり世界のベトナム反戦運動と呼応しながら，日本政府の対米戦争協力という政策に反対した運動である。②はいわゆる住民運動と言われるものである。①②は官的公的活動いわゆる政治領域での活動であり，ある政策に関して政府や自治体と対決したり，交渉によって政策を変えようとする民主主義的政治運動である。⑥はそのような運動で国境を超えた国際的な性格をもつものである。④⑤は政治領域ではなく，④は経済領域，⑤は文化領域に関わっている。⑦は，官的公的領域に近い領域で活動している日本の市民運動の例である。⑦や場合によっては⑤は，市民運動は，経済的に政府や自治体の援助から自由である活動，つまり援助を得ていない活動であると説明することの不可能性を示している。公機関あるいは企業から援助を得ていても，市民運動や市民組織は成立しうる。肝要なのは，その運動や組織が，官や企業から支配を受けず独立した活動や組織運営をなすことができるかであろう。

疑念が出るのは，③の事例（または過去にあった「国歌に君が代，国旗に日の丸を推進する会」）である。もし市民運動の理念が国際性や脱国家（主義）的性格であると主張されるならば，それらは，市民運動ではなく国民運動として位置づけられる。市民運動の市民を理念的に捉えるならば，一国や一地方の問題に収斂する運動は国民運動とか住民運動と位置づけるのがよいだろう。

上述の例では，私は，労働組合運動，借家人組合運動，同性愛者差別廃止運動，少数民族差別廃止運動あるいは戦前の小作人運動といったものを，意図的に省いている。これらの運動は，市民的要素をもっていても，運動主体のもつ経済的または社会的または文化的弱者という自らの地位の向上を目的とした，同じ境遇にある人たちが主に集合した運動，

比喩的にいえば構成員が閉じられた運動である。これらの運動と市民運動を分けようとすれば，市民運動は，必ずしも同じ境遇のある人々の集まった運動ではないし，運動の目的も直接的に自らの地位向上を目指しているのではないという特徴をもつだろう。同性愛者差別廃止運動，少数民族差別廃止運動などもその運動に開放性を帯びるならば，すなわち運動主体に他の種類の人（たとえば同性愛者や少数民族ではない人）も含み，そして目的も差別を認めない法，制度を創造していくという一般的な目的に近づくならば，市民運動となる。

　多様な種類の人々からなる運動としてヴォランティア運動がある。ヴォランティア運動全てが市民運動ではないことは，感覚的には理解できる。たとえば，1995年の阪神・淡路大震災で多くのヴォランティア組織が活躍した。これらは，市民運動団体なのだろうか。もしそうでないとしたら市民運動団体と他の活動組織とを区別する基準は何なのか。こういう疑問が浮かび上がる。1974年イギリス・ブリストルで始まり，1979年に「刑事被害者救援全国協会（The National Association of Victim Support Schemes）」という全国組織になったこの協会の25周年記念パンフレットでは，「ヴォランタリー組織」とか「慈善団体（charity）」という言葉が使用されている。この「慈善団体」という言葉は法律用語である。簡単なイギリス法の用語辞典によれば，「慈善団体」は「制定法により明記された慈善目的のために設けられた団体」であり，その慈善目的は「宗教の促進，教育の推進，貧困の救済，社会（community）に有益な他の目的である。全ての場合，その目的は，公衆あるいは公衆の一部の利益の為でなければならない」と説明されている[26]。この協会は，犯罪被害者に様々な支援を行なっており，阪神・淡路大震災被災者の精神的な支援を行なうヴォランティア活動と似ていないわけではない。この協会は，そのパンフレットが書いているように，ヴォランティア運動と市民運動の両方の要素をもっているのかもしれない。運動主体において，主体が自己を「競争社会で自分だけが生き残り，勝つことが自分の役目である」といった利己主義的な個人観に代わる人間・社会観をもとうとしている場合，区別は困難であろう。あえて区別をつけようとするならば，ヴォランティア運動が慈善や善行の活動を主たる目的としてお

り，活動主体の動機も慈善的精神や善行心から発しているのに対して，市民運動は，支配的な優越的な政治，経済，文化，社会，それらの基礎になる人間観の全てとは言わないまでも，どこかの部分に対して批判的に関与していこうとする現状に満足しない運動という特徴をもっているだろう。

⑤の例も，ヴォランティア運動の一種として見られるかもしれない。多くの市民運動が政治的領域に基盤をおいているのに対して，スポーツ・文化の領域でしかも営利的上部団体に属しながら活動をしている。悪く言えば，支援者は，私生活優先，趣味優先の活動を行なっているとみられるかもしれない。しかし，それはその活動の在り方次第で次のような意義をもっている。1）（市民）社会の領域＝文化・スポーツ領域を豊かに広げる。2）その運営が民主的になされれば他の同様の団体にも影響を与える。3）ややもすれば商業化され利益の対象となっているスポーツを市民本位のスポーツに転換させる契機を含んでいる。4）市民による関心領域の自律的運営能力を高める。

今後重視されるべき市民運動は，日本でも萌芽がみられる（例⑦）が，官的公的領域から社会的公的領域へ移すあるいは両領域の重なる部分でなされる市民運動である。この例としてイギリスの非政府組織「プリズン・リフォーム・トラスト（Prison Reform Trust・刑務所改革協会）」が挙げられるだろう。この組織は，イギリスでの刑事施設や受刑者処遇の改善運動を目的としており，そのような団体が，いわば「受刑者必携書」（受刑者がもっている権利，苦情の申し立て場所などを記した冊子）を編集して受刑者に（政府公認のもとで）配布したり，受刑者問題に関して市民に対して啓蒙活動を行なっている。受刑者問題が，官的公的な領域に閉じこめられず，社会的問題にされているのである(27)。運動が組織化し恒常化すれば，このような組織は初めの市民運動の理念から遠ざかる危険性は絶えずある(28)。

市民運動が組織へと発展する場合と対照的に，従来の市民運動がもっていた運動の現実の連帯性が希薄である事例が，我々の研究会で出された。いわば，「一人市民運動型」というべきものであった。具体例は，生徒に体罰を科して処分された教員の処分内容を自治体に情報公開を求

めるという運動である。運動主体に注目した場合，市民運動は市民の集合を核にしてなされるのが普通であるが，研究会での報告によれば，この運動の主体者は，常時パソコンのホームページで運動の目的や過程を公開しており，他の同様の運動主体ともパソコン等を通じて運動の輪を各地に広めている。これと似た事例として，コンピュータ機器を巡る問題で製造企業と渡り合った消費者の事例が挙げられるだろう（1999年7月10日毎日新聞夕刊参照）。この消費者が，いわば「私憤から公憤へ」というように消費者問題（不具合な製品に対する製造，販売責任者の対応問題）へと運動を展開させ，多くの支持者とコンピュータ・ネットの上で運動を継続させていくなら，この運動も市民運動といえるだろう。従来の市民運動で考えられる運動者の面識ある連帯を重視すれば，これらの事例は市民運動から漏れることになる。このような運動は，自己利益の実現を目的とするのではなく，既存の法制度，権利を利用しながら制度改革をなすことや，多くの人が享有している権利を実現しようとすることに目的があり，運動の情報もインターネットによって公開しており，いわば「ネット上の連帯」を形成しようとしている。このような運動は，サイバー時代（コンピュータ時代）の市民運動と言えるかもしれない。

3　結び

　私は，市民運動の場がpublicの領域であり，共和主義的なあるいはcivicな人間像をその主体として強調してきた。その意図は，市民運動の場が市民社会の領域であるとし，その主体として自由主義的な人間像を想定するという考え方と一線を画すことであった。戦後の市民運動の歴史をみれば，自由主義的な思想をもった多くの人々が，様々な市民運動を担ってきたことは事実である。恐らく，「自由主義的な思想」で意味されることの範囲が広いからそうなったと言えるかもしれないが，今後も彼らがその一翼を担うことは確かであろう。共和主義的市民と自由主義的市民は，自由を擁護する運動では手を携えて行かねばならないだろう。しかし，両者の間には，上述したように主体としての人間観やその

形成の場を巡って相違があり，その結果，政治に対する接近度も異なっている。グローバル化の名のもとに資本の論理が政治のなかにも浸透してくる現代社会で，しかも労働者の団結さえも競争のもとで弱体化された日本で，主体的な自己を形成するには，少なくとも政治やpublicな領域に参加することを自己の義務と考えるような人間観をもたねばならないだろう。多くの場合一つの問題にこだわる市民運動に参加するのも，一つの階梯かもしれない。今後，多様な形で展開，発展するかもしれない市民運動に対して，民主主義の強化の立場から市民運動を支援する方向で，どのような法理論が提供できるのかについては，私の課題にしておきたい(29)。

(1) たとえば，バリバール（松葉祥一訳）『市民権の哲学』（青土社，2000年），特に第4，6章参照。そこでは，ヨーロッパにおける定住移民者が過去の形式的な市民概念がもっていた民族や国籍という基準の埒外として把握されていることが批判的に論じられている。なお，同書245頁注（11）は，citizenship, citoyen, Bürgershaftがその国々でもつ意味の相違を指摘している。Habermas, Citizenship and National Identity, in Beiner Ronald (ed.), *Theorizing Citizenship*, p.260 (1995) はこのように考えている。「……長い間，『国民（市民）（*Staatsbürgershaft, citoyenneté, citizenship*）』という用語全ては，法律用語で，政治上の成員という意味のみであった。最近になってようやく，その概念は，拡張され，市民的権利（civil rights）の用語で定義される市民の地位を含むようになってきている」（ハーバーマス〔住野由紀子訳〕「シティズンシップと国民的アイデンティティ」思想867号188頁〔1996年9月〕の訳を参照した）。ハーバーマスの文に同意するに際しても次のことが注意されるべきであろう。①西欧近代国家では自然権の保持主体が国家の主体＝国民を形成するという過程を取ったがゆえに，社会の主体であるためには国家法の規定する権利主体でなければならないという倒錯現象が生じやすくなっている。例えば，敗戦後日本国の国籍を喪失した者に対する補償問題の解決が，国籍条項によって阻まれている。②権利の実現過程は当然事実の世界に関連するのであり，しかも権利は力関係を含んでいる場合があり，その実現過程は権利保持者と非権利保持者との区別をもたらす。したがって，現代社会で法主体を論じる場合，中心的ないし典型的な主体だけでなく周辺化された主体への視点，さらに言えば人間中心の視点から生態系の中の人間の視点が，必要だろう。
(2) 森村進『自由はどこまで可能か リバタリアニズム入門』126頁（講談社，2001年）は，シビック・リパブリカニズムを公共的共和主義と訳している。これは，

同書同頁も指摘するように「参加民主主義」や「ラディカル・デモクラシー」と親近性がある。
（３）アレント（志水速雄訳）『革命について』201～202頁（原著初版1963年，訳はちくま学芸文庫を利用した）。中山道子「アメリカ革命史におけるリベラリズム対リパブリカニズム」立教法学47号（1997年）参照。フランス革命期の人間像については，中西洋『〈自由・平等〉と《友愛》』（ミネルヴァ書房，1994年）参照。
（４）順に，Kelly, Who Needs a Theory of Citizenship?, in Beiner Ronald (ed.), *op. cit.*, pp.89, 90. *Ibid.*, pp.88-9 は，civic と civil を次のように特徴づけている。①civicは，積極的意味をもつが，civil は消極的，非政治的意味をもっている。②civilは文化的，洗練の意味をもつ。③civilは，文民，丁寧，秩序正しい，私的正義を得る法的権限を与えられているという派生的意味をもつ。
（５）Bell and Bansa, The Republican Revival and Racial Politics, 97 *Yale L.J.*, p.1610 (1988).
（６）順に，Brest, Further beyond the Republican Revival, 97 *Yale L.J.*, pp.1623, 1629.
（７）Epstein, Modern Republicanism, 97 *Yale L.J.*, p.1635. 同趣旨Bell and Bansa, *op. cit.*, p.1620.
（８）新共和主義が，他のどのような思想と親近性をもっているかは，Kerber, Making Republicanism Useful, 97 *Yale L.J.* が明確にしている。この論文は，サステインとマイケルマンの新共和主義を検討するなかで，市民的ヒューマニズム，市民的生活における参加と討議に共和主義の復興の契機を見いだしている（p.1664）。「マイケルマンとサステインの各人が議論で模索したことは，市民的徳，討議への貢献と共和主義の一側面であった共通善とを回復させ，それらを自由主義者が尊重する個人のプライバシーと相異性に繋げようとしたことである。その際，彼らは，自由主義者の傾向としてある私的財産権の絶対視を放棄するのみならず，共和主義の傾向としてある同一性と多数の専制を放棄している」（p.1665）。「サステインとマイケルマンが本質的に共和主義として強調しているのは，討論と過程，公共善への関心による自己愛との調節，政治的決定は倫理的決定でもあるという目標である。しかし，古典的共和主義においては，討議者は多数者ではなく少数者である」。「サステインとマイケルマンのどちらも，共同体と市民の共和主義的レトリックと，マルクスと社会主義者から由来する同様のレトリックとの明確な区別をしていない」（p.1671）。「新共和主義は過去をロマン化して解釈するので，私はその主義には懐疑的である」（p.1672）。したがって，新共和主義には共同体主義，ハーバーマスのコミュニケーション論，マルクス主義，ロマン主義的要素があり，それらとの関連が問題となろう。
（９）フリー・ライダー（自ら活動しないで利益を享受するだけの者）問題は，本

稿では触れることができないが，本稿の意図からして重要な問題である。私は，フリー・ライダーは，以前には個人道徳＝良心の領域として考えてきたが，政治哲学と人間観の問題から再考の余地があると考える。

(10) ①私がここで描いている見取り図は，ハーバーマス（細谷貞雄訳）『公共性の構造転換』（未来社，1973年）を参考にしている。長くなるが必要部分を引用しておく。「ここで〔初期資本主義的流通経済の土台の上で民族的領邦国家が成立した時期〕はじめて，特殊近代的意味における私的生活圏と公的生活圏とが別れていくのである。……〔原文改行〕……18世紀末に至るまでに貫徹する大きな諸傾向は，……一方では私的要素へ，他方では公的要素へ分裂する」（22〜23頁）。「歴史的にみると，市民的公共性は，国家から分離された社会との連関の中で成立してきた。生活の再生産が一面において私的形態をとり，他面では私的領域の総体として公共的重要性を帯びてくるにつれて，『社会』は独立の活動圏として成立しえたのである。私人相互の間の交渉の一般規則は，こうして公共の関心事となった。やがて私人たちがこの関心事をめぐって公権力に対して行なった対決の中で，市民的公共性はその政治的機能を揮うようになった。公衆として集合した私人たちは，私生活圏としての社会を政治的に公認することを公然と主題にした。ところが19世紀中頃になると，この公共性が固有の弁証法によって，財産処分権と私的自律の基盤を欠くゆえに私生活圏としての社会の存続にいかなる関心をも抱きえない集団によって占領されるであろうという見通しが開けてきた」（169〜170頁）。「自由主義の全盛時代につづく，次第に『組織化される』資本主義の百年間に，公共性と私生活圏との本来の関係は，事実上解消する。市民的公共性の基本構図はくずされる。……すなわち公共性はますます広汎な社会圏へ浸透し，同時にその政治機能を……ますます失なっていくのである」（183〜184頁）。「……社会の国有化が進むともに，国家の社会化が貫徹するという弁証法こそが，市民的公共性の土台を——国家と社会の分離を——次第に取りくずしていくものなのである。この両者の間で——いわば両者の『中間から』——成立してくる社会圏は，再政治化された社会圏であって，これを『公的』とか『私的』とかいう区別の見地のみからとらえることは，もはやできなくなっている」（198頁）。国家の干渉主義政策のもとで「市民社会のうちで公共的重要性をもつ私生活圏の中心から，再政治化された社会圏が形成されてくる。その中では，国家的制度と社会的制度が結合してただひとつの機能連関をなすので，これを公的とか私的とかいう基準で区別することはもはやできなくなる。これまで分離されてきた両圏のこの新しい相互依存は，法理論上では，古典的私法の体系の突破という現象において表現される」（204頁）。今日「……公衆としては解体した国民大衆は，広報手段によって従属化され，一方では，さまざまな政治的妥協の正統化のために利用され，しかも他方では，有効な決定にみずから参加することもなく，その参加資格も

認められていない，ということになる」（290〜291頁）。
②私がハーバーマスに対して批判的になる部分に関しては，ハーバーマスのこの本に触発されて書かれたイーグルトン（大橋洋一訳）『批評の機能』（紀伊國屋書店，1988年）に依拠している。イーグルトンは，ハーバーマスの日本語訳では「市民的公共圏」と訳されている語を，ブルジョア公共圏と理解している。この理由は，この公共圏の参加者をイーグルトンはブルジョアとプチブルジョアとみなしているからである（22〜23頁）。文脈からすると，イーグルトンは，これを「古典的公共圏」と言い換えている（90頁）。彼は，古典的公共圏のなし崩し的解体の要因について2つあげている。1. 経済的要因。「公共圏という囲われた空間が，『私的性格』をむきだしにした商業利害や経済利害の情け容赦のない侵略にさらされ，その自信たっぷりの合意主義を維持できなくなる」（48頁）。2. 有産者階級支配の崩壊という政治的要因。「……階級闘争，ブルジョワ・イデオロギーの内部分裂，情報と娯楽のみを求める無節操でまとまりのない読者公衆の増大，商業市場の介入で引きおこされる『教養ある』意見の絶えまない破綻，そして，精神労働の加速的分割化から帰結する，もはや手のほどこしようのない知の爆発的増加と断片化によって，いまや公共圏そのものがずたずたに切り裂かれている」（68頁）。公共圏の協力者であった中産階級が，無定型で得体の知れぬ者（オブジェクト）と化した（71頁）。

　③ハーバーマスの著作との関連で私が気になるのは，アレント（志水速雄訳）『人間の条件』（筑摩書房，1994年）である。アレントによれば，「マルクスの考えたような自己疎外ではなく，世界疎外こそが，近代の品質証明なのである」（411頁）。「……厳密にいうと，私的なものでもなく公的なものでもない社会的領域の出現は，比較的新しい現象であって，その起源は近代の出現と時を同じくし，その政治形態は国民国家に見られる」（49頁）。彼女の見解とハーバーマスの市民社会，近代の公共圏についての見方との間には相違がある。

(11) ハーバーマス・前掲注（10）46頁「市民的公共性は，さし当たり，公衆として集合した私人たちの生活圏として捉えられる。これらの私人（民間人）たちは，当局によって規制された公共性を，まもなく公権力そのものに対抗して自己のものとして主張する」。同書49頁も参照。

(12) ハーバーマス・前掲注（10）55〜57頁。いうまでもなく，これは彼のコミュニケーション理論と関連している。

(13) 吉田克己「総論・現代『市民社会』論の課題」法の科学28号8〜9頁（1999年）。同じ分類として，星野英一『民法のすすめ』115頁以下（岩波書店，1998年）参照。私は，未見であるが，このような分類では花田達朗の研究が参照されている。

(14) Black, Civil Society, in *The Blackwell Encyclopedia of Political Thought*, p.77 (1986).

(15) したがって，市民社会といわれる場合，企業や集合体が，市民（個人）とは異なった役割や位置づけを与えられながら，その（世俗社会の）構成体として認められるのである。これは，吉田の言う「市民社会α」では当然のことであるが，「市民社会γ」では微妙になる。星野・前掲注（13）116頁は，市民社会γの要素に「資本主義経済社会の中でその弊害に対してみずからを守る団体・活動をも含みつつ，……NPOなどの利他的・愛他的団体，……仲間的団体をも含む，広範な自発的団体とその活動」を挙げているが，営利団体は排除されている。

(16) 笹倉秀夫『法哲学講義』247〜249頁（東京大学出版会，2002年）は，自由主義は「君主制・貴族制・民主制に限らず，自由を保障する政体を尊重」として，民主主義と自由主義を対比している。笹倉の民主主義は，本稿での共和主義（リパブリカニズム）である。私は，民主主義を政体として理解し，その政体を採用する目的として現在ではリバタリアニズム（自由至上主義），リベラリズムと共和主義といった政治哲学があると考える。確かに，笹倉の指摘するように自由主義そしてリバタリアニズムは必ずしも民主主義政体を必要としないが，現在ではリベラリズムと民主主義の親近性は高いからである。

(17) Habermas, Human Rights and Popular Sovereignty, 7 Ratio Juris, pp. 6-9 (1994). ハーバーマスは，両者の長所を結合しようとしている。アイリス・M・ヤング（施光恒訳）「政治体と集団の差異」思想867号（1996年9月）の普遍的な近代的市民性に対する批判も参照。彼女は，「このような一般性としての普遍的シティズンシップの代わりに，集団の差異を明確にしたシティズンシップや異質性を帯びた公衆を，われわれは必要とするのである」（107頁）と主張する。

(18) Margaret Canovan, Republicanism, in The Blackwell Encyclopedia of Political Thought, p.436.

(19) 公私については，星野・前掲注（13）81頁以下参照。私は「公共圏」という言葉をなるべく避けたい。日本語の「私」とprivateとの違いを早くから指摘していたのが，平田清明『市民社会と社会主義』129頁以下（岩波書店，1969年）である。なお，Will Kymlicka, Contemporary Political Philosophy, p.255 (1990) によれば，フェミニズム論は，public-private（公私）の区別論には家庭の問題を軽視する傾向があると批判する。

(20) 市民運動という場合，企業のような集合体もその担い手になることができるかという問題が生じる。私は，上述の「市民」という観点からは，集合体は運動の「中心的主体」になりえないが，運動「支援者」にはなりうると考える。イギリスでの非政府組織の多さと活発な活動は，信託という法形式を用いながら活動資金を企業から得ていることにある。企業や集合体が様々な形で援助をなす場合，それらは，自己の本来的目的（企業なら利益追求と知名度の向上，行政機関なら行政の円滑化，効率化）を抑えて，市民運動の目標や方針に理解

を示すべきであろう。言うまでもないことだが，企業や行政機関と協同しながら市民運動をなしていく主体は，相手の論理に取り込まれるとかその意向に順応するのではなく，市民運動の主体としてのあり方を常に問い続けなければならない。企業や組織の視点が入ることは，市民運動での組織関係や金銭関係に関して各構成員の役割や責任を明確化するという利点は見逃せない。

(21) 森村・前掲注（2）108頁。
(22) 順に，森村・前掲注（2）107，116，117頁。
(23) Lena, Questions on Citizenship, in Chantal Mouffe (ed.), *Dimensions of Radical Democracy*, p.20 (1992). 二重括弧の文は，James Rosenau 論文の引用である。
(24) 水口憲人「『転換期』と社会科学——政府の規模・公共性・市民」法の科学26号141頁（1997年）は，publicには情報公開や手続きの透明性を示唆する意味があることに注意を促している。
(25) 具体的例として少年犯罪報道を挙げよう。葛野尋之「刑事裁判の公開と少年審判の非公開」澤登俊稀『少年法の展望』（現代人文社，2000年）が批判している報道肯定説は，知る自由の立場を重視する。立場が正しいとしても，論点が世間の耳目を集めている場合，それが「法的」にそうだという範囲の限定が求められる。何故ならば，少年犯罪の報道の可否で一般人が求めていることは，①知る権利の論点だけではなく，②犯罪少年の「更生」にどう対処すべきかという論点も含んでいるからである。論点を明確化し，自己の論じる範囲を限定することも，場合によっては専門的知識を有する者の責任と言えるかもしれない。特に，法律家がこのような問題に対して発言を求められる場合，自己の発言範囲の射程を明確にしておかないと，無意識の法律万能主義になってしまうか，そう理解される恐れがある。犯罪者の実名報道に対する一般的反対論として，浅野健一『犯罪報道の犯罪』（学陽書房，1984年），同『新・犯罪報道の犯罪』（講談社，1989年）を挙げておく。なお，私見によれば，少年犯罪報道は，少年犯罪であるがゆえに好奇の目で報道されることで，一般成人の犯罪報道と均衡を欠いていることにも問題を有している。この問題に対するリバタリアニズムの見解は，森村・前掲注（2）42〜43頁「前科の公表は何ら本人の自由も財産も侵害するものではない。名誉や信用は本人についての他の人々の評価である。人は他人が自分をどう評価するかまで支配する権利……など与えられてはならない」。
(26) *A Dictionary of Law*, 3rd ed. OUP., pp.60,61. したがって，後述する「プリズン・リフォーム・トラスト（刑務所改革協会）」もcharityである。
(27) 我々の聞き取り調査で，公機関からの資金援助を得ないで組織活動をしているプリズン・リフォーム・トラスト（刑務所改革協会）の役員は，保守党から労働党への政権交代が非政府組織の活動能力を高めていると指摘した。同様の指摘は，ブリストルでの準官的な組織（この組織は地区警察所の構内にある）

である薬物対策組織の長によってもなされた。ブリストルの犯罪被害者救援団体の活動について，当時ブリストル大学に在職していたサンダース教授は，イギリスでの中産階級の層の厚さがこのような活動を支えていると指摘した（彼の言葉は，中産階級が衰退するとそのような活動が鈍るのではないかという危惧が含まれている）。なお，薬物対策で官民が協力する体制ができていることには，あまりにも薬物汚染が進行しているという状況の深刻さという事実も寄与しているだろう。

(28) 組織が，組織を支えている市民と遊離し，官僚化ないしビジネス化する可能性がこのような組織には絶えずあるだろう。小川有美「『静かなる革命』から職業としての『新しい政治』へ？」創文418号2頁（2000年3月）は，一部の非政府組織は「抗議ビジネス」化していると指摘するマロニーとジョーダンの研究を紹介している。小川の紹介によると「抗議ビジネスの性格とは，①収入源としての支援者が重要，②政策は中枢で決定される，③政治活動は支援者・メンバーではなくむしろプロフェッショナルなスタッフに任される，④支援者は互いに顔も知らない，⑤組織は情報提供によって支援者に問題を認知させる，⑥メンバーは狭いイシューにしか関心がない，とされる。〔原文改行〕団体の関心は参加民主主義よりもむしろ，目標達成の効率を追求することにある。この議論は組織の存在理由を参加よりも『経営』から見る」。この指摘は，市民運動理論を理想化しない為には重要であろう。

(29) 論点は，参加型民主主義に対応した法理論が組み立てられるのかどうかである。この点で，私にとって参考になるのは，ドゥウォーキン（Dworkin）の「自由一般の権利がない」(*Taking Rights Seriously* New impression with appendix, 1979, chp.11) という主張やドゥウォーキンのもつ「平等主義的（egalitarian）傾向」をもつ「平等な尊重と配慮」という考えである。もっとも，ドゥウォーキンが参考になると私が言う場合，ドゥウォーキンのこの主張をリベラリズムの典型と考えていないということを付言しておく。小林公「訳者あとがき」ドゥウォーキン（木下＝小林＝野坂訳）『権利論』347〜348頁（木鐸社，1986年），藤原保信『自由主義の再検討』169頁（岩波書店，1993年）参照。

（いしい・こうぞう／龍谷大学法学部教授）

官僚法の市民法への転轍をめざして
ある情報公開最高裁判決の呪縛を素材に

馬場　健一

1　はじめに
2　本最高裁判決とそこにおける部分公開に関わる法理
3　本最高裁判決の問題性
 (1)　非公開範囲の広範性
 (2)　形式的文理解釈
 (3)　「独立した一体的な情報」概念について
 (4)　「非公開事由に該当する独立した一体的な情報」の確定困難性
　(a)「非公開事由に該当する独立した一体的な情報」の範囲が一個の公文書をこえる場合
　(b)「非公開事由に該当する独立した一体的な情報」の範囲が多元的である場合
 (5)　細分的部分公開と司法審査
　(a)本最高裁判決の法理
　(b)細分的部分公開を取り消しうる場合
　(c)細分的部分公開の違法性の判断基準
4　ある関連地裁判決における本最高裁判決の受容と展開
 (1)　本地裁判決の対象公文書と非公開処分
 (2)　本地裁判決における「独立した一体的な情報」概念の取扱いおよび認定
　(a)本判決におけるプライバシー該当情報
　(b)本地裁判決における「独立した一体的な情報」概念の認定
 (3)　細分的部分公開への司法審査の可否
5　市民法への転轍を目指して

1　はじめに

本稿は，ある最高裁判決とそれがひとつの下級審判決に与えた影響と

を素材とし，それらを批判的に検討することを通して，現在の日本の司法判断がもつ問題性——「非市民法的特性」と呼びうるかもしれないそれ——を析出し，その内在的・外在的理解を得ようとするものである。また同時に，そうした問題性を克服する筋道を，そうした判決の変更可能性を実践的に考究することのなかから模索しようとするものである。

「市民法論」なる議論について筆者は多くを知らないが，それが日本法の現状に対する批判的視点をもち，さらに改革さるべき方向性を示す議論であろうとするならば，それはまず第一に，改革さるべき現状のリアルな描写と分析に立脚し，さらに改革展望を具体的・実践的に与えるべきものでなければならないであろう。いかに批判的精神に立脚した理論的分析や諸外国の実践・制度の紹介であっても，他方でこうした現実性・具体性・実践性を欠いたものであっては，空回りまたは上滑りになりがちで，十分に訴える力は持ちえない。本稿で示す議論がそうした力をもつものたりうるかは定かでないが，少なくともそうした方向へのひとつの問題提起程度にはなりうるかもしれない。

本稿で取り上げる最高裁判決は，大阪府知事交際費情報公開に関する最三小判2001年3月27日（以下「本最高裁判決」とする）であり，特にそのうち部分公開義務規定に関する部分である(1)。他方本最高裁判決を受けた下級審判決とは，公立学校教員による体罰事件の情報公開に関する2003年1月17日の神戸地裁判決(2)（以下「本地裁判決」とする）である。以下本最高裁判決の問題部分の論理を概説し，その問題点をいくつかの側面から検討する。次にそれが本地裁判決のなかにいかなるかたちで受容・展開されたかを検討する。こうした受容・展開のなかには，本最高裁判決をさらに問題のある方向に拡張する部分と，必ずしもそうとは言えず，かえって本最高裁判決の問題性を自覚しているようにも感じられる部分，さらに本最高裁判決に忠実たろうとする一方でその矛盾に引き裂かれてしまっている部分などが錯綜・混在する。そうした各種部分を慎重に腑分けし，またそれらに考察を加えるなかから，こうした下級審判決が出される機制の一端を描くとともに，問題的な状況を打開する展望をもそうした錯綜のなかに探ってみたい。

2　本最高裁判決とそこにおける部分公開に関わる法理

　本最高裁判決は，「部分公開は不要と公開範囲狭める」ものとして報道され(3)，情報公開の流れに逆行するとして批判されているものである。事実その通りなのではあるが，その論理は必ずしもわかりやすいものとは言えず，また本最高裁判決に批判的な判例評釈等においても，その論理を若干捉え損なっているのではないかと感じられる部分もあるので，以下に簡単に解説する。

　本最高裁判決は，知事交際費に関する公文書（歳出額現金出納簿，支出証明書，領収書等）につき，交際の相手方を識別することができることとなる部分（相手方識別部分）とその余の部分（年月日，金額，支払原因等）とが合わさって「独立した一体的な情報」を形成しており，それを更に細分化し相手方識別部分だけを非公開とする部分公開を行なうことを行政機関に義務づけるためには，それを可能とする明文の根拠規定（情報公開法6条2項(4)のような）が必要であって，本件訴訟における大阪府公文書公開条例にはそうした規定が存しないから，それは認められない，とするものである。このような結論に至る論理は次の通りである。

　まず関連する大阪府公文書公開条例の規定は次の通り。

> 第8条　実施機関は，次の各号のいずれかに該当する情報が記録されている公文書については，公文書の公開をしないことができる。
> （略）
> 4　府の機関又は国等の機関が行う調査研究，企画，調整等に関する情報であって，公にすることにより，当該又は同種の調査研究，企画，調整等を公正かつ適切に行うことに著しい支障を及ぼすおそれのあるもの
> 5　府の機関又は国等の機関が行う取締り，監督，立入検査，許可，認可，試験，入札，交渉，渉外，争訟等の事務に関する情報であって，公にすることにより，当該若しくは同種の事務の目的が達成で

きなくなり，又はこれらの事務の公正かつ適切な執行に著しい支障を及ぼすおそれのあるもの
第9条　実施機関は，次の各号のいずれかに該当する情報が記録されている公文書については，公文書の公開をしてはならない。
1　個人の思想，宗教，身体的特徴，健康状態，家族構成，職業，学歴，出身，住所，所属団体，財産，所得等に関する情報（事業を営む個人の当該事業に関する情報を除く。）であって，特定の個人が識別され得るもののうち，一般に他人に知られたくないと望むことが正当であると認められるもの
第10条　実施機関は，公文書に次に掲げる情報が記録されている部分がある場合において，その部分を容易に，かつ，公文書の公開の請求の趣旨を損なわない程度に分離できるときは，その部分を除いて，当該公文書の公開をしなければならない。
1　第8条各号のいずれかに該当する情報で，当該情報が記録されていることによりその記録されている公文書について公文書の公開をしないこととされるもの
2　前条各号のいずれかに該当する情報

　要するに8，9条は特定の公文書を（全面）非公開としてよい，またはそうせねばならない要件を定め，10条においてさらに，それを制約し部分公開とすべき要件を定めているのである。ここで簡単のため8条4，5号に定める情報を「事務事業支障情報」と，9条1号に定めるそれを「プライバシー情報」と呼ぶことにする。そしてこの10条は，ある公文書に8，9条の各号に該当する「情報」が記載されている場合につき，「その部分を除いて，当該公文書の公開をしなければならない」と定めているのである。ここで「その部分を除いて」とされているのは（8，9条の各号に該当する）「情報」であって，たとえば個人名などとは規定されていないことに留意しなければならない。本最高裁判決はここから，この「情報」とは個人名などではなく，8，9条の各号に該当する「事務事業支障情報」や「プライバシー情報」そのものであると考えたのである。

念のため簡単な例を挙げておこう。ある特定個人の思想信条が詳細かつ実名入りで書かれたひとつの公文書があったとして，その全面公開がプライバシー侵害であることが誰の目にも明白であるとする。この場合，「プライバシー情報」とは「その特定個人がそこに記された思想信条を持っていること」であって，その記載内容を除いた「個人名」そのものがプライバシー情報ではない。それはそれだけとってみれば人名という単なる固有名詞，呼称に過ぎない，というわけである。本最高裁判決補足意見はこのことを次のように記す。

> 本件のような知事の交際事務に関する情報であって交際の相手方が識別され得るものが記録された公文書の場合，その情報は，通常，交際の相手方の氏名等交際の相手方を識別することができることとなる情報部分（相手方識別部分）とその余の部分（年月日，金額，支出原因等）とから成るところ，相手方の氏名等の相手方識別部分のみを他の情報と切り離してみれば，それ自体は情報として意味のあるものではなくなり，それのみで本件条例8条4号，5号，9条1号に該当するとは到底いえず，その余の部分を合わせて初めて知事の交際事務に関する情報として意味のあるものとなり，その全体が交際の相手方が識別され得る交際事務に関する情報として，上記各号に該当することになるのである。

　であるとすると，部分公開の義務がある場合になおそこから除外されるべきは，氏名などの個人特定部分のみではなく，こうした「事務事業支障情報」や「プライバシー情報」全体だということになる。本最高裁判決はこの部分をもって，「非公開事由に該当する独立した一体的な情報」と呼んでいるのである。ここから以下の結論が導かれる。

> 本件条例10条は，……1個の公文書に複数の情報が記録されている場合において，それらの情報のうちに非公開事由に該当するものがあるときは，当該部分を除いたその余の部分についてのみ，これを公開することを実施機関に義務付けているにすぎない。すなわち，

同条は，非公開事由に該当する独立した一体的な情報を更に細分化し，その一部を非公開とし，その余の部分にはもはや非公開事由に該当する情報は記録されていないものとみなして，これを公開することまでをも実施機関に義務付けているものと解することはできないのである。したがって，実施機関においてこれを細分化することなく一体として非公開決定をしたときに，住民等は，実施機関に対し，同条を根拠として，公開することに問題のある箇所のみを除外してその余の部分を公開するよう請求する権利はなく，裁判所もまた，当該非公開決定の取消訴訟において，実施機関がこのような態様の部分公開をすべきであることを理由として当該非公開決定の一部を取り消すことはできない。

そして「非公開事由に該当する独立した一体的な情報を更に細分化し，その一部を非公開とし，その余の部分にはもはや非公開事由に該当する情報は記録されていないものとみなして，これを公開する」（こうした部分公開を以下「細分的部分公開」とする）ためには，情報公開法6条2項のようなそのための根拠規定が必要だとするのである。

3　本最高裁判決の問題性

(1)　非公開範囲の広範性
本最高裁判決の最大の実質的問題点はいうまでもなく，本件大阪府公文書公開条例と同様の規定ぶりの条例のもとでは，行政機関に情報公開を法的に義務づける範囲を大幅に狭めてしまうことにある。許される非公開部分は一個の公文書のなかにある前記の意味でのプライバシー情報全体，あるいは事務事業支障情報全体であり，その部分にさらに検討を加えて，実際にプライバシー侵害や事務事業への障害を生じさせない限度まで非公開部分を縮減するようなことは義務づけられていないというのであるから，非公開が許される部分はきわめて広範なものとなりうる。またこのような判決に従えば，各地の情報公開審査会が行政機関の情報公開を是正する答申を出すことも極めて難しくなるだろう。他方で各地

の自治体や本最高裁判決以前の下級審判決は，こうした解釈をとらず，本最高裁判決のいう「独立した一体的な情報」部分についても，その範囲内においてさらに実質的なプライバシー侵害性や事務事業支障性の有無に基づいて検討を加え，そうしたものがなければさらなる細分的部分公開を行ない，また求めてきていたのである。本最高裁判決がこれまでの情報公開実務・判例の積み上げを無視し「日本の情報公開の時計の針を，10年は逆に戻した」(5)と批判されるゆえんである。

ただし本最高裁判決は，こうした「独立した一体的な情報」のさらなる細分的部分公開を行政機関に禁じているわけではなく，後述する通りその裁量により任意にそうしたことを行なうことは認められると明示的に述べている。その意味で本最高裁判決が実際の情報公開実務の積み上げを無視し，「時計の針を戻した」のは，その法的義務性を否定し司法審査の幅を大きく狭めたという点においてである（もちろんそのことのもつ意味は重大ではある）。

(2) **形式的文理解釈**

当然ながら本最高裁判決に対しては，解釈論的な批判がいくつかの側面から加えられている。まず以上の理解は，本件条例10条のみの機械的な文言理解から導かれたもので，視野の狭い「極端な文理解釈」だとされる。それは立法者意思や制定経緯を無視し，また原則公開を定めた条例の立法趣旨や目的などその全体構造，さらに（少なくとも）解釈指針たるべき憲法上の「知る権利」や情報民主主義などの基本理念などを考慮に入れない形式論であるとされる(6)。これらをきちんと踏まえたものこそが血の通った厚みのある解釈であって，形式論理に拘泥し，行政に有利な結論を合理化する本最高裁判決はそこから遠い。また本最高裁判決のいわゆる「独立した一体的な情報」のさらなる細分的部分公開についても，それが明示的に否定されていない以上，義務づけられていると解釈すべきだ，と論じられる(7)。

なお関連して，本最高裁判決補足意見が情報公開法6条2項との対比で，同種の規定のない本件条例の部分公開についての解釈を示していることにつき，本法6条2項は確認規定であって，創設規定ではないから

そうした解釈は誤りだとの批判もある[8]。しかしこれは，そのように確認規定と理解すべき根拠を問えば，結局今述べた制度趣旨等を考慮したより合理的解釈からしてそうだということになろうから，以上の解釈論のコロラリーといえるであろう[9]。

　他方，本最高裁判決の解釈を，「それが同条例の立法者意思に合致しているか否かはともかく，論理的に筋の通った1つの解釈といえよう」とする論者もある[10]。他方この論者は，このことは「個人情報の場合の特色であり，それ以外の不開示情報については別個の考察が必要となる」として，たとえば事務事業支障情報については，「独立した一体的な情報」説をとるべきことを当然には意味せず，「個人名（相手方識別部分）を削除すれば当該個人に対する交際費の支出にかかるその余の部分（年月日，金額，支出原因等）を開示しても，事務・事業に支障を及ぼす恐れがないのであれば，当該個人に対する交際費の支出にかかる個人名のみが事務・事業情報に該当すると解することができ，そうであるからこそ，情報公開法は，個人情報以外については，同法6条2項のような規定を設けなかったのであろう」として，本最高裁判決の射程が限られたものであることを主張する。

　しかし，こうした議論は，本最高裁判決の論理からは，遺憾ながら「論理的に筋の通った1つの解釈」とは思われない。なぜなら第1に本最高裁判決は，「これを本件……公文書についていえば，当該情報が本件条例8条4号，5号又は9条1号に該当する場合においては，実施機関は，当該情報のうち交際の相手方の氏名等交際の相手方を識別することができることとなる記述等の部分……を除いた部分を公開しなければならない義務を負うものではな」いとして，プライバシー情報についての本件条例9条1号についてと事務事業支障情報に関する8条4号，5号とについて特に区別せずに並列的に論じているからであり，第2に，情報公開法6条2項が確認規定であるならば，プライバシー情報であれ事務事業支障情報であれ，部分公開について別異に扱う必要性はなく，細分的部分公開が可能になるはずであり，他方それが本最高裁判決補足意見が立脚するように創設規定であると考え，それゆえそれを欠いた法のもとではプライバシー情報については細分的部分公開はできないとす

るなら，事務事業支障情報についても同様だと考えるのが素直だからである。それでもなおプライバシー情報と事務事業支障情報とについての本件条例の各規定の文言上の差異や，両情報についての性質の違いなどから，部分公開の義務づけの差異を説明する道はあろう[11]が，いずれにせよ小手先の射程限定よりも，本最高裁判決の論理が基本的に誤りであると断じたほうが論理的にも法理的にも筋が通っていると言うべきであろう。

　なお，情報公開法をめぐる訴訟や情報公開審査会での審議では，本最高裁判決の論理が訟務検事によって非公開理由として強力に援用されており，それは事務事業支障情報等プライバシー情報以外のものにも及んでいる。この訟務検事の多くが判検交流による出向裁判官だというのであるから，憂鬱な話ではある[12]。

　筆者も解釈論としては批判者側のそれを支持する者であるが，当の最高裁はこうした解釈を知らずに，また自己の判決に対する以上のような批判を予想せずに本最高裁判決を出したわけではなかろう。最高裁はこうした解釈をあえて退け，加えられうる批判を十分予想した上でこれを示しているのである。最終的有権解釈権者である最高裁が自己の解釈が合理的で正当なものと断じており，また下級審がそれに従いつつあるなかでは，こうした筋論だけで裁判に臨み正面突破を試みることは，その重要性は理解できるものの，ある種のむなしさを感じさせもすることは否めない。ねばり強く筋論を主張し続けつつ，あとはこうした保守的で体制寄りの解釈を展開し下級審をそれに従わせるような司法官僚制を批判し変えていく他ない，という「お定まりのパターン」しかないのであろうか。

　筆者は，本件判決に関しては，以上の批判や対抗解釈では語られていない問題点がなお潜在しており，その意味で本件判決の問題性を法論理内在的に指摘し，それを裁判所に突きつけて判断をせまる余地があると考えている。官僚司法に対する外在的批判は，こうした法戦略と併わせてこそ大いに語られるべきものであろう。

(3) 「独立した一体的な情報」概念について

　しばしば指摘されることであるが，本最高裁判決の言う「独立した一体的な情報」という概念の定義，範囲があきらかでないとする批判がある。また往々にしてこの「独立した一体的な情報」という用語が一人歩きする傾向があり，そうした傾向は，この概念を自己に都合良く利用したいと考える行政機関の側だけでなく，情報公開を求める側や本最高裁判例後の下級審判決までにも見られるように思われる。しかし実は情報の「独立一体」性とは何かなどという問題を，それだけとらえて論じたり，不確定であると批判することは，本最高裁判決に忠実な理解からすればかえって的はずれなのである(13)。

　繰り返しになるが本最高裁判決は，公文書の部分公開に関する条例の規定の解釈を展開したものであって，部分公開によってもなお非公開とされるべきなのは，氏名などの個人識別部分だけでなく，大阪府条例8，9条の各号に該当する「事務事業支障情報」や「プライバシー情報」そのものであるとしたのである。判決から再度引用する。

　　1個の公文書に複数の情報が記録されている場合において，それらの情報のうちに非公開事由に該当するものがあるときは，当該部分を除いたその余の部分についてのみ，これを公開することを実施機関に義務付けているにすぎない。すなわち，同条は，非公開事由に該当する独立した一体的な情報を更に細分化し，その一部を非公開とし，その余の部分にはもはや非公開事由に該当する情報は記録されていないものとみなして，これを公開することまでをも実施機関に義務付けているものと解することはできないのである。

　　相手方の氏名等の相手方識別部分のみを他の情報と切り離してみれば，それ自体は情報として意味のあるものではなくなり，それのみで本件条例8条4号，5号，9条1号に該当するとは到底いえず，その余の部分を合わせて初めて知事の交際事務に関する情報として意味のあるものとなり，その全体が交際の相手方が識別され得る交際事務に関する情報として，上記各号に該当することになるのであ

る。

　すなわち「独立した一体的な情報」というのは、「非公開事由に該当する情報」すなわちここでは「交際の相手方が識別され得る交際事務に関する情報」全体という、既述の意味での「事務事業支障情報」や「プライバシー情報」を言い換えているだけのことであって、情報としての「独立性」や「一体性」が非公開事由該当性判断とは離れて、またそれに先だって論じられているわけではない。とすれば部分公開の可否の判断は、ある公文書の全体又はその一部が、「独立した一体的な情報」であるかどうかではなく、それが本最高裁判決でいう意味での「事務事業支障情報」や「プライバシー情報」を構成するかどうかで決せられねばならないはずである。そうではなく「非公開事由に該当する」かどうかとは別に「独立性」や「一体性」が判断されうるとすると、当然その範囲は「非公開事由に該当する」情報の範囲と一致するとは限らず、それよりも大きくも小さくもなりうるし、また一方が他方を包含する関係にあるとも限らないということになりはしないだろうか。となるとなぜその範囲を本最高裁判決は、一律に全面非公開とすることができるのか、さらなる細分化を求めえないとしたのか、まったく理解できなくなってしまう。「非公開事由に該当する」情報をそのまま「独立した一体的な情報」であるとすると、少なくともこうした意味の不明性はなくなる。
　であれば問題の本質は、「独立した一体的な情報」なる概念が不確定であることではなく、それが本最高裁判決で指し示すところの「事務事業支障情報」や「プライバシー情報」といったものの範囲を、特定公文書上で逐一確定せねばならず、それは容易であるとは限らず、また往々にして広範なものとなりがちであることであって、結局前記（1）の論点に吸収される部分が大きいはずである。
　しかし他方、にもかかわらずこの「独立した一体的な情報」概念が一人歩きしているとすれば、それは本最高裁判決にそのような表層的な理解と便宜的な援用を許す危険性があることを示しているとは言えるであろう。

(4) 「非公開事由に該当する独立した一体的な情報」の確定困難性

次に，このように「非公開事由に該当する独立した一体的な情報」を特定公文書の上で逐一確定せねばならないとした場合の，ありうる困難・問題性につき論じる。

(a) 「非公開事由に該当する独立した一体的な情報」の範囲が一個の公文書をこえる場合

本最高裁判決は特定公文書についての部分公開にかかる解釈を展開したものであるから，そこでいうプライバシー情報その他「非公開事由に該当する情報」は，判決も記すように「１個の公文書」のなかに存在することが前提とされている。実際本最高裁判決の対象とした「歳出額現金出納簿，支出証明書，領収書」等は，そのなかに「相手方識別部分」と「その余の部分（年月日，金額，支払原因等）」とが記されており，両者合わさって「非公開事由に該当する独立した一体的な情報」「交際の相手方が識別され得る交際事務に関する情報」を構成するとされたのであった。しかし公文書が常にこうしたものであるとは限らない。

知事交際費に関するこれら公文書が仮に，「相手方識別部分」と「その余の部分」とで，別々の公文書に分かれて記されていたらどうなるであろうか。そうした場合，「相手方識別部分」と「その余の部分」の両者が相まって初めて「非公開事由に該当する情報」だとした本最高裁判決補足意見からすれば，これら二つの公文書はそれぞれ単独ではそうした情報ではなくなり，それゆえ「独立した一体的な情報」は各々の公文書のなかには存在しないこととなるのではなかろうか。そしてこのような場合，「一つの公文書」の部分公開の問題ではなくなり，本最高裁判決の射程外の問題となるのではなかろうか。

このような例は架空的な講壇事例に止まらない。たとえばある公務員がカラ出張を理由に処分されたことが氏名が伏せられたまま報道されたとして，その後にその事例を含む個人名記載の出張記録を公開申請したとする。ここで出張記録は公務遂行の記録であってそれ自体では一般的には「非公開事由に該当する情報」にはあたらない(14)とし，他方である公務員が処分されたことそれ自体は「プライバシー情報」であるとす

る(15)。こうした場合，この公務員の出張記録は「非公開事由に該当する情報」というべきなのであろうか。あるいはこの例とは逆に，カラ出張を理由とした処分内容だけが簡単に記され，氏名等の個人識別情報は載っていない公文書が存在したとして，これと出張記録とをつき合わせることが可能な場合，前者の処分関連公文書は「非公開事由に該当する情報」となるのであろうか。これらの例は，公務員の公務遂行上の非行行為それ自体の情報と，その行為を理由とした処分情報というかたちで一般化できる。一方だけでは個人を特定しえず，もう一方は個人特定可能だがそれだけでは「非公開事由に該当する情報」とはいえない情報または公文書で，両者を合わせてはじめてそうした情報を構成するというケースは，実はありふれている。

　これら文書が分かれている例においても，少なくとも氏名など個人識別情報を非公開とする必要はありうる。その場合は，本来これらの事例は本最高裁判決の射程外であるとして別の議論を立てるのが筋だというべきではなかろうか。しかし現状の下級審の司法判断で予想され，また実際に積み上げられつつあるように思われるのは，こうした個人識別情報が記載されている公文書の場合は，ともかくもその全体を「独立した一体的な情報」が記載された公文書であると強引に認定してしまうことではないかと思われる。しかしこれは，「独立した一体的な情報」を「非公開事由に該当する情報」から独立して認定するという点で本最高裁判決から乖離しているだけでなく，そのなかに個人識別情報等非公開の必要のある部分が含まれる情報は自動的に「独立した一体的な情報」とすることになってしまい，この概念はそれ自体としては無内容で恣意的なものであることを露呈させてしまうことになる。

　他方本最高裁判決のような考え方をとらず，非公開部分は必要最小限であるべきであり，個々の部分の公開がもたらす実質的なプライバシー侵害性や事務事業支障性について検討し，それがなければ部分公開が義務づけられていると解釈する従来の自治体や本最高裁判決以前の下級審判決の考え方を採れば，このような面倒な問題は生じない。「非公開事由に該当する独立した一体的な情報」の範囲の確定という困難かつ不毛なステップを経る必要も無くなり，またそれで不都合が生じるというこ

ともない。

(b) 「非公開事由に該当する独立した一体的な情報」の範囲が多元的である場合

「非公開事由に該当する独立した一体的な情報」を特定公文書の上で逐一確定せねばならないとした場合，生じうる別の困難性は，場合によってその範囲が多元的で一律に確定しえないものとなってしまいかねないことである。

プライバシー保護が問題となる場合を例にとる。業務上の行為で公務員が事故を起こしたとして，これが物損事故であれば問題になるのは当該公務員のプライバシーのみであることが一般であろう。この場合公務員の業務上の行為だということで，プライバシー保護の必要なしとして全面公開されることも考えられる。他方これが私人に対する人身事故だったとすると，問題になるプライバシーは当該公務員と被害者とのそれぞれについて考えねばならなくなる。この場合，本最高裁判決の論理からすると，たとえ加害公務員においてはプライバシーの保護の必要なしとされる場合でも，後者の被害者側のプライバシー保護を理由に「非公開事由に該当する独立した一体的情報」と認定され，事故報告書の関連部分全体あるいは文書全体の非公開が帰結することがありうる。被害者側の保護の必要はあるとしても，その反射的利益で本来公開されるべき公務員の側の情報までこのように無条件に非公開とされるのは，均衡を欠いていないだろうか。一般化して言えば，同じ範囲の情報が関係者の一方にとってプライバシー情報であり他方にとってそうでないとき，前者を盾に一切非公開とし，結果的に後者の情報をも非公開とすることは正当化されるか，という問題である。

本最高裁判決からすれば，このような場合に全面非公開となることもやむをえないということになろう。他方複数人のプライバシーが問題になるここで示したような事例であっても，各人の個人識別性がなくなる最小限の部分のみの非公開を考えていく従来の方式でいけば，このような困難な論理的迷路をたどることなく，平易にかつ均衡のとれた解決が可能だというべきではなかろうか。

(5) 細分的部分公開と司法審査

本最高裁判決は，一個の公文書に「非公開事由に該当する独立した一体的な情報」がある場合，その細分的部分公開をすることまでは明文の根拠規定なしには義務づけないとしつつ，他方で先にも簡単に触れたように，そうした情報の部分公開を行政機関が裁量判断で任意に行なうことは認められるとした。次にこの点について検討する。

(a) 本最高裁判決の法理

本判決がこの裁量的な部分公開について論じている個所は以下の通り。

> もっとも，住民等の公文書の公開請求に対し，実施機関において，本件条例3条の趣旨をも踏まえて，その裁量判断により，本件条例9条1号に該当する情報が記録されている公文書のうち氏名，生年月日その他の特定の個人を識別することができることとなる記述等の部分（個人識別部分）のみを非公開とし，その余の部分を公開するなど，非公開事由に該当する独立した一体的な情報を更に細分化してその一部が記録されている公文書の部分のみを非公開とし，その余の部分を公開するといった態様の部分公開を任意に行うことは，本件条例の許容するところと解される。そして，実施機関がこのような態様の部分公開を任意に行った場合には，これに不服のある住民等は，非公開とされた部分をも公開すべきであると主張して，訴訟手続により当該部分に係る非公開決定の全部取消しを求めることができ，裁判所は，当該非公開決定が違法であると判断したときは，これを取り消すことができるものと解される。

> 実施機関がその裁量判断により相手方識別部分を除いてその余の部分を公開するものとした場合はともかく，そのような部分公開が相当でないと判断して相手方識別部分をも含めて非公開決定をした場合には，裁判所は当該決定を取り消すべき理由はない。

本最高裁判決は，全面非公開とされた知事交際費に関する公文書に関して出されたものであって，ここで論じられている実施機関が行なった細分的部分公開の是非，その公開部分をさらに広げるべきかどうか，そのように求める権利があるかどうか，といった問題を審理したものではない。その意味でこの部分はいわゆる傍論ということになろうが，最高裁判決もこうした部分公開に対しては司法審査が及ぶことを認めているのである。

　しかしこれは極めて不自然な結論を導く。「非公開事由に該当する独立した一体的な情報」につき全面非公開とした場合は司法審査は及びえず，他方それを裁量的に部分公開した場合には「これに不服のある住民等は，非公開とされた部分をも公開すべきであると主張して，訴訟手続により当該部分に係る非公開決定の全部取消しを求めることができ，裁判所は，当該非公開決定が違法であると判断したときは，これを取り消すことができる」というのでは，行政機関にとっては，面倒を避けるためにはとりあえず全面非公開を行なったほうが便宜である，ということにならないであろうか。このように部分公開よりも全面非公開を行なうことを結果的に勧めるような法理が，はたして情報公開制度の法理として適切なものと言えるのであろうか。そもそも全面非公開さえ是認される情報について，どのように「非公開とされた部分をも公開すべきであると主張」しうるのであろうか。それにつき「訴訟手続により当該部分に係る非公開決定の全部取消しを求める」とはどういうことであり，また裁判所はいかなる場合に「当該非公開決定が違法であると判断」でき，「これを取り消すことができる」のであろうか。これらにつき本最高裁判決は何も語っていない(16)。

(b)　細分的部分公開を取り消しうる場合
　以上の本最高裁判決の法理とその疑問点を整合的に理解する解釈はありうるであろうか。筆者には，とりあえず二通りの理解が可能であるように思われる。
　第1は，「住民等は，……訴訟手続により当該部分に係る非公開決定の全部取消しを求めることができ」るとする記述から，住民等が求めう

るのは，一切の部分公開部分を全て完全公開するよう求めること（「全部取消」）だけであり，個人識別情報等を除いて部分公開の範囲を広げるにとどまるような請求は許容されないとする理解である。この理解からすると，公開を求めうるのはもともとそこに個人識別部分など一切存在しないにもかかわらず，いわば明らかに理不尽な部分公開を実施機関が行なった場合のみに限られることになる。このような公文書が仮に全部非公開となった場合，その「全部取り消し」を求めうることはいうまでもないであろう。であればそれが部分公開された場合も当然それを求めうることとなり，論理的には一応整合的ではある。

　しかしそうすると逆に，部分公開部分のなかにわずかでも「相手方識別部分」が存在していれば，それだけで残りの部分がいかに恣意的で非合理であろうとも，裁判所はこれを取り消すことはできないという結論になってしまう。そもそも一見明白に理不尽な非公開処分などは実際上はほとんど考えられず，これでは結局裁量的な部分公開を争う道はまったく塞がれていることとほとんど変わりない。

　また本最高裁判決は，「（個人識別部分）のみを非公開とし，その余の部分を公開する……といった態様の部分公開を……任意に行った場合には，これに不服のある住民等は，非公開とされた部分をも公開すべきであると主張して，訴訟手続により当該部分に係る非公開決定の全部取消しを求めることができ，裁判所は，当該非公開決定が違法であると判断したときは，これを取り消すことができる」とし，「非公開事由に該当する独立した一体的な情報」を全面非公開にしたときに，その細分化を求める権利がないことに対比させて，わざわざ「実施機関がその裁量判断により相手方識別部分を除いてその余の部分を公開するものとした場合はともかく」と注記しているのであるから，その場合も司法判断の余地がなくなってしまう解釈が採られているとは考えられない。本判決は，実施機関が「相手方識別部分を除いてその余の部分を公開」したとする場合にも，実質的な司法審査の余地を残していると理解する方が自然である。

　そこで第2の理解としては，「裁判所は，当該非公開決定が違法であると判断したときは，これを取り消すことができる」としていることか

ら,部分公開判断の裁量行使が違法であると判断しさえすれば裁判所はこれを取り消すことができるのであって,全部公開か実施機関の部分公開の容認かという二者択一だけに拘束されるものではない,と解釈することが考えられる(この場合,住民等が「全部取消を求めることができ」るとされているのは,原告側がそういう請求もすることもありうる,という趣旨だと理解することになろうか)。

　筆者は,行政処分のやり直しを命じるに過ぎない取消訴訟の特質からしても,また二者択一に拘束されるとすることの実質的な根拠が見いだし得ないことからも,さらに法治行政の要請や情報公開の精神,そして恣意や非合理,不公正を排する条理的な見地からしても,こうした理解のほうが最高裁判決の理解にかなっていると考える。但しこの場合,全面非公開であれば司法審査が包括的に排され,部分公開とすれば細部にわたる違法判断に道を開くことになるのはどういうわけなのか,という先に述べた問題は残る。根本的にはこうした不整合を生みだしてしまう本最高裁判決自体が非合理だというほかないであろう。

(c)　細分的部分公開の違法性の判断基準

　細分的部分公開判断の裁量行使への違法判断が可能だとして,次の問題は裁判所はいかなる場合にそうした判断をしてこれを取り消すことができるかである。

　第1にこれは行政庁の裁量行使の違法性判断の問題であるから,行政法の基本原則に依り,その踰越や濫用が問題となろう。その際問われる規準は,目的違反,平等原則・比例原則違反,条理,社会通念などであり,本部分公開においても,そうした観点から判断されうる余地があろう。しかしこれだけでは情報公開問題では具体性に欠けることは否めない。

　第2に,本判決では「実施機関において,住民等の公文書の公開を求める権利が十分に保障されるように条例を解釈し運用しなければならない」とする「本件条例3条の趣旨をも踏まえて」細分的部分公開が行なわれることを論じている。ここから,こうした情報公開制度の基本趣旨や「知る権利」「説明責任」等といった解釈指針を踏まえない恣意的で

不合理な任意的部分公開は許容されえないと考えることができるのではなかろうか。

　第3に，本最高裁判決は，「相手方識別部分」と「その余」の区分を行ない，後者を部分公開する場合，すなわち「相手方識別部分を除いてその余の部分を公開するものとした場合」について論じたものである。そしてそうした場合に請求権者が訴訟手続により争いうることと，裁判所が取り消しうることを認めているのである。するとここで予定されている争点は当然「相手方識別部分」だと実施機関が決定した個々の部分に対して，「それはそういうものではない」「非公開部分が広すぎる」というものとなるはずである。これはすなわち，個々の文書のなかで非公開とされた各個別部分が，個人識別情報か否かという，従来の自治体や本最高裁判決以前の下級審判決における争点と同一である。

　またこうした審査基準はできる限り明確かつ合理的なものであるべきであり，また自治体の運用実績も判例の蓄積もあるこれまでの考え方はできる限り尊重されるべきであるから，ここではやはり，「独立した一体的な情報」概念に拘泥しない，従来どおりの判定法を維持するのが合理的なのではなかろうか。

　以上から結論として，本最高裁判決を前提しても，行政機関が「非公開事由に該当する独立した一体的な情報」についていったんさらなる細分的部分公開を行なうと決定した以上，非公開部分は個人識別情報等のみの必要最小限の部分のみに限られるものと解し，その点については司法判断が及び，こうした必要最小限度を越えた非公開部分については違法と認定することが合理的なのではなかろうか。そのように強く法的に枠付けられた決定を，果たして「裁量的部分公開」と呼んでよいものかどうかが問われようが，ここでいう行政機関の「裁量」とは，「非公開事由に該当する独立した一体的な情報」を全面非公開とするか，このような意味での部分公開とするか，という点の決定にのみ認められるものであり，部分公開の範囲をいかようにも決めうる「裁量」ではないのだと考えるべきであろう。

4 ある関連地裁判決における本最高裁判決の受容と展開

　以上のように様々な問題性と困難性を抱える本最高裁判決であるが，それが出されてほぼ2年経つ本稿執筆段階において，各地・各種の自治体の情報公開訴訟および情報公開法をめぐる訴訟で被告自治体・国の非公開維持のための拠り所になっているとともに，それを援用する下級審判決も相次いで出されている(17)。しかしこれら下級審判決は，一般的に本判決の「独立した一体的な情報」概念を，以上に論じたように厳密かつ批判的に検討することなく杓子定規に援用する傾向があり，さらに細分的部分公開と司法判断との関係についても未だ十分に論じているともいいがたい。

　以下ではこうした下級審判例のなかから，本稿冒頭に触れた公立学校教員による体罰事件関係公文書についての2003年1月17日の神戸地裁判決（「本地裁判決」）をとりあげ(18)，本最高裁判決が受容・展開される様相を，以上の論点に即して記述し，そこに見られる問題性と，にもかかわらずの可能性について検討していく。本地裁判決は，兵庫県教育委員会を被告とする公文書非公開決定取消訴訟の第一審判決であり，対象となる兵庫県情報公開条例（「本条例」とする）の関連規定は，本件最高裁判決の大阪府条例のそれと基本的に同一である。また主たる非公開理由は，加害教員および被害児童生徒のプライバシー情報該当（本条例6条1項前段「個人に関する情報であって，特定の個人を識別することができるもののうち，通常他人に知られたくないと認められるもの」）である（なお本地裁判決では，本稿で扱う以外の論点も扱われているが，それらについては割愛する）。

(1) 本地裁判決の対象公文書と非公開処分

　本地裁判決の対象公文書は，大きく2種に分かれる。第1は，体罰を理由とした教員処分事例について被告県教委が年1度前年度分をまとめて文部省（当時）に報告することになっている調査報告書で，平成7，8，9年度提出分である(19)（以下これを「処分報告書」とする）。ここ

には 1 件の公文書内に，当該年度に実施された処分が数件まとめられ，それぞれにつき，懲戒処分の内容等，体罰を行なった教師の概略，体罰の概略，体罰を受けた児童生徒の概略，学校の状況が記載されているが，教師名や学校名は記されていない。またその記載内容も後述の事故報告書に比べて簡略である。被告はこの公文書のなかの，体罰を行なった教員の「担当教科名，担任クラス名」「担当校務名」「教職経験年数，在校年数」および「体罰が行われた学校の生徒数，学級数」の全部又は一部を，(他の情報とつき合わせれば)「特定の個人を識別することができる」情報であるとして，これらの部分を非公開とする部分公開決定を行なった。しかし本地裁判決は，これらについてはすべて被告の主張を退け，その部分の処分を取り消した。

　対象公文書の第 2 は，被告管理下の学校で教員が起こした体罰事件の事故報告書であり，平成 7，8，9 年度に被告に提出されたものである[20] (以下これを「事故報告書」とする)。報告書本体は校長が作成するものであり，体罰事件の経緯が実名で一般にかなり詳しく記されているものであるが，加害教員に対する処分結果はここには記されてはいない。またこの事故報告書は，校長作成の報告書本体のみで構成されているものと，関係教育事務所長作成の「表題部分」が付されたものとがある (この表題部分には，「〇〇市立××中学校における体罰事件につき，学校長から報告書の提出がありましたので送付します」等といった簡単な記述があるだけである)。また例外的に報告書本体に医師の「診断書」，加害教員の「顚末書」，関係市教育委員会による「事情聴取書」が添付されているもの，および報告書本体内部に加害教員による「反省文」が移記されているものが存在する (これらにも関係者の実名が記載されているとのこと)。被告はこれら「診断書」「顚末書」「事情聴取書」「反省文」については全面非公開又はほぼそれに近い非公開決定を行ない，報告書本体および表題部分については部分公開決定を行なった。非公開部分は関係個人名，住所，学校名，校長名にとどまらず，事例ごとに様々な事項にわたっており，なかにはなぜこのような些細な情報が非公開とされるのかよく分からないものもあるのだが，個人名や学校名の特定につながる情報を非公開としたというのが被告側の主張であった。

なお公平のために言えば，これらの非公開の程度は，事件の経緯や結果が理解できなくなるほどのものではなく，それがだいたいつかめる程度の公開は一部を除いて行なわれたとは言いうる。原告の主張は，学校名や校長名を出しても加害教員の特定にはつながらず，仮につながっても児童生徒は特定しえず，またそれは体罰抑止の公益性からいっても甘受すべきであるということと，「診断書」「顛末書」「事情聴取書」「反省文」の全面非公開には理由がないということとを軸に，公開範囲を広げるべきであるとするものであった。

　しかしながら裁判所は，この事故報告書およびそれに付随する文書の非公開決定については結果的にそれを是認し，原告の請求を棄却した。その過程で先の本最高裁判決が決定的な役割を果たしたのであるが，それについては以下に論じるとおりである。

(2)　**本地裁判決における「独立した一体的な情報」概念の取扱いおよび認定**
(a)　**本判決におけるプライバシー該当情報**

　本地裁判決が本最高裁判決をいかに受容したかの説明にはいる前に，本判決におけるプライバシーがどのようなものと捉えられたのかについて簡単に説明する。本判決では，被害児童生徒については，体罰を受けたことが「通常他人に知られたくない」プライバシー情報であることが前提されている（この点については原告被告とも争いがない）。他方，加害教員が学校教育の過程で児童生徒に体罰を加えたことそれ自体は，プライバシー情報でないことも前提されている（この点についてもまた原告被告とも争いがない）。教師のこうした暴力もまた，職務遂行上の（違法）行為だからである。では何が当該教員にとってプライバシー情報であるかといえば，裁判所は次のように，基本的に被告の側の主張を採用した。

　　ところで，体罰を行なった教員が，体罰を行なったことを理由に懲戒処分を受けたことや，学校長から体罰の内容を調査され，兵庫県教育委員会に報告されたことは，当該教員の経歴，社会生活に関する情報であり，資質・名誉に係る「個人に関する情報」であって，

「通常他人に知られたくないと認められる情報」である。
　　したがって，上記体罰に関する情報であって，体罰を行なった教員を識別することができる情報は，体罰を行なった教員の「個人に関する情報」であり，「通常他人に知られたくないと認められる情報」であって，「職務の遂行に係る情報」ではないので，本件条例6条1号前段所定の非公開情報に当たるというべきである。

　加害教員が処分を受けたことにとどまらず，「学校長から体罰の内容を調査され，兵庫県教育委員会に報告されたこと」も，プライバシー情報だと認定された。この認定からは，事故報告書本体も，単に被害児童生徒にとってのプライバシー情報を構成するのみならず，加害者側においても，処分結果がそこに記されていないにもかかわらず，それ自体でプライバシー情報であることになる。また一般的に言えば，公務員の職務遂行上の違法行為の調査報告はすべて当該公務員のプライバシー情報となり，その反射としてその違法行為自体も，職務遂行上の行為でありながら，実際上プライバシー情報と同等の扱いを受ける結果になるように思われ，それは不当だと筆者は考えるが，この点はこれにとどめる。

(b)　本地裁判決における「独立した一体的な情報」概念の認定
　以上のような性質の本件は，先に論じた本最高裁判決についての論点に直接関わりうるものである。第1に本件における「処分報告書」や事故報告書に付せられた「表題部分」は，事故報告書本体に比べて情報量も少なく，個人名も書かれていないものであり，これらを「1個の公文書」と考えた場合，単独ではおよそ「個人に関する情報であって，特定の個人を識別することができるもののうち，通常他人に知られたくないと認められるもの」とは考えにくく，また本最高裁判決のいう「非公開事由に該当する独立した一体的な情報」がそのなかに存するとも言えないようにも思われ，その意味で本最高裁判決が直接の対象とした公文書とは性質を異にしているものである(21)。
　本地裁判決は，まず「処分報告書」については「独立した一体的な情報」該当性にまったく立ち入ることなく，先に触れたようにすべての非

公開部分に理由なしとして処分を取り消した。これは一部非公開の全面取り消しであるから，本最高裁判決も触れているケースであり，立ち入ることもできたはずであるが，判断を回避している。

他方，事故報告書関連の「報告書本体」「表題部分」「診断書」「顛末書」「事情聴取書」「反省文」については，これらすべてがそれぞれ別個の公文書だとした上で，次のように判示した。

> ①第2文書（馬場注：事故報告書のこと）の「表題部分」は，各文書の個数毎に独立した一体的な情報である。②第2文書の「報告部分」は，各体罰毎に独立した一体的な情報である。③診断書2通は2個の独立した一体的な情報である。顛末書，事情聴取書，反省文は，それぞれが独立した一体的な情報である。

以上である。なぜそうなのかの説明は一切ない。結局ここからは本件では，1個の公文書は少なくとも1個の「独立した一体的な情報」にあたり，1個の公文書のなかに複数の体罰事件が記されている場合は，それぞれが「独立した一体的な情報」にあたる，ということがわかるだけである。そして先に記したとおり「○○市立××中学校における体罰事件につき，学校長から報告書の提出がありましたので送付します」等といった簡単な記述があるだけの「表題部分」も，報告書本体も，同様にそれぞれ「独立した一体的な情報」だとされており，これではほとんど無原則・無内容と言わざるをえない。

実は本地裁判決は，ここでの「表題部分」にある学校名は，他の情報とつき合わせれば個人特定に至る情報だとしてその非公開を認めている。すなわちこの表題部分は，本最高裁判決の領収証等におけるように単独で個人を特定するものではないが，それでもやはり部分公開を維持すべき公文書であると判断されているのである。本地裁判決は，こうした公文書は本最高裁判決の射程外だとするかわりに，ともかくもそれを「独立した一体的な情報」が記載された公文書であると強引に認定してしまうことで本最高裁判決と辻褄をあわせているものと考えられる。すなわち，内部に非公開の必要のある部分が含まれる情報もしくは文書であれ

ば，「独立した一体的な情報」とされてしまうのである。この点は，同様に「独立した一体的な情報」と認定された，他の事故報告書関連の文書（「報告書本体」「診断書」「顛末書」「事情聴取書」「反省文」）全てが，プライバシー情報を含むものとして部分公開または全面非公開が維持されていること，他方で先に述べた「処分報告書」（ここには学校名さえ書かれていない）については，先述のとおり「独立した一体的な情報」であるかどうかの認定を回避して全面公開を導いていることからも確認される。これは「独立した一体的な情報」概念が，論理的整合性や法理としての説得力を犠牲にして一人歩きしているものと言わざるをえないものであるが，好意的に見れば，「処分報告書」ではこの点について判断を回避し，その他の文書についてはこのような木で鼻を括ったようなかたちでしか「独立した一体的な情報」の認定をしえなかったあたり，問題点を自覚しつつ最高裁判例にあえて異を唱えられないキャリア裁判官の苦境とそれなりの苦心を感じないでもない。

(3) 細分的部分公開への司法審査の可否

次に本件は，「処分報告書」および「事故報告書」の報告書本体部分とその表題部については，部分公開のさらなる拡大を求めるものであったため，先の3(5)で論じた細分的部分公開とそれについての司法審査を問う事例でもあった。この点についての本地裁判決の判断は以下のとおり。

> ところで，原告は，実施機関が本件決定でしたように「独立した一体的な情報」について，全面的非公開とせず，それを細分化して裁量的公開（部分公開）をした場合，個人識別情報のみの必要最小限の範囲に限られるものであって，それに対する司法判断が可能である旨主張する。
> 確かに，本件決定のように「独立した一体的な情報」について，全面的非公開とせず，それを細分化して裁量的公開（部分公開）をした場合，同非公開部分に不服のある住民らは，非公開とされた部分をも公開すべきであると主張して，訴訟手続により当該部分に係

る非公開決定の取消しを求めることができ，裁判所は，当該非公開決定が違法であると判断したときは，これを取消すことができると解するのが相当である（前掲最高裁判所平成13年3月27日判決）。
　しかし，住民に地方公共団体の機関が保有する公文書の公開を請求する権利をどのように付与するかは，専ら地方公共団体がその条例において定めるべき事柄であって，本件条例によれば，……原告には，実施機関である被告に対し，「非公開事由に該当する独立した一体的な情報」を更に細分化して，問題のある箇所のみを除外してその余の部分を公開するよう請求する権利はなく，他方，被告が本件条例7条に基づいて部分公開を義務づけられている範囲は，1個の公文書を本件条例6条各号のいずれかに該当する情報が記載されている部分（非公開該当部分）とそれ以外の部分に分離した上，非公開該当部分全体を非公開とし，それ以外の部分を公開すべきことまでであることからすると，原告の上記主張は，理由がない。

　以上である。第2段落では本最高裁判決を引いて，本件のような部分公開が行なわれた場合，「非公開決定の取消しを求めることができ，裁判所は，……これを取消すことができる」と認めながら，他方で第3段落で，情報公開を求める権利の内容は条例によって具体化されるのだから，「『非公開事由に該当する独立した一体的な情報』を更に細分化して，問題のある箇所のみを除外してその余の部分を公開するよう請求する権利はなく」，原告の主張には理由がない，というのはどういう意味なのであろうか。本件におけるような条例のもとでも部分公開についての処分取消という司法判断が可能なら，「問題のある箇所のみを除外してその余の部分を公開するよう請求する権利」があるということになるのではないか。逆にそうした権利がないのであれば，当該部分に対する取消訴訟で裁判所が違法と判断する余地はないのではなかろうか。しかしこれ以上の詳しい説明は行なわれていない。
　実は第2段落の「住民に地方公共団体の機関が保有する公文書の公開を請求する権利をどのように付与するかは，専ら地方公共団体がその条例において定めるべき事柄であって」云々のくだりも本最高裁判決の引

き写しなのである。結局本地裁判決は，本最高裁判決の抱える内在的矛盾をなんら整合的に解釈することなく，並置しているに過ぎない。

ただしかし，ここの部分をよく読むと，最高裁判決には「住民等は……非公開決定の〈全部取消し〉を求めることができ」るとあるのに，本判決では「住民らは，……非公開決定の〈取消し〉を求めることができ」る（〈 〉は筆者）と，微妙に表現が変わっており，「全部」という言葉が消えている。最高裁判決は，部分公開については「全部取り消ししかできない」とも読めるところ（ちなみに被告はそういう主張をしている），そういう読みを避けるような解釈を示唆しているとも感じられる（ただし，これは穿ちすぎかもしれない）。

このように本地裁判決は，本最高裁判決を否定したり批判したりすることはもちろん，それを部分公開への司法審査を可能にするように創造的に解釈することもしない（躊躇してしまい，できない？）ものの，やはり好意的に見れば，最高裁判決が矛盾を含むものであることや，部分公開への司法審査の道が重要であることを認識しているとも感じられる。しかしこうした「読み」はおそらく好意的にすぎようし，そもそもこのような深読みをしないと真意がつかめないというのでは，司法権の行使というよりむしろ，行間にメッセージを滲ませる独裁権力下の反体制文学である。

なお事故報告書について以上のように判定した以上，公開部分の拡大は求めえないものであり，であればその非公開部分の個々について個人識別性がないものがあるかどうかという判断は本来必要ではないはずである。実際本地裁判決はそうした判断は基本的に行なっていないのであるが，唯一「表題部分」における「学校設置者名（市町名等）」と「教育委員会名」についてだけは，個人識別に至る情報でないと明言した（こういう部分まで非公開とされた例が少数存在した）。そしてその書きぶりも，「被告（は）非公開情報ではない学校設置者名，教育委員会名を非公開としてしまった」「被告は，学校設置者名，教育委員会名を誤って非公開としてしまった」と畳みかけるような調子である。本最高裁判決からすれば，「独立した一体的な情報」の内部の部分公開は行政機関の裁量なのだから，「非公開情報ではない」も「誤って非公開として

しまった」もないはずなのであるが，ここには裁判所の「非公開とすべきではない」とするかなり強い主張が感じられる。にもかかわらず結論的にはこの部分の処分は取り消されていない。本最高裁判決の論理がこちらには生きている。

　裁判所のこうした微妙な判断の評価は難しいところである。姑息だ，小手先だ，些末的だとの酷評も可能であろうが，厳しい条件下で最低限司法として言うべきことを言おうとしたもの，最高裁判決の枠のなかでなお下級審が果たしうる役割を考えた含蓄のある判決，ともいえるかもしれない。このような裁判所の判断は，直接の処分の取消につながらずとも，情報公開の実務に間接的に影響を与えることも十分ありうるであろう。

5　市民法への転轍を目指して

　以上情報公開の部分公開の法理をめぐる最高裁判決と，それがある地裁判決に受容される様相を検討してきた。本最高裁判決は，形式論理によって行政寄りの保守的判断を導いていると言わざるをえないし，法理としても本来不必要な問題点を抱えていると言うべきである。他方本稿で検討した地裁判決を見ても，この最高裁判決の呪縛は極めて大きく，結果的にも非公開範囲はたいして変わらず，非公開部分の適否の実体的判断も大して行なわれているとは言いがたい。なによりそうした呪縛により，判決自体の論理性や説得力が大きく削がれている部分も大きい。こうした傾向は，日本の判例の展開が，法の発展や創造から縁遠い硬直的で非生産的なものになる傾向を示す好例であるように思われる。

　しかし以上で見た通り，こうした下級審判決のなかにも，それなりに裁判官の工夫や苦心の跡が見られることも事実である。本地裁判決を出した裁判官は，最高裁判決の圧倒的な拘束力に縛られつつ，自らが判断をせまられた素材との突き合わせのなかでその法理としての限界もそれなりに認識し，また当該公文書の非公開処分の問題性にも一定自覚的である。本地裁判決は，最高裁判決を批判し情報公開を押し進めるといった進取の気象に富むとはおよそ言いがたいが，他方で最高裁判決に追従

し行政の決定を無批判に追認するだけのものだと切って捨てるのもまた誤りであるように、筆者としては感じるところである。

　本最高裁判決と本地裁判決のもつ病理は、大括りにして司法官僚制のそれであり、またいわゆる硬直的な概念法学的文理解釈主義と最高裁判例法実証主義と言いうるものであろう。日本の法・司法をめぐる問題状況の根本的な構造的要因としてそうしたものを見るマクロな視点は決定的に重要であり、それに対する外在的批判は忘れられるべきでない。しかし他方で、そうした外在的な問題規定及び批判のみに終始したのでは、制度改革の必要性のいささかお定まりじみた訴えの他に展望を持ちがたいというだけでなく、そうした大きな構造のなかでさえ生起しているところの、司法作用や法の複雑な諸相の顕現を見損ない、それゆえ困難な状況のなかにも潜在する実践的足がかり——たとえ小さなそれであれ——に目を向けずに結果的にその可能性の芽を潰してしまうことにもなりかねない。

　日本の法と司法のありように批判的視線を向け、その「市民法」への転轍をめざす論者は、マクロな外在的視点を持ち続けると同時に、こうしたミクロな法理や法的判断のせめぎ合いやその中の変革の芽にも注意深く目を向け、そこに実践的にコミットしていくべきである。

　「市民法」とは観察され理論化されるに留まるべきものではない。それはなによりも主体的実践のなかで、作り出されるべきものなのである。

（1）民集55巻2号530頁、判例時報1749号25頁、判例タイムズ1060号152頁。
（2）神戸地裁平成13年（行ウ）第1号公文書非公開決定取消請求事件。判例集未登載だが、最高裁のウェブサイト（http://www.courts.go.jp/）からは検索可能である。
（3）毎日新聞2001年3月28日インターネット版より。
（4）「開示請求に係る行政文書に前条第1号の情報（特定の個人を識別することができるものに限る。）が記録されている場合において、当該情報のうち、氏名、生年月日その他の特定の個人を識別することができることとなる記述等の部分を除くことにより、公にしても、個人の権利利益が害されるおそれがないと認められるときは、当該部分を除いた部分は、同号の情報に含まれないものとみなして、前項の規定を適用する。」
（5）三宅弘「交際費情報公開判決と審査会の役割」自由と正義53巻10号99頁

(2002年)。
（6）三宅・前掲注（5）93～101頁、同「行政情報の公開」ジュリスト1215号21～23頁（2002年）。
（7）情報公開市民センター・清水勉「部分公開はお役所のお情け！？」（http://www.jkcc.gr.jp/）参照。
（8）三宅・前掲注（5）97頁、同注（6）ジュリスト論文22頁。なお参照、松井茂記『情報公開法』131～133頁（有斐閣、2001年）。
（9）なお本最高裁判決の補足意見が、「相手方の氏名等の相手方識別部分のみを他の情報と切り離してみれば、それ自体は情報として意味のあるものではなくなり、それのみで本件条例8条4号、5号、9条1号に該当するとは到底いえ」ないとした部分を捉えて、「相手方識別部分を除いた情報の公開は常に無意味というわけでもない」とか「残された部分に意味があるかどうかは開示請求権者が判断すべきこと」だとか『それのみで本件条例8条4号、5号、9条1号に該当するとは到底いえ』ないからこそ、部分公開がなされるのである」といった批判もあるが、やや的を外しているように思われる。参照、三宅・前掲注（6）ジュリスト論文22頁、南川諦弘「大阪府知事交際費情報公開請求事件」判例地方自治222号13頁（2002年）、中村孝一郎「大阪府知事交際費情報公開請求事件最終審判決」阪大法学51巻3号113頁（2001年）。というのは第1に、本補足意見はそのすぐ次に、「その余の部分を合わせて初めて知事の交際事務に関する情報として意味のあるものとな」ると記していることからも明らかなように、ここで情報としての有意性が否定されている「それ自体」というのは「相手方識別部分」のことであり、「その余の部分」のことではないからである。第2にそれゆえ、「残された部分になお意味があるかどうか」は問題にされていないからであり、さらに第3にここでの議論は、プライバシー情報あるいは事務事業支障情報というのは「相手方識別部分」と「その余の部分」をあわせた全体をいうのだということを説明しているに過ぎないのであって、この各々がそれ自体ではこれらに該当しないというのは、それらがプライバシー情報や事務事業支障情報の構成部分だといっているだけのことであって、である以上、「だったら公開すべきだ」という結論は出ないからである。プライバシー情報の構成部分であってもそれ自体ではプライバシー情報ではないならその部分は公開せよというのでは、公開できない部分は無くなってしまう。
（10）宇賀克也「知事交際費の情報公開」法学教室253号51頁（2001年）、同『ケースブック情報公開法』185～186頁（有斐閣、2002年）。
（11）大阪府条例は、事務事業支障情報については「公開をしないことができる」と定め、プライバシー情報については「公開をしてはならない」と定めている。関連して参照、小幡純子「大阪府知事交際費情報公開請求事件第二次上告審判決」判例評論519号（判例時報1176号）21頁（2002年）。藤原靜雄「交際費支出

関係情報の公開の是非と部分公開のあり方」季報情報公開1号41頁（2001年）は、事務事業支障情報とプライバシー情報の性質の差異から同様の結論を導く。
(12) 外務省報償費非公開取消訴訟の国側主張について、http://www.jkcc.gr.jp/ 参照。また三宅・前掲注（5）99頁も参照。
(13) 藤原・前掲注（11）40〜42頁は、「独立した一体的」情報という規準は、「情報の有意性に着目していることになる」とし、それを最高裁判例のように一義的にとらえるのは「情報の多様な評価の可能性を閉ざしてしまう」と批判し、「開示しないことが合理的である、言い換えれば、開示することが適当でない最小単位が不開示情報の単位であ」ると解釈すべきだとする。結論自体に異論はないが、これも先の注（9）の議論と同様、最高裁の法的論理と正面から切り結んでいるとはいいがたいのではないだろうか。
(14) 旅行命令簿のなかの旅行者の職名、氏名については公務に関する情報として公開すべきとした判例として、熊本地判1998年7月30日判例地方自治185号42頁参照。
(15) 公務員の懲戒処分等の情報が、公務員のプライバシー情報であることを認めた判例として、東京地判1998年11月12日判例タイムズ1003号171頁参照。
(16) 藤原・前掲注（11）42頁は、この裁量による細分的部分公開につき、「全体として公開を禁止されている一体的情報について細分化による公開が許されるのであろうか。もし許されるとすれば、その部分は、本来、一体として公開を禁ずる必要のある部分ではなかったともいえるのではないか」とするが、的はずれである。本件最高裁判決は、「一体的情報」について「公開を禁止している」のではなく、それに対する細分的部分公開を求める権利までは、大阪府条例は請求者に与えていないとしているに過ぎないからである。本最高裁判決の部分公開に関する議論の問題点は、本稿本文に論じたように立てるべきであると思われる。
(17) 第一審判決として、H14.5.24 名古屋地裁平成14年（行ウ）第1号（自動車に関する消費者の苦情情報）、H15.1.16 仙台地裁平成13年（行ウ）第3号（県警報償費情報）、控訴審判決として、H13.10.26 大阪高裁平成12年（行コ）第104号（診療報酬明細書）、H13.11.1 札幌高裁平成13年（行コ）第8号（見積内訳明細書）、H13.12.14 仙台高裁平成13年（行コ）第8号（不正支出額調書）、H14.4.25 名古屋高裁平成12（行コ）第60号、平成13年（行コ）第18号（体罰事故報告書）。以上最高裁のウェブサイトにおける検索による。なお2003年1月22日にも、体罰事故報告書に関して名古屋高裁で判決が出ている（名古屋高裁平成11年（行コ）第19号）。これらの判決の分析は今後の課題だが、本最高裁判決の論理で公開請求を棄却したものが多いことが明らかである。ただし最初に挙げたH14.5.24 名古屋地裁平成14年（行ウ）第1号判決は、最高裁の論理による概括的行政裁量を容認していないようにも読める（但し被告側の立

証態度にも問題がありそう)。この点につき，三宅・前掲注(5)101頁も参照。
(18) 注(2)参照。なお本訴訟は，筆者が原告の本人訴訟である。なお本稿執筆時現在，大阪高裁に控訴中。
(19) 正式名称は，「教職員に係る係争中の争訟事件等の調査について（回答）のうち，体罰に係る懲戒処分等」。
(20) 正式名称は，「公立小・中学校，県立高校（養護学校を含む。）における体罰に係る事故報告書」。
(21) なお本件は，被害児童生徒側と加害教員側との，性質を異にする二種のプライバシーが問われており，そのため，先の3(4)(b)で論じたような，「非公開事由に該当する独立した一体的な情報」の範囲や該当性に齟齬をきたす可能性のある事例でもあったが，この点は先に触れたとおり，事故報告書それ自体加害教員にとってもプライバシーだとされたので回避されている。

　　　　　　　　　　　　　　（ばば・けんいち／神戸大学大学院法学研究科教授）

刑法における近代の弁証法

本田　稔

1　序言
2　古典刑法の特徴
3　近代刑法の弁証法
4　ドイツ刑法史の矛盾構造
5　結語

1　序言

　マックス・ホルクハイマーとテオドール・W・アドルノは，その著書『啓蒙の弁証法』（1947年）のなかで，啓蒙思想が胚胎した自由や権利の概念がその進展の過程において形骸化し，また啓蒙思想が育んだ市民的文明が崩壊を遂げつつある時代状況に直面して，その根源的原因の解明を試み，それが他ならぬ啓蒙思想に内在する自己否定的契機にあることを鋭く指摘した[1]。

　啓蒙思想は，封建領主や君主による専制支配，宗教的権威や迷信，封建的身分制と特権など一切の非合理を徹底的に批判し，人間の自由と平等，法と理性の理想を普及し，社会の進歩的発展を促進する使命を担って歴史に現れた。その啓蒙思想が頽廃の過程を辿りつつある。それは褐色のファシストが啓蒙思想に逆行するために煽動した国家主義的・異教的な神話に原因があるのではなく，他ならぬ啓蒙思想の進歩性に潜んでいる破壊的側面にある。もし，啓蒙思想が自己崩壊の内在的契機を反省することを拒むならば，また啓蒙思想それ自体の矛盾律に気づかず，それを自己批判的に内省することを躊躇するならば，思想や科学はその閉塞状況を打開することはおろか，自己の存在根拠を問い直すことさえできないであろう。彼らの批判は，頗る挑発的である。

　他方で，啓蒙思想の存在根拠とその限界が現実の社会的諸関係にある

ことをいち早く暴き出し,搾取と収奪に喘ぐ労働者・農民と共にその土台を根底から変革した党派的知性もまた,かの国々において勝利宣言が下されて以降,自己の存立根拠を問い質す精神を喪失したために,野蛮な自己を粉飾・正当化し,現存するものに奉仕するだけの教義へと堕した。そして,かつて手に納められたはずの肯定的で建設的なものは,否定的で破壊的な対立物へと転化してしまった。彼らにとっては,あの「反対派の立場」でさえ絶望的な状況にある。

今から半世紀以上も前になされたフランクフルト学派による時代状況の批判的省察が現代においていかなる意味をもつかについて即断することはできない。ハーバーマスが述べているように(2),かつて「理性」を表現してきた宗教的および形而上学的な世界像が啓蒙思想によって描き改められながらも,その思想そのものが科学,道徳・法理論,芸術などの価値領域へと専門的かつ自律的に分化してしまうなかで,再び世界像や文明の全体像を仰ぐことは困難になっている。また,過去十数年間の世界史的な激変の過程を垣間見ただけでも,世界や社会の動向に関わってきた既存の理論や科学的認識もまた,批判的に再検討ないし再構成されることを余儀なくされ,従来のように「世界観」を容易に口にすることができなくなっている。

そのようななかにあって,刑法学という一法学領域においてではあるが,『啓蒙の弁証法』の時代認識を手がかりにしながら,刑法学の現代的な理論状況の批判的分析が試みられていることに深い興味を覚える。フランクフルト大学のヴィンフリート・ハッセマーの業績がそうである。ハッセマーは,ドイツにおいて現代的な犯罪現象に対して効果的な犯罪闘争手段が力強く求められ,それによって刑罰権を限界づける古典的な基本原則が解体されつつあることのなかに,しかも他ならぬ近代刑法がその解体の契機をなしていることのなかに,フランクフルト学派が暴き出した「啓蒙の弁証法」の過程を確認できると論じている(3)。自由と権利の頽廃状況の原因が他ならぬ啓蒙思想に内在する自己否定的契機にあるならば,吾々は,啓蒙思想や近代合理主義にその淵源を持つ近代刑法思想を無批判に前提にして,それを否定し,侵食するあれこれの前近代的あるいはポストモダニスティックな諸傾向を自己防衛的に批判するこ

とだけに甘んずることは許さない。批判と分析の矛先はまずもっておのれ自身に向けられねばならない。

　小論は，多くの理論的課題を残さざるをえないことを覚悟しながらも，ハッセマーの着想を手がかりに，刑法における「啓蒙の弁証法」の状況を検証し，自由と人権の頽廃の契機である近代刑法の矛盾構造を概観することを目的とするものである。

2　古典刑法の特徴

　中世のキリスト教の全盛期において，神の委託と授権に基づいて形而上学的に基礎づけられた国王の裁判権は，その社会の封建的身分制とその階層秩序を維持するために，瀆神，異端，無神など教義に背く思想や行為，さらには単なる道徳違反の振る舞いを過酷な刑罰によって贖わせることを特徴としていた。道徳・宗教と緊密に結合された法は，何が犯罪とされ，それに対してどのような刑罰が科せられるかを民衆に事前に予測させることなく，刑罰権は国王の名において裁判を行なう司法官吏たる裁判官の専断と恣意に基づいて行使された。民衆は刑罰の前に常に不安定な状態に置かれていた。

　自然科学的合理主義とヒューマニズムの思想に影響を受けた18世紀の啓蒙思想は，このような旧体制における非合理的な伝統と権威の一切から個人を解放するために，国家・社会を構想することを模索した。自然現象を，それを構成する究極の単位である原子にまで分析しうるように，社会的事象もまた，それを構成する個人にまで分析することができ，そして国家・社会のあるべき姿もその「原子」である個人の本質に求められた。旧体制の刑罰制度を批判し，そこから個人を解放するために，個人が「未成年状態」から脱却する必要性が説かれ，そのために何よりも人間の自由の確立が唱えられた。「敢えて賢かれ！」「自分自身の悟性を使用する勇気をもて！」――これが啓蒙の標語であった(4)。近代社会は，このような人間の自由に基礎づけられるべきものであった。

　共同体において相互に生活しなければならない個人は，社会契約を交わすことによって，彼らの自然的自由の一部を相互に譲渡し，その総和

によって構成された国家の刑罰権を後見として残りの自由が保障されるとした。国家刑罰権の基礎は社会契約にあり，社会契約の当事者である市民の自由，すなわち，その生存にとって不可欠な生命，身体，財産などの個人的法益を保障することに刑罰権の任務は限定された。社会契約を超える刑罰権の行使は，すべて権力の濫用であり，不正であった。刑罰権の行使は，社会契約の結晶である法律によって統制され，専断や恣意は禁止された。法治国家刑法は，このような社会契約論を法的に表現したものであり，その核心に罪刑法定主義があった。ハッセマーは，「古典刑法」とはこのような刑法であるとして，その任務と限界を次のようにまとめている(5)。

- 社会契約によって保障された自由の侵害だけが犯罪である。自由の侵害がなければ犯罪はない。自由は把握可能なものでなければならず，それは犯罪化の消極的基準としての体系的な位置を与えられる。
- 社会契約による自由譲渡の限界は，絶対に明確でなければならない。この限界の事後的修正や社会契約による取り決めへの社会的・行政的介入は許されない。自由譲渡の限界は，司法や行政によって画されるものではない。法律実証主義の信念は，そこから生まれ，同時代人による注釈および解釈は禁止される。刑法は明確でなければならない。
- 国家は市民的自由から演繹された制度であり，その権力は市民的自由によって根拠づけられ，限界づけられねばならない。社会契約は，演繹されない権力や簒奪者を受容しない。ゆえに国家権力は，それを明確に示している刑法によって原理的に拘束され，市民的自由から構想され，その後ろ盾にならなければならない。そこから明らかにされるのは，たとえば「疑わしきは被告人の利益に」のような刑法原理，不利益を被ることに対して法的手段を求める権利，弁護人選任権，刑法の補充性や比例性のような原則である。

啓蒙期の刑法思想は，宗教的・封建的な社会とその身分関係を維持することだけに奉仕してきた非合理的な刑罰制度を打破し，そこからの転

換を図るために，国家刑罰権の存在根拠を市民的自由の保障に限定した。もはや犯罪は宗教的な教義から逸脱した思想や行動ではなく，把握可能な，すなわち外部的行為による自由の侵害において捉えられ，それなしにはいかなる行為も犯罪とすることはできなかった。しかもそれは法律によって明確に定められねばならず，その適用はあらゆる者に予測可能で，社会的・行政的な介入や政治的な影響力から免れたものでなければならなかった。このような刑法の法治国家性は，厳格で非政治的な法定主義において確立され，自由侵害を超えて蔓延することのない狭義の犯罪概念，過去の犯罪に比例した刑罰概念，変転する政策上の影響から独立した裁判官像を要請した。

古典刑法のこれらの理念的メルクマールは，ハッセマーによれば，「行路が何処に向かえばいいのか，いかなる一歩が正しい方向に向かうのか，いかなる一歩が誤った方向に向かうのか，そして間違って目標から脇にそれる前に，あと何歩ほど戻らなければならないのかを測定できる目的表象である」[6]。古典刑法のメルクマールは，刑罰権を構成し，それから市民的自由を防禦する原理であり，歴史的に過去のものとして斥けられるべきではない。

3　近代刑法の弁証法

ハッセマーは，このような古典刑法が同時に「近代刑法」でもあるとして，その特徴を次の4点に整理する。第1は形而上学的思考方法から経験的思考方法への転換，第2は贖罪指向から効果指向への転換，第3は応報刑思想から予防刑思想への転換，そして第4は刑事立法者の法規拘束性と原理原則および法益概念に基づくその決定の統制である[7]。

近代刑法は，キリスト教の教義に基づく刑罰権の形而上学的根拠づけを否定して，目的合理性の視点から刑罰の正当化を図ることを目指した。つまり，前近代的な贖罪的応報という刑罰観を斥けて，刑罰を一定の目的に対する手段として捉え直すことによって，合目的的な視点から刑罰権に合理的な限定を施そうとしたのである。すなわち，人間は過酷な刑罰を恐れ，それに震撼させられて犯罪を避けるのではなく，快と不快と

を功利的に判断して自己の行為を律する理性の力によって犯罪を思い止まることができる。一定の行為が犯罪に当たり、それに一定の種類と量の刑罰が科されうることが事前に法律によって予告され、それが諸個人の感性や経験知に働きかけられることによって、刑法が目的とする法益保護ないし犯罪の一般予防を実現することができると考えたのである。このような合理的な予防刑論は、イタリアにおいてはベッカリーアによって、ドイツにおいてはフォイエルバッハによって構想された。それは、「自然法の確信と抽象的な教義のために世事に疎かった刑法的思考と行動に必然的に抗し」、刑法の人道化に寄与するものであった[8]。野蛮な方法によらずとも合目的的かつ人道的に犯罪を予防しうる政策的優位性を示しうることこそ、刑法における「近代」の真骨頂であった。

　ハッセマーは、以上のように近代刑法の合理主義的な特徴を挙げながら、それが同時に古典刑法を否定する契機をなしていることを指摘する。すなわち、「近代刑法は、古典刑法の伝統が『終了』したとすることによって、それとの関係を断つ。すでに古典刑法を特徴づけた諸傾向は、近代的形態をも特徴づけているが、その特徴は古典刑法の脈絡から取り出され、新たな側近を伴い、もはや古い敵対者と対決しない。このようにして近代刑法は、最終的に古典刑法とは異なった制度になる」と述べて、刑法思想の一般的動向としての脱形而上学化とならんで、法益保護、予防、効果指向が古典刑法の終焉を決定づける契機をなしていると指摘する[9]。つまり、社会契約論に基づいて犯罪概念を自由侵害において捉え、それを超えて刑罰権が発動されないよう法律による拘束を唱えてきた「古典刑法の伝統」が歴史的使命を終え、それと共に生成した法益保護、一般予防、効果指向という近代刑法の特徴が「古典刑法の脈絡」から取り出されて、「新たな側近」を伴って展開した結果、刑罰権という「古い敵対者」を限界づけなくなるというのである。「新たな側近」の内容については詳細に述べられてはいないが、刑法の前近代性を否定して成立した啓蒙期の古典刑法が自らの近代的性格によって否定される過程は、『啓蒙の弁証法』のアナロジーそのものである。法益保護、一般予防、効果指向の三つの契機が古典刑法を否定する過程をハッセマーの叙述[10]に基づいて整理すると次のようになる。

第1には，法益保護の原理が犯罪化の消極的基準から積極的基準になっていることである。古典刑法においては，市民的自由や権利への侵害のみが犯罪とされ，それを超えて犯罪の成立領域を拡張し，刑罰権を行使することは許されなかった。市民的自由や権利の保障は，刑事立法や刑罰法規の濫用を限界づける古典刑法の法定主義の実質的な中核概念であり，法益保護の原理はそのコロラリーであった。しかし，古典刑法のそのような伝統が「終了」したとなると，刑罰権を限界づける法定主義の要請は強調されなくなり，その脈絡から取り出された法益保護の原理は，それまでとは反対に自由や権利を積極的に保護していく方向で作用し，それらを侵害する一定の態度様式に刑罰を科すことを正当化する根拠として機能する。ハッセマーは，その実例として，古典刑法では保護の対象にはなりえなかった生命体の萌芽である胚子の刑法的保護が立法化されている状況，自然環境や生態系の保全，租税制度や補助金制度の安定的運用，情報の保護のように従来は行政法や経済法に委ねられてきた問題が主として刑法各則と特別刑法上の課題として取り沙汰されている状況を指摘している。しかも，そこで保護される法益は，古典刑法が保障しようとした個別の市民的自由ではなく，それに間接的に関わりながら，それを覆い囲む包括的法益（Universalrechtsgüter）である点に特徴がある。古典刑法においては，個別の法益は「可能な限り具体的かつ明確に規定されるべきものであった。しかし，近代刑法がその刑罰威嚇を正当化するために列挙できる法益は，もはや識別できない。今日，人間の態度様式で，法益保護の原理を引き合いに出して非犯罪化されるべきものなど，ほとんど存在しない」(11)。犯罪概念を自由侵害に限定し，それによって立法者と法適用者を拘束してきた法定主義の核心であった法益保護の原理が，解決が急がれている社会的諸問題を犯罪概念のなかに取り込み，その刑法的な解決を促進する政策的機動力になっている。その結果として，刑法の謙抑性の原理は後景に退く。

　第2には，刑罰の副次的目的でしかなかった一般予防が支配的なパラダイムになっていることである。古典刑法においては，刑罰は過去の犯罪に対する応報であり，その一般予防効は事後的にもたらされると解されていた。生命，身体，財産という個人的法益への故意の侵害が行なわ

れた場合に，刑罰が確実に執行されることによって，将来的な一般予防が目指されたのである。それに対して近代刑法においては，刑罰は目的に対する手段の関係において捉えられ，刑罰は犯罪の予防において正当化されることになる。過去の犯罪は論理的に予防の対象にはなりえない。生命などの個人的法益への故意の侵害として捉えられてきた犯罪を効果的に予防するために，侵害に至る前段階の行為が必然的に刑法の規制対象にされざるをえなくなる。狭義の犯罪概念は放棄され，その前段階的行為である抽象的危殆犯や予備罪の例外性は弱められ，刑法はそのような行為をも規制する法律へと変化する。いわゆる刑法の事前予防主義的規制法化がそれである(12)。そこから主として二つの問題が派生する。

　一つは，予防のために事前規制を受ける対象が抽象的危険行為や予備行為であることから，実体刑法上の要件である因果関係の存在が推定され，検察官の証明負担が軽減されるという問題である。行為が帰結する事態がもはや侵害結果や具体的危険において捉えられる必要がなくなれば，因果関係の観念化ないし規範化は避けられない。たとえば，ドイツ刑法264条の補助金詐欺罪のように，「損害」の発生が構成要件要素として列挙されていないような犯罪類型においては，補助金制度において定められている手続やルールから逸脱した行為態様の存在が証明されさえすれば，それと「抽象的危険」との間に因果関係があることが推定されることになる。保護されるべきは財産ではなく，補助金制度の適正な運用という包括的法益であるという政策論は，実体法的要件である因果関係のもつ法定主義的意義を弱化させることになる。もう一つは，抽象的危殆犯や予備罪においては過失もまた推定されるという問題である。事前規制される犯罪の実体が抽象的であればあるほど，その発生の予見可能性の程度が低くなるのは必然である。検察官が行為の認識を証明しさえすれば，抽象的危険などの結果発生の予見可能性の証明負担が軽減される問題がここから出てくる。

　刑法の事前予防主義的規制法化によって，抽象的危殆犯や予備罪の犯罪類型としての例外性が弱められ，証明の実体法要件である因果関係や過失が推定されるならば，挙証責任が転換され，その結果として「疑わしきは被告人の利益に」の刑法原理はないに等しくなる。近代刑法の

一般予防は，包括的法益の保護のために諸個人に刑罰的リスクを負担させる「危険社会」をもたらすことになる。

　第3には，古典刑法では正しい立法の補充的基準でしかなかった効果指向が近代刑法では支配的な目的になっていることである。効果を求める声は，たとえば"環境を守らなければならない"，"女性に対する暴力を追放しなければならない"というような環境保護運動や性差別の撤廃を求める女性運動などから発せられているという(13)。そのような社会的要求への市民の規範意識を喚起し，啓発し，その重要性を社会全体に啓蒙することは重大な課題である。解決が求められている社会問題がある限り，国家は様々な市民運動と連携しながらその重要性を社会全体の共通認識にする任務を引き受けなければならない。国家にはそれを市民に伝達する義務がある。このことから効果指向を支配的な目的とする近代刑法は，ここではコミュニケーション機能を付与され，種々の社会的要求を広く市民の伝達・普及する象徴的な媒体として活用される(14)。国家がこのような任務を果たし，人々の規範意識が喚起され，規範の妥当性が確証され，あるいは規範に対する信頼の揺らぎが食い止められるならば，それが刑法によってなされることが「相当」であるか，また「適切」であるかは顧みられることはない。刑法は，その有用性の点に関しても，またその人権侵害性の点に関しても民事法や行政法などの「ソフト・ロー」と大差ない社会的諸問題の解決手段となる。その結果として，刑法の最後手段性や二次規範性は大きく後退する。

　以上のように，近代刑法の法益保護，一般予防，効果指向という三つの特徴が古典刑法の「脈絡」，すなわち市民的自由の保障という刑法の存在根拠から切り離され，刑法を個人的法益から包括的法益に至るまでの幅広い法益を保護するための手段として活用して欲しいと望む大衆的世論が「新たな側近」となって，刑法が内政の機能的手段，社会的紛争の解決策として能動的かつ積極的に行使され始めている。市民的自由の侵害の危険性ゆえに法定主義によって限界づけられてきた「古い敵対者」である国家の刑罰権は，それとは反対に市民的自由を保護する刑事政策の担い手として現れている。前近代の刑罰制度を否定して成立した古典刑法の法定主義の伝統は，このようにして近代刑法の三つの特徴によっ

て「終了」させられる。

4 ドイツ刑法史の矛盾構造

　ハッセマーは、刑法の古典的な基本原則が自己崩壊しつつある過程を最近の刑事立法の動向を踏まえて上述のように分析しているが、啓蒙思想が生み出した刑法の古典と近代の内的契機、いわば刑罰権を限定する法定主義と合理的で効果的な犯罪予防を推進する刑事政策という二契機の対立状況は、近代刑法思想の形成期においてすでに見られた現象でもあった。同じフランクフルト大学のヴォルフガング・ナウケは、たとえばベッカリーアの『犯罪と刑罰』には前近代的な刑法に対する人道的批判の側面と合理的で効果的な近代的刑事政策を推進する側面があったことを指摘して、啓蒙期の刑法が自己崩壊に至る契機は近代刑法思想の構造のなかに原初的に現れていることを論じている(15)。それは、「ドイツ近代刑法の父」と称されたフォイエルバッハについても同じである(16)。

　ベッカリーアは、旧体制下における野蛮で非合理な死刑や拷問に対して果敢に闘うために、自由主義的で法治国家的な刑法を構想した啓蒙期の人道的な刑法批判家である。しかし同時に彼は、世俗的で脱形而上学化された、合理的で効果的な犯罪対策を基礎づけた刑事政策家でもある。たとえばベッカリーアは、峻厳で非人道的で恣意的な刑法が犯罪の「社会的制御の問題を解決する上で効果的でな」く、「人道的で恣意的でない刑法」だけが効果的で適正な刑法たりうると述べて、そのような刑法の「効果」を担保するために罪刑均衡、人道性や非恣意性などが保障されなければならないと論じた(17)。また、可視的な法益を可視的に侵害していない行為の処罰を「必要性」の観点から批判し、適正でも効果的でもない刑罰は用いるべきでないと論じた。しかし、刑罰権が濫用されている時代、宗教犯罪などのように人間の内心や心情に刑罰権の矛先が向けられている時代には、彼は前近代的な刑罰制度に対する批判家として現れるが、同時に「効果」や「必要性」それ自体は刑罰権を拡張し強化する刑事政策の論理にも転化しうる危険のあることに注意しなければならない(18)。犯罪概念の実体的契機である「社会侵害性」もまた、そ

の時々の刑事政策の影響を受けやすい開かれた概念であった(19)。死刑制度についても，彼の言葉通りに理解するならば，それが批判されるのは「国家の通常の状態」においては有益でも必要でもないからであった。「有事」において死刑がなお有益でないとする根拠は，ベッカリーアによって明示的に述べられてはいない(20)。拷問に関しても，それが廃止されるべきなのは，その残虐性および非人道性ゆえに証明の役に立たないからであり，それゆえに刑罰の効果を害するからであった。拷問は刑法を弱体化させる。この弱体化に終止符を打つためにこそ，拷問の廃止が唱えられたのである(21)。ベッカリーアにあっては，法定主義は刑罰権を限界づけながらも，同時に刑法に課された政策的効果を高める契機になっており，刑罰権に対する法定主義の拘束力は脆弱なものになっていると言わざるをえない。「ベッカリーアの登場以来，多くの年月を経ているが，人道的で理性的な刑法，法治国家に関心をよせた刑法については一度も語られてこなかった」(22)とナウケが結論づけるのは，刑法の効果，必要性，有益性への配慮が法定主義の批判精神を骨抜きにしてきたという刑法史認識があるからであろう。

　フォイエルバッハもまた，その刑法理論の構築の末に「法律なければ犯罪はなく，刑罰もなし」と格調高いラテン語の格言によって罪刑法定主義を定式化したが，その思考を基礎づけている「心理強制説」もまた徹底した刑事政策的なものであるとナウケは指摘する。フォイエルバッハが，18世紀ドイツの警察国家的で絶対的封建刑法の古い伝統を打ち破り，応報刑論を唱えたカントの自由の哲学を継承しながら，一般予防論を主張したことは周知のところであるが(23)，彼は国家の最重要任務は市民の安全を保障することにあり，その安全は市民の犯罪的傾向によって不断に危殆化されているため，国家の刑法は市民の犯罪的傾向に対抗しなければならないと解している。つまり，国家の刑法はその出発点において犯罪を予防しなければならないことが前提とされている。犯罪の予防は，法律によって犯罪を事前かつ明確に定め，それを止めるよう市民を心理的に強制し，犯罪が実行された場合には例外なく刑罰を執行することによって最も合目的的に行なわれる。刑罰威嚇を明確にし，その執行を確実にするものが刑法である(24)。ナウケは，このような刑法の

法定主義が，フォイエルバッハにとっては，国家の犯罪予防政策のメカニズムを機動化する重要な契機をなしているというのである。そして，「フォイエルバッハを引き合いに出して刑法の法定主義を擁護しても，過酷な刑法を限定することにはならなかった」し，「近代国家は，刑法を目的に対する手段として用いる。その国家がフォイエルバッハを引き合いに出せることが明瞭に確認できる。刑法的手段を限定することは，理論的に困難である。すなわち，刑法の法定主義は威嚇を強化するための刑法的手段にさえなり，それは手段を限定するものではない。それはフォイエルバッハの学説の核心の一つである。刑法が奉仕する目的を限定する場合にのみ，刑法は限定されるだけである」(25)と述べて，フォイエルバッハが刑法の法定主義を刑罰目的や刑事政策に従属させていることを指摘している。

さらにナウケは，このような法定主義と刑事政策の関係は，その後のドイツ刑法史の展開過程においても貫徹していることを指摘している(26)。自由主義的で法治国家的な1871年刑法典の脇で，特別刑法の領域において政策的な刑事立法が相次いで行なわれ，1871年から1918年までの帝国時代の刑法史には，「人道的で理性的な刑法史の統一的名誉」と呼べるようなものはないという。1878年の「社会民主主義の公共危険的企図に関する法律」には数多くの刑罰規定が定められており，そこには古典刑法が犯罪にはしえなかったような犯罪的組織の結社やそれへの支援を犯罪とする規定があり(27)，1886年以降の植民地における刑罰法規や第一次世界大戦中の刑罰法規にも，同様に古典刑法の理念からはほど遠い規定が帝国主義的な植民地政策や戦争政策に基づいて数多く定められているという(28)。1918年革命期の刑罰法規もまた同じである。革命が目指した政治目的こそがワイマール共和国の存在根拠であり，その実現のために刑法が動員されたのである(29)。たとえば，1922年および1930年の共和国保護法は過酷な刑罰を定め，不明確で，刑事手続においては「神経をとがらせる」ものではなくなっている(30)。第三帝国における刑事立法は，その点において言うに及ばない(31)。占領期の刑事立法も状況は同じであり，刑法の指導的目標とされてきた「人道的な予防」の面影さえ消え失せ，日常的な警察的配慮に基づく恣意的で過酷な刑罰

法規が至るところで見られるという(32)。

　つまり，啓蒙期以降に形成された古典刑法，法治国家刑法は，自己を麻痺させる「病原菌」を内在させていた。あるいは「病原菌」に感染しやすい脆弱な構造をなしていた。刑法は目的に対する手段であるという目的合理的な認識がそれである。刑法の市民的自由の保障という法治国家刑法の存在根拠が視野から外されることによって，刑罰権の行使はもはや任意の目的に対する手段にされてしまっている。たとえば，利益の保全，財産の保護，法益の保護，国内治安の強化，危険の緩和，生存の配慮，皇帝，共和国，独裁者，占領体制あるいは民主主義の保護がその時々の政治目的として挙げられ，刑法はそのための手段として行使されてきた。支配的な体制，支配的な制度，支配的な利益，支配的な価値を防衛する手段として刑法が利用されてきたのである。端的に述べれば，次のようになろう。「刑法は，自由保障という絶対的目的から，あらゆる任意の政治目的のための無限定な手段へと変貌する。政治目的は，現代国家においては，支配的な政党によって反対派との論争において決定される。刑法は政党政治の一手段へと化す」(33)。それが刑法における近代の弁証法の実体である。

5　結語

　以上のような近代刑法の構造に対する「フランクフルト刑法学派」の批判を受けて，課題として認識されるべきは，このような構造的矛盾を止揚し，近代刑法の活路を切り開き，その批判精神を復権させる道，すなわち刑法の法定主義を牢固として確立させながら，予防主義や効果指向的な刑事政策から断固として決別するための理論的方途を探ることである。すでに彼らによって一つの理論的試みがなされている。それは，古典刑法が唱えた狭義の犯罪概念を維持しながら，それに応報刑を対応させつつ，それ以外の逸脱行為は刑法と秩序違反法との間に位置する「介入法」の領域において社会的統制の対象として整序されるという代案である(34)。応報刑は非経験的な，すなわち予防や効果指向を顧慮しない「自由の形而上学」(35)によって構想され，それによって自由保障

法としての刑法が確固たるものになるという。その代案には,「介入」の手段や強度,制裁の内容,また手続のあり方や介入権限者や機構の独立性など検討されるべき問題が残されていると思われるが,刑法を取り巻くポピュリスティックな状況が,刑法を内政の機能的手段として用い,不断に発生する社会的紛争の解決を図るための道具として利用しようとする限り,刑法学は刑法固有の守備範囲をいかに明確にするかについて心を砕かねばならない。

　日本においても,刑事立法の最近の動向は「犯罪化と重罰化」への傾向を強めつつあり,戦後日本刑法学のパラダイムの転換が促されつつある(36)。商業マスコミを通じて怒濤のように流される犯罪報道のほとんどは,視聴者や購読者の情緒的欲求を満足させながら,さらにそれを煽っている。まるで死の商人である。天下国家を語れない政治家は,形成された「世論」に擦り寄り,有権者の歓心を買うことで,その政治生命をつなごうとしている。醜い限りである。犯罪の根源的な原因がどこにあるのか,真の解決策は何なのか,その際に死守されるべき刑法の基本原則は何なのか。そのような問いを発することさえ,陳腐であるかのようである。刑法学は,今一度,自己の存在根拠を問い直さなければならない状況に置かれている。その際,ナウケの次の言葉が考察の原則的指針となろう。

　　　我々は,刑事政策,犯罪闘争,平穏・秩序・安全の確立を明確に区別できなければならない。それは,法律によって枠づけられねばならない警察的・政治的過程であるが,その進展に憂慮する必要などない。いずれにせよ,そのような憂慮を「法治国家刑法」の礼儀作法によって支える必要などない。
　　　法治国家刑法が刑事政策および犯罪闘争と親密になるなら,法治国家刑法は絶えず解体する。この刑法自体がほんのわずかでも政治や警察たろうとするなら,妥協せざるをえず,そして永久に消え失せてしまう。
　　　従って法治国家刑法の現代的な継続的展開は,次のように論じられねばならない。

法治国家刑法は，刑法の政治的倒錯に対する継続的な憂慮の表現である。社会主義の政治，資本主義の政治，自由主義的な政治，社会的な政治は存在するかもしれない。しかし存在するのは法治国家とその刑法だけである。法治国家とその刑法は，実践的な人道性の深化された概念の上に築かれねばならず，ただそれだけでよい（その効果の上に築く必要などない）。法治国家刑法は，それを純粋に観れば，社会主義の政治，資本主義の政治などに対する批判でしかなく，ただそれができるだけである。法治国家刑法ができるのは，常にこれらの政治に歯止めをかけ，抑制することだけである(37)。

　内省的な省察のみが自己分析力を発揮しうる。その力は近代刑法思想の限界と否定の契機を暴き出しながらも，同時に近代刑法の活路，人道的で理性的な法治国家刑法を再生させる道を切り開く力でもある。国内外の治安の悪化，犯罪との闘争が激しく叫ばれ，犯罪化と重罰化の刑事立法が推進されるなかで，刑法学の基本的課題は，その古典的原則を現代において再生させることである(38)。

（1） Max Horkheimer und Theodor W. Adorno, Dialektik der Aufklärung: Philosophische Fragment, 1947, in: Theodor W. Adorno Gesammelte Schriften, Herausgegeben von Rolf Tiedemann unter Mitwirkung von Gretel Adorno, Susan Buck-Morss und Klaus Schulz, Band 3, 1998, S.11ff.（マックス・ホルクハイマー＝テオドール・W・アドルノ〔徳永恂訳〕『啓蒙の弁証法　哲学的断想』ix頁以下〔岩波書店，1990年〕）
（2） Jürgen Habermas, Die Moderne - ein unvollendetes Projekt, 1980, in: Jürgen Habermas, Kleine Politische Schriften(I-IV), Erste Auflage 1981, S.452f.（ユルゲン・ハーバーマス「近代　未完のプロジェクト」〔J・ハーバーマス（三島憲一編訳）『近代　未完のプロジェクト』21頁以下（岩波書店，2000年)]）
（3） Winfried Hassemer, Kennzeichen und Krisen des modernen Strafrechts, in: Zeitschrift für Recht und Politik, Heft 10, 1992, S.379.
（4） Immanuel Kant, Beantwortung der Frage: Was ist Aufklärung, in: Immanuel Kant Werke Sechs Bänden, Band VI, 1998, S.53.（イマヌエル・カント〔篠田秀雄訳〕『啓蒙とは何か』7頁〔岩波書店，1950年〕）
（5） Hassemer, a.a.O., S.380.

(6) Hassemer, a.a.O., S.379.
(7) Hassemer, a.a.O., S.379.
(8) Hassemer, a.a.O., S.379.
(9) Hassemer, a.a.O., S.380.
(10) Hassemer, a.a.O., S.380.
(11) Hassemer, a.a.O., S.381.
(12) 生田勝義「世紀転換期の刑法現象と刑事違法論の課題」同『行為原理と刑事違法論』18頁以下（信山社，2002年）は，1990年代以降の日本における刑事立法の全般的な傾向を分析しながら，「現代法には，近代刑法の理念を正統性の根拠として維持しながらではあるが，それに対立する事前予防主義的規制法への傾斜が見られる」と述べて，その動向の特徴として，法益保護の早期化，一般的抽象的法益，証明の短縮の三つを挙げている。
(13) Wolfgang Naucke, Schwerpunktverlagerung im Strafrecht, in: Kritische Vierteljahresschrift für Gesetzgebung und Rechtswissenschaft, 76.Jahrgang, Heft 2/1993, S.155ff.（本田稔訳「ヴォルフガング・ナウケ　刑法における重点の変遷（二・完）」大阪経済法科大学法学論集39号168頁〔1997年〕）は，政党政治による刑法の利用状況を次のように指摘している。「大なり小なり社会問題が浮上すれば，刑法の適用やその改正にお呼びがかかる。政党も政党類似の組織も，ここでは例外ではない。本稿の最初に私が触れた公共の場での喫煙は，特定の政党政治の理解によれば刑罰によって禁止されるという。ある政治家は刑法上の暴力概念を変更しようとし，また他の政治家は犯罪との闘争のために憲法擁護庁を発動しようとしている。このような考えの具体化は，連邦憲法擁護庁を（諸ラントでは対応する措置を講じて）連邦治安局に替えようという同庁の長官の要求のなかに見出される。その場合この連邦治安局には，例えば組織犯罪との闘争において新しい管轄が与えられるという。連邦治安局には，警察職務の前地における活動が（合法性原理に拘束されることなく）許可されるのである。ある政党は住居の不正使用に制裁を科そうとし，かなり多くの政党はほとんど法治国家を犠牲にして手続の略式化を求めている。ある連邦ラントの司法大臣は，利益対立を明瞭にし，予測されうるであろう刑罰を明らかにするための刑事訴訟以前の予審を真剣に考えている。警察の労働組合のスポークスマンは，とにかく組織犯罪に対する手続において挙証責任を転換するよう要求している。ある大都市の外国人の代表者は，外国人に対する排外主義と闘争するために，刑法典への『敵意犯と偏見犯』の導入を要求している。連邦家族大臣は，刑法177条と178条の重罰化を要求している。ポルノグラフィー，子どもの性的虐待および組織犯罪は，政党政治の見解によれば，常に新しい規制によって益々強力に闘争されねばならないという」。
(14) Vgl. Peter-Alexis Albrecht, Das Strafrecht im Zugriff populistischer Politik, in: Neue

Justiz 5/1994, 48.Jahrgang, in: Vom unmöglichen Zustand des Strafrechts/ Institut für Kriminalwissenschaften Frankfurt a.M.(Hrsg.), S.435ff.（本田稔訳「ペーター＝アレクシス・アルプレヒト　大衆政治に囚われた刑法（一）」大阪経済法科大学法学研究所紀要26号126頁以下〔1998年〕）

（15）Naucke, Gesetzlichkeit und Kriminalpolitik, in: Wolfgang Naucke, Gesetzlichkeit und Kriminalpolitik: Abhandlungen zum Strafrecht und zum Strafprozeßrecht, 1999, S.227.（本田稔訳「ドイツ法治国家刑法の状況に関する文献紹介（一）ヴォルフガング・ナウケ　法定主義と刑事政策」大阪経済法科大学法学論集40号185頁以下〔1998年〕）; ders., Die Modernisierung des Strafrechts durch Beccaria, in: Wolfgang Naucke, Über die Zerbrechlichkeit des rechtsstaatlichen Strafrechts, Erste Auflage, 2000, S.13ff.

（16）Naucke, Feuerbach - ein liberaler Strafrechtler?; ders, Zu Feuerbachs Straftatbegriff, in: Über die Zerbrechlichkeit des rechtsstaatlichen Strafrechts, S.186ff.

（17）Vgl. Caesare Beccaria, Über Verbrechen und Strafen, nach der Ausgabe von 1766 übersetzt und herausgegeben von Wilhelm Alff, S.51ff.; Naucke, Gesetzlichkeit und Kriminalpolitik, 1999, S.228.（本田・前掲注〔15〕185頁）

（18）Vgl. Naucke, Die Modernisierung des Strafrechts durch Brccaria, S.20f.

（19）Naucke, a.a.O., S.21f.

（20）Beccaria, a.a.O., S.110f.; Naucke, a.a.O., S.22.（ベッカリーア〔風早八十二＝風早二葉訳〕『犯罪と刑罰』91頁以下〔岩波書店，1983年〕参照）

（21）Beccaria, a.a.O., S.81f.; Naucke, a.a.O., S.23.

（22）Naucke, a.a.O., S.16.

（23）この点に関しては，荘子邦雄『近代刑法思想史序説―フォイエルバッハと刑法思想の近代化―』67頁，86頁以下（有斐閣，1983年），中義勝『刑法における人間』104頁以下（一粒社，1984年）等において詳細に論じられている。

（24）Naucke, Feuerbach - ein liberaler Strafrechtler?, S.186.

（25）Naucke, a.a.O., S.188.

（26）Naucke, Die Modernisierung des Strafrechts durch Beccaria, S.15f.; ders., Über die Zerbrechlichkeit des rechtsstaatlichen Strafrechts, in: Über die Zerbrechlichkeit des rechtsstaatlichen Strafrechts, S.420f.（本田稔訳「ヴォルフガング・ナウケ　法治国家刑法の脆弱性を超えて」大阪経済法科大学法学研究所紀要25号196頁以下〔1997年〕）

（27）RGBl. I 1878, S.351.

（28）この点に関する立法資料としては，Naucke, Deutsches Kolonialstrafrecht 1886-1918; ders., Über das Strafrecht des 1. Weltkrieges, in: Über die Zerbrechlichkeit des rechtsstaatlichen Strafrechts, S.265ff.（本田稔「ドイツ刑法史に関するヴォルフガング・ナウケの文献紹介」大阪経済法科大学法学論集32号229頁以下〔1994年〕

参照)
(29) ミュンヘンの臨時革命中央評議会の1919年命令が象徴的にそれを示している。同命令は,「革命的諸原則に対するあらゆる違反は処罰される。刑罰の種類は裁判官の自由な裁量によって決められる。控訴は認められない。判決は直ちに執行される」と定めている。Vgl. Naucke, Kriminalpolitik des Marburger Programms, in: Über die Zerbrechlichkeit des rechtsstaatlichen Strafrechts, S.253.
(30) ワイマール時代の共和国保護法に関しては,Christoph Gusy, Weimar - die wehrlose Republik?,: Verfassungsschutzrecht und Verfassungsschutz in der Weimarer Republik, 1991, S.139ff, S.171ff.が詳しい。
(31) Vgl. Naucke, Die Mißachtung des strafrechtlichen Rückwirkungverbots 1933-1945 (本田稔訳「ヴォルフガング・ナウケ　1933年から1945年までの刑法の遡及禁止原則の無視」大阪経済法科大学法学論集51号211頁以下〔2001年〕); ders., NS-Strafrecht: Perversion oder Anwendungsfall moderner Kriminalpolitik?, (本田稔訳「ヴォルフガング・ナウケ　ナチス刑法―現代刑事政策の倒錯かそれとも適用事例か?―」犯罪と刑罰10号182頁以下〔1994年〕) in: Über die Zerbrechlichkeit des rechtsstaatlichen Strafrechts, S.337ff.
(32) Naucke, Die Modernisierung des Strafrechts durch Beccaria, S.15f.
(33) Naucke, Schwerpunktverlagerung im Strafrecht, S.154ff.（本田・前掲注〔13〕166頁以下）
(34) Vgl. Hassemer, a.a.O., S.383; Naucke, Die Wechselwirkung zwischen Strafziel und Verbrechensbegriff, 1985, S.35ff.（生田勝義「ヴォルフガング・ナウケ『刑罰目標と犯罪概念との相互作用』」立命館法学196号890頁以下〔1988年〕）
(35) それは,ナウケの方法論的基礎である自由主義的カント主義から基礎づけられる。Vgl. Naucke, Feuerbach - ein liberaler Strafrechtler?, S.189; ders., Die Wechselwirkung zwischen Strafziel und Verbrechensbegriff, S.40ff.（生田・前掲注〔34〕900頁）
(36) たとえば,井田良「刑事立法の活性化とそのゆくえ」法律時報75巻2号4頁以下（2003年）を参照されたい。Felix Herzog, Miszellen zur Dialektik der Verbrechensaufklärung, in: Vom unmöglichen Zustand des Strafrechts, S.45ff.（生田勝義=本田稔訳「フランクフルト大学犯罪科学研究所編『刑法の驚くべき状態について』の紹介〔五〕　フェリックス・ヘルツォーク　犯罪の啓蒙の弁証法に関する小論」立命館法学259号190頁以下〔1998年〕）は,そのような動向に対して批判的である。
(37) Naucke, Über die Zerbrechlichkeit des rechtsstaatlichen Strafrechts, S.429.（本田・前掲注〔26〕206頁以下）
(38) Habermas, a.a.O., S.446.（三島・前掲注〔2〕9頁以下）は,「古典的モデルネ」について,「モデルンとされる作品の特徴は,新奇さにある。それは,次の新

しい様式によってたえず追い越され，評価を落とされていくにはちがいない。とはいえ，ただ単に流行に乗ったものは，時間がたつと流行遅れで，旧式なものになっていくが，それに対して真にモデルン〔現代的〕なものは，古典的なものとある種の秘密のつながりを保持しているのである。強勢的な意味でモデルンな仕事も，時代を越えて生き残る力を持っているが，もちろんのことその力をなんらかの過去の権威に寄りかかって受け取っているのではない。それは，過去においてアクチュアルであったものが持っている本源的な実質（Authenzität）のしからしむるところなのである。このように今日アクチュアルであるものが明日にはアクチュアリティに転換する様は，消耗でもあるが，それは同時に生産的でもある。つまり，ヤウスが言っているように，自らの古典性を作りあげるものは現代性において他にないのだから。事実われわれは，最近ではごく当たり前のように古典的モデルネ（klassische Moderne 前世紀後半から今世紀前半の芸術運動を現す言葉）という言い方をしているではないか」と述べる。美術史で用いられるこの概念は，刑法の古典的原則にもあてはまると思われる。

(ほんだ・みのる／立命館大学法学部教授)

刑事法における市民的公共性
刑事人権と市民の権利

葛野　尋之

1　問題設定
(1)　新自由主義と刑事法改革
(2)　「市民」の権利と刑事人権
(3)　本稿の課題
2　少年の本人特定報道の禁止と市民の権利
(1)　少年法61条違憲論
(2)　犯罪報道の公共性
(3)　本人特定報道の公共性
(4)　少年法61条の意義
3　少年司法への市民参加
(1)　少年司法の教育機能とコミュニティ
(2)　市民参加の理念と制度
(3)　参審制提案の検討
(4)　多様な市民参加とその連携
4　結語
(1)　刑事人権と市民の権利
(2)　市民的公共性の構築と「市民的治安主義」の克服

1　問題設定

(1)　新自由主義と刑事法改革
　(a)　政治経済・社会のあらゆる局面において新自由主義が優勢となり，「小さな政府」と「市場原理」のもとでの適者生存的「自由競争」が高唱され，あらゆる「規制緩和」が推進されるとともに，「自己決定」と

「自己責任」,「自助努力」という原理が強調されている。福祉国家理念は衰退し, 人間の尊厳の尊重に基づく社会権的人権の保障, 国の税財政政策を通じての富の平等的再分配という目標は後退した[1]。この新自由主義の台頭は, 刑事法に対しても甚大な影響を与えてきた[2]。

　憲法学者の小沢隆一は,「新自由主義的な経済・労働・教育政策によって, 社会階層の分化・格差の拡大がより一層進むであろう」として, 労働規制緩和により低賃金・不安定雇用が増大し, その影響が低技能労働者に集中すること, 経済規制緩和により零細な中小自営業の経営・生活が打撃を受け, 地域社会が疲弊すること, 公教育の平等的保障が後退し, 教育の差別化が進行することを指摘したうえで,「これらは総体として, 地域社会の自治的, 福祉的, 教育的能力を衰退させ, 犯罪や社会的逸脱行為の発生を促すことになる」と指摘する。団体規制法, 破防法適用の試み, 盗聴法, 警察権限の拡大などにみられる1990年代の治安強化の動きを, このような社会的変化に対応したものとして位置づけている[3]。

　また, 小田中聰樹は, 新自由主義的改革のもと,「大企業による中小企業・農業・労働力の淘汰・再編（弱肉強食）」,「生活関連行政の縮小, 行政の公共性の後退, 政財官癒着の利権構造の再編」（行政改革・地方分権),「公教育の縮小と早期選別の徹底化」（教育改革),「司法のビジネス化, 人権保障機能縮減（司法改革)」による社会的「弱肉強食」政策は,「弱者を犠牲にし『痛み』を強いるものであり, 社会的な矛盾・対立を強めずにはおかない」と指摘する。その結果,「危機意識」を煽られるなか「生き残り」のために手段を選ばず「弱者」を切り捨て追い落とすイデオロギーと行動様式が社会的に蔓延・浸透するなか, その影響下で逸脱行動が増加し,「弱者」による抵抗運動が様々な形で展開し,「逸脱行動や抵抗運動に対し, 市民的安全の確保という擬似的『市民主義』的なイデオロギー的粉飾を施された治安政策・治安法の果たすべき抑圧的役割が増大する」というのである[4]。

　生田勝義は, ME（マイクロ・エレクトロニクス）技術革新に支えられた情報化に起因する大規模な国家・社会変動のなか,「利潤をより効率的に追求できる企業や産業を市場がもつ弱肉強食の力を借りて見出そ

うとする政治経済のもとでは，投機的雰囲気が優勢になり，理性より直感，さらには連帯や寛容より自助努力と自己責任を重視する考えが広がる。社会のあり方について自助努力・自己責任を重視する見解に立つ人は，犯罪についても，その社会的原因の解明や社会政策による克服というより，行為者個人の自己責任を強調するようになる」と論じている。このような文脈において，厳罰主義や刑罰権の拡大・早期化によって特徴づけられる現代的刑事立法が進行している，というのである(5)。

(b) 新自由主義のなかで，「市民的治安主義」が台頭し，それを具現した「市民的治安立法」が拡大している。小田中聰樹によれば，現在までに，「市民的安全」の要求に応答する形をとりながら，実体，手続の両面にわたる犯罪統制強化に向けた動きが急であり，それが，組織犯罪対策法，盗聴法，警察取締り権限の拡大に依存したストーカー規制法，道交法改正による厳罰化，団体規制法，被害者保護立法にともなう被告人の防御権制限，そして少年法改正などとして具体化した(6)。1990年代以降，規制緩和，市場原理，自由競争，自己責任などを掲げる一連の新自由主義的改革により全面的国家・社会再編が進められるなか，「警察による市民支配の進行を中軸とする『現代的』治安法」が，「市民の安全要求に立脚する擬似的『市民主義』的なイデオロギー的外装をとり」つつ展開されている，というのである。小田中聰樹は，これらを「市民的」治安主義に基づく「市民的」治安立法として性格づけた(7)。

内田博文は，「市民的治安主義」の拡大が「国際化」の名のもとに進められていること，マス・メディアの犯罪報道がその基盤づくりと推進にきわめて重要な役割を果たしていることを指摘したうえで，「『市民的治安主義』の浸透は，厳罰による犯罪予防という積極的一般予防の支持基盤の拡大を結果するとともに，憲法で保障された被疑者・被告人の防御権を制限することによって，犯罪被害者の法的保護，法的救済を図ろうとの短絡的な思考を国民，市民の間に醸成している。盗聴法を含む組織犯罪対策三法やオウム対策立法の成立など，憲法違反との批判が強い最近の刑事立法にも強い影響を与えている。少年に対しても保護処分ではなく，厳罰をとの声がこだましている。国連の子どもの権利委員会の『勧告』に逆行するような少年法の『改正』の動きも舞台を国会に移し

ているが，この少年法『改正』こそは憲法『改正』——『国民の権利』から『国民の義務』への転換——の最大の突破口と位置づけられるのである」と論じている(8)。

(2) 「市民」の権利と刑事人権

(a) 「市民的治安主義」が隆盛となるなか，刑事法（さらには憲法）における被疑者・被告人，受刑者，少年法上の少年などの実体的・手続的権利（以下，刑事人権）をめぐる理論的枠組みにも，重大な影響が及んでいるように思われる。すなわち，刑事人権と対立するものとして「市民」の権利を措定したうえで，両者の対立構造のなか，「市民」の権利の優越を理由にして刑事人権の制約を正当化する，という理論枠組みが有力に提起されているのである。司法制度改革審議会の刑事司法改革をめぐる審議においては，被疑者，被告人などに保障される刑事人権の抑制をともなう実体，手続両面にわたる犯罪統制の強化への「国民の期待」があるとしたうえで，その「国民の期待」に応答するための刑事司法改革を積極的に展開することも提起された(9)。

具体的問題としては，たとえば，コミュニティの安全に関する「市民」の知る権利と刑事施設釈放者の名誉・プライバシー，社会復帰の権利との対立構造を前提としつつ，前者の優位を理由にして，コミュニティにおける刑事施設釈放者の住所登録・前科公表を認めるべきとの見解が提起されている(10)。アメリカにおいて「メーガン法」がとったアプローチである(11)。また，少年法22条2項による少年審判の非公開に対しても，「市民」の知る権利を根拠にした公開要求が提起されている。アメリカ各州における少年の暴力犯罪への対応のなかで，「少年の保護」と「コミュニティの保護」との対立構造が，「少年のプライバシーの権利」と「市民の知る権利」との対立構造に移し替えられることによって，伝統的な非公開から離れて，審判と記録の公開積極化への顕著な変化がみられると指摘されているが(12)，日本の少年法も同じ方向に進もうとしているかのようである(13)。

(b) このような問題として最も注目されるのが，少年法61条の合憲性，それに違反した本人特定報道の違法性をめぐる問題である。少年法61条

は,「家庭裁判所の審判に付せられた少年又は少年のときに犯した罪により公訴を提起された者については, 氏名, 年齢, 職業, 住居, 容ぼう等によりその者が当該事件の本人であることを推知できるような記事又は写真を新聞紙その他の出版物に掲載してはならない」と規定している。本人特定報道の禁止は, 家庭裁判所に事件が送致される前の捜査段階にも及ぶと理解されている。それゆえ, 少年の非行事件の場合には, 通常, 被疑者の逮捕から家庭裁判所の審判, 処分の決定, さらにその後に至るまで, 氏名, 顔写真などは公表されない。

ところが, 人々の関心を強く引くような重大な非行事件が起きると, 少年法61条に違反して, 少年の氏名, 顔写真などを公表する報道が繰り返されてきたことも事実である(14)。この種の報道のなかには, 近年, 少年法61条に違反することの理由を説明するなかで, 後述する知る権利・報道の自由の視点を加味しつつ, 少年法の厳罰化改正提案と結合させる形で, 少年であっても, とくに重大な事件の場合には, 懲罰的制裁として本人特定事実を公表すべきと提起するものが多い。

しかし, 懲罰的制裁として少年の本人特定報道を認めることはできない。確かに, 氏名, 顔写真などを公表する犯罪報道が, 事実上, 懲罰的制裁としての効果を有していることは否定できないであろう。「報道裁判 (paper trial)」,「犯罪報道の犯罪」と批判されてきた所以である(15)。とはいえ, 犯罪報道が懲罰的制裁の機能を積極的に担うことは, 市民の知る権利への奉仕という報道が担うべき公共的機能と責任を逸脱しており, また, 憲法が犯罪に対する私的制裁を禁止したうえで, 人権保障の本質的要請として, 実体, 手続の両面にわたる法の適正手続を定めていること (憲法31条以下) にも適合しない(16)。

(c) より重要なのは, 知る権利・報道の自由の観点からの少年法61条批判である。すなわち, 少年法61条による少年の本人特定報道の禁止は, 表現の自由 (憲法21条) としての知る権利・報道の自由を侵害するものであって, 憲法上正当化されえない, という批判である。

このような見解は, 報道の自由やそれが奉仕するべき市民の知る権利と, 名誉・プライバシーなど, 本人特定報道の禁止により保護される少年の権利, さらにはその基礎にある少年法の教育理念とが対立するとの

構造を前提としつつ，表現の自由が憲法上「優越的地位」にあることからすれば，前者が原則的に優越するというのである。

(3) **本稿の課題**
(a) 本稿の課題は，第1に，刑事法において市民の権利と刑事人権とがどのような関係にあるか解明するための理論的視座を得ることである。はたして，本来，市民の権利と刑事人権とは対立構造のなかにあるのであろうか。むしろ，市民の権利のベクトルも，刑事人権を確保し，強化する方向にあるのではなかろうか。本稿は，少年の本人特定報道の禁止を定めた少年法61条をめぐり，市民の知る権利・報道の自由と少年の名誉・プライバシー，成長発達権との法的関係について検討を加えることを通じて，このことを論じる。

(b) 新自由主義の隆盛にともない「市民的治安主義」が浸透しつつあるならば，それを克服する現実的契機はなにか。本稿の第2の課題はこの問題にかかわる。本稿は，この問題を論じるために，少年司法への市民参加について検討する。少年司法への市民参加を題材にしたのは，少年の健全育成目的のもと，福祉的性格と教育機能を強調してきた少年司法において，「市民的治安主義」が最も先鋭的に現れるからである[17]。厳罰化・必罰化を基調とする2000年少年法改正が，「市民的治安主義」を具現した「市民的治安立法」の代表例として目されているとおりである。また，近時，少年司法に対する社会的理解・信頼の形成を理由にして，独自の社会防衛機能を承認したうえで，処遇決定にあたり一般抑止の要請や応報主義的要請に強く配慮すべきとする見解も有力である。

小沢隆一は，社会福祉の権利や労働権をめぐって，新自由主義的国家・社会再編のなか「福祉や労働における『保護』あるいは『規制』を撤廃し，『自由』・『自立』を実現しよう」と唱えられている現状を指摘したうえで，「これら社会的権利の構造は，『保護』・『規制』と『自由』・『自立』がそのような二者択一的な関係にあるのではない。これらは，矛盾なく調和しているわけではないが，新自由主義は，これらの対立的側面をことさらに強調することで，権利の保障に向けての公的責任を解除し，規制によって確保されている権利の保障水準を引き下げよ

うとする傾向にある。社会権的権利の構造を理解するうえで，自由の条件としての公的責任や保護・規制，自由保障と平等実現の相互補完的・構造的関係の認識を欠かすことはできない」と論じている(18)。問題は，「保護」から恣意的支配による自由・自立の抑圧を排除しつつ，自由・自立の条件としての「保護」をどのように現実化するかである。これは，笹沼弘志のいう「自律への権利」，すなわち人権の実質的保障を目指す福祉国家が提供する「自律のための保護」において，「保護」にともなう恣意的支配を排除しつつ，自律のための「適切な保護」を請求する権利としての「自律への権利」(19)を現実化するための契機はなにか，という問題である。

小沢隆一が示唆するのは，憲法史における「公論」であり，「社会のなかで市民と市民とが平等な立場で形成する公共（＝市民的公共性）」としての「自律的な政治的市民社会・市民的公共圏」の形成である(20)。かくして，子どもの「自律への権利」としての成長発達権について，少年司法においてその保障をどのように現実化するか，それに向けた少年司法の再構築のための現実的契機として，このような「市民的公共性」をどのように形成するか，という問題が提起される。

本稿の第2の課題は，「市民的公共性」の構築の現実的契機として少年司法への市民参加を位置づけたうえで，それをめぐる問題を検討することを通じて，刑事法における市民的公共性の意味を明らかにする手がかりを得ることである。

2　少年の本人特定報道の禁止と市民の権利

(1)　少年法61条違憲論

(a)　上述のように，最近，知る権利・表現の自由の視点から，少年の本人特定報道を原則許容すべき，あるいは一定の場合にそれを認めるべきとする見解が提起されている。その代表的論者である松井茂記は，おおむね次のように論じている(21)。

少年のプライバシーを保護し，少年の更生を促進するという目的は正当であり，十分尊重に値する利益である。しかし，本来，報道の自由の

視点からすれば，氏名の報道など表現報道の内容に基づき表現報道を制約する場合には，やむにやまれないほど重要な政府利益を達成するために必要不可欠な手段でなければ許されない。

少年法61条は，①事件が刑事手続に付され，審理が公開の法廷で行なわれるような場合にも適用され，②報道機関が通常の適法な取材によって本人特定事実を知った場合にまで，本人特定報道を禁止し，③氏名，顔写真，学校名などの公表を，「合理的な公的関心」の対象である場合をも含めて，また，少年が成人に達した後も，一律かつ絶対的に禁止しており（過大包摂），④「新聞その他の出版物」への掲載のみを禁止し，また，被害者の氏名，顔写真などの公表を一切禁止していないこととの均衡をあまりにも逸している（過小包摂），という点において，憲法21条の表現の自由を侵害している。

少年のプライバシー保護や更生の促進のために，少年の氏名などの報道に制限をおくこと自体は許されるにしても，家庭裁判所が具体的な事案において少年保護と報道の自由を利益衡量し，少年保護という利益を達成するために必要不可欠な限度で，報道の制限を決定すべきである。その際，家庭裁判所は，どの程度少年保護の必要性があるか，報道制限がどれだけ少年保護に寄与するか，他方で，「その事件についてマス・メディア，そして国民が関心をもつことがどれだけ合理的であるか」を比較検討すべきである。

このように，松井茂記は，少年の本人特定報道の拡大へと向かうアメリカ法の流れを踏まつつ，少年法61条が表現の自由を保障した憲法21条に違反すると論じている。

(b) また，田島泰彦も，①表現の自由の優越的地位に基づく報道の自由の価値，②「少年の更生」，「再犯の防止」，「子どもの最善の利益」などとして提起されてきた規制根拠の憲法的意義の不明確さ，③少年事件の公的性格，などにかんがみたとき，少年法61条は「規制の程度，方法等において，表現の自由や情報公開などの観点から重大な問題をはらんでおり，より表現の自由保護的な規定へと再検討する必要がある」と論じている。

田島泰彦によれば，①成人後にも本人特定報道禁止の効果が及び，②

少年法の対象年齢が20歳未満と広くとられており，③報道禁止の対象が包括的に定められているうえ，報道が許される例外の余地を明記していない，などの点において，「現行少年法の規定が過剰な報道規制措置となっていて，報道の自由やジャーナリズムの視点が希薄もしくは欠落しており，あまりにもバランスを失している」とされる。「一部成人を含み上限がかなり高めに取られている少年の身元に対して，例外の余地を明記せずほぼ全面的に報道を禁止している点は，たとえ可塑性に富む少年の矯正・更生と社会復帰の確保や，格別の人権擁護というその基本理念は是認されうるとしても，報道の自由と知る権利の保障などの憲法的要請に適うとはとうてい言いがたく，正当化するのは難しい」とされるのである[22]。

(2) 犯罪報道の公共性

(a) 少年法61条による少年の本人特定報道の禁止は，表現の自由（憲法21条）としての知る権利・報道の自由に関連するものであるから，その意義を明らかにするうえでは，憲法的視点から犯罪報道，とくに少年の本人特定報道の公共性を吟味しなければならない。

本人を特定して犯罪に関連する事実を報道することは，犯罪がその人の社会的評価に関する事実である以上，その人の名誉に触れるものである。また，プライバシーを「他人に知られたくない事実」ないし「自己情報をコントロールする権利」として理解する限り，その人のプライバシーにも触れるものである。このことをまず確認しなければならない。

(b) 他方，現在までに，知る権利・報道の自由のもとで，市民の正当な関心事としての公共的事実についての公益目的による根拠ある報道は，名誉毀損罪を構成することはなく[23]，名誉毀損の民事責任も生じさせない[24]，という判例法理が確立している。また，公共的事実についての公益目的による報道はプライバシー侵害とはならない，との理解が定着してきている[25]。このように，報道による名誉・プライバシーの侵害について判断するうえでは，報道が公共性を有するかどうか，という点が決定な意義を有する。

少年法61条が禁止しているのは，氏名，顔写真などを含む，少年の本

人特定報道である。少年の非行事件について，それを超える範囲において報道を制限しているわけではない。したがって，問題は，少年の本人特定報道が公共性を有するかどうか，という点である。少年の本人を特定しないような非行事件についての報道の公共性が問題なのではない。

(c) 少年の本人特定報道の公共性について，堺事件の少年法61条違反報道に関する大阪高等裁判所判決は，「重大悪質な事件であり，被疑者として逮捕された被控訴人がシンナー吸引中で，被害者らとは何の因縁もない者であったこともあいまって，被害者及び犯行現場の近隣にとどまらず，社会一般に大きな不安と衝撃を与えた事件であり，社会一般の者にとっても，いかなる人物が右のような犯罪を犯し，またいかなる事情からこれを犯すに至ったのであるかについて強い関心があったものと考えられるから，本件記事は，社会に正当な関心事であった」としている[26]。

田島泰彦は，「少年事件や犯罪に関わる事実は基本的に公共的な性格をもち，広く報道と公開の対象に据えられるべきであ」るとして，この大阪高等裁判所判決を，「少年事件を含め，被疑者の特定など犯罪に関する事実は単純に私的な問題として一方的に保護の対象とされるべき事項ではなく，……社会の正当な関心事として公表・公開されてしかるべき性質をもつことが強調されている」点において，肯定的に評価している[27]。また，「事件が公共の関心事であれば，基本的には犯罪の実名報道は憲法21条で保障された表現の自由というべきであ」[28]るとの松井茂記の見解も，「犯罪にかかわる事実は公共の関心事」[29]である以上，氏名，顔写真などを含む本人特定報道は公共性を有する，という理解を前提とするものであろう。

確かに，少年の本人特定事実に対して，社会の人々の関心が向けられるのは自然なことかもしれない。しかし，なぜそれが「正当な」関心なのか，なぜその報道が公共性を有するのか。また，少年の非行事件ないし非行事実そのもの，あるいはそれに関する司法手続や法的処遇が公共的事実であるにしても，そうであるからといって，少年の本人特定報道も公共性を有するといえるのか。これらの点について，知る権利・報道の自由の視点から，より厳密に検討しなければならないように思われる。

報道の公共性においては,「たんなる『公衆の関心事』ではなく『公衆の正当な関心事』としてとらえるべきである」。浦部法穂が言うように,「多くの人間のたんなる好奇心や興味を満足させるだけのために名誉やプライバシーを侵害された人は,たまったものではない。名誉やプライバシーをおさえても表現の自由が重視されなければならないのは,国民のあいだでの自由な議論を妨げないためである。そうであれば,その議論に関係のないことがらは,たとえ多くの人が関心をもつようなことであっても,もはや名誉・プライバシーに優越しうるものではない」からである(30)。

(d) もともと,知る権利・報道の自由のもとで,公共性を有する報道が,報道された人の名誉・プライバシーに触れるものであっても正当化されるのは,それが,市民自治を中核とする社会の民主的発展にとって特別な意義を有するからであった。したがって,知る権利・報道の自由の特別に強い保障が及ぶ公共的報道とは,市民自治ないし社会の民主的発展のために人々が知る必要のある事実に関する報道のことを言う(31)。

このことを踏まえたとき,犯罪に関する報道の公共性は,第1に,人権保障に配慮した適正な刑事司法であるよう監視するために必要な事実,第2に,犯罪の背景にある,または犯罪が提起した問題の解決によって社会が自省的に発展していくために必要な事実,について報道する点にあるように思われる。これらの事実の報道は,市民自治ないし社会の民主的発展に必要なものであるがゆえに,市民の正当な関心事の報道として公共性を有するのである。少年の非行事件に関する報道の場合も同様である。

(3) **本人特定報道の公共性**
(a) では,本人特定報道はどうか。

本人特定報道が犯罪報道としての公共性を有することは原則的にない,と言ってよいように思われる。本人特定報道それ自体が,人権保障に配慮した適正な刑事司法の監視のために,あるいは犯罪に関する問題の解決による社会の自省的発展のために必要であることはないからである(32)。

しかし,本人特定事実が本来的に公共性を有する場合もありうる。そ

れは，社会的地位に基づき公共的な責任を負うべき人の犯罪の場合である。このような意味の「公人」の場合には，「私人」の場合と異なり，本人特定報道は，犯罪報道固有の公共性を有することはないにしても，その人の社会的活動や社会的地位を占める資質についての批判・評価のための資料となる事実の報道である以上，市民自治ないし社会の民主的発展に必要な事実の報道であり，広い意味の政治報道としての公共性を有するからである(33)。

(b) そうであるならば，「私人」の場合には，本人特定報道は，公共性に欠けるものとして，違法な名誉・プライバシー侵害となるのであろうか。そうではないように思われる。

刑法230条の2は，憲法上の表現の自由の観点から，名誉毀損罪の正当化について定めているが，第2項は，「公訴提起前の人の犯罪行為に関する事実」の公共性を擬制している。この規定がおかれたのは，非公開の捜査手続については，知る権利・報道の自由の観点から，適正な捜査を監視するための報道の必要がとくに高いからである(34)。後述するように，知る権利・報道の自由の保障という目的のためには，「犯罪行為に関する事実」を狭く限定するべきではなく，氏名，顔写真などを含む本人特定報道についても公共的報道として扱われる，と理解すべきである(35)。

先に述べた犯罪報道の公共性にかんがみると，憲法82条の裁判の公開の趣旨に照らしても，刑法230条の2第1項において，公訴提起後も，「犯罪行為に関する事実」についての報道は公共性が認められていると理解すべきであろう。この場合にも，2項の場合と同様，本人特定報道は公共性を有するものとして扱われるべきである。

(c) 上述のように，「公人」の場合と異なり，「私人」の場合には，本来は，本人特定報道が公共性を有することはなかった。では，なぜ，刑法230条の2のもとで，「公人」のみならず，「私人」の場合にも，本人特定報道が公共的報道とされるのであろうか。

問題となる本人が「公人」なのか「私人」なのかという区別は微妙であり，その判断には重大な困難がともなう場合が少なくない。もし，「私人」の場合には本人特定報道は公共的報道に当たらないとして，そ

れが法的責任を生じさせるとしたならば，問題の本人が「私人」か「公人」かの区別が微妙なものである以上，本来的な公共的報道として報道すべき「公人」の場合にも，法的責任を負うことをおそれて，本人特定報道が差し控えられるという事態が生じうる(36)。表現の法的規制にあたっては，法的規制のもつ萎縮効果に配慮すべきであった。市民自治ないし社会の民主的発展のために報道されるべき公共的報道が，法的規制の威嚇によりこのような形で差し控えられることは，知る権利・報道の自由の保障にとってあるべきではない。

　要するに，刑法230条の2のもとで，「公人」か「私人」かを問わず，本人特定報道が公共的報道として扱われるのは，法的責任から自由にすることによって，「公人」の本人特定報道が差し控えられることのないよう保障するためである。知る権利・報道の自由の保障という目的のためには，名誉毀損，プライバシー侵害などの民事責任を問題にする場合にも，同様に，本人特定報道は公共的報道とみなされると理解すべきである。

　法的責任から自由にされるとはいえ，「私人」の場合には本人特定報道に本来的な公共性はないのであるから，報道する者の社会的責任において，「私人」の本人特定報道は行なうべきでない。報道の自由の特別な強い保障にともなう責任である。

(4) 少年法61条の意義

(a) 少年法61条による少年の本人特定報道の禁止はどのような意義を有するのか。

　少年の場合には，問題となる本人が「公人」であることはおよそないはずである。したがって，その本人特定報道が公共性を有することはない。また，「公人」か「私人」かの区別と異なり，少年か成人かの区別は，非行の行為時を基準とすることにより，明確に行なうことができる。

　したがって，少年の本人特定報道は公共的報道に当たらないとして，その報道が法的責任を生じさせうることを認めたとしても，そのことによって，本来的に報道されるべき「公人」の本人特定報道が差し控えられる危険は生じない。成人の場合と異なり，少年の場合には，「公人」

の本人特定報道が差し控えられることのないよう保障するために，本人特定報道を，本来は公共性を有しないにもかかわらず，あえて法的責任から解放する必要はないのである(37)。

(b) 少年の本人特定報道は，少年に否定的な社会的烙印を刻み込むこととなって，少年に対する社会的排斥をもたらすと同時に，少年自身にも否定的な自己観念を植え付けることにつながる。このことは，少年から，将来の実効的な社会参加の機会を奪うことになるであろう。かくして，本人特定報道は，少年が地域社会のなかで非行を克服し，少年と社会が再統合することを困難にする(38)。

子どもの権利条約40条 2 項(b)viiは，少年の成長発達権の保障に向けた非行克服の援助という文脈において，「刑法に違反したと申し立てられ，または訴追されたすべての子ども」は，「手続のすべての段階において，プライバシーが十分に尊重されること」を定めている。また，国連少年司法運営最低基準規則（北京ルールズ）は，これを具体化して，規則8.1において「少年のプライバシーの権利は，不適当な公表またはラベリングのプロセスによって少年が害されることを避けるために，すべての段階において尊重されなければならない」としたうえで，規則8.2において「原則として，刑法に違反した少年の特定につながるようないかなる情報も公表されてはならない」としている。これら国際人権法の規定は，少年の非行克服ないし社会的再統合を促進するためには，プライバシーの手厚い保護が不可欠であって，本人特定報道は，少年に否定的な社会的烙印を刻み込み，少年の非行克服と社会的再統合を妨げることになるという認識を基礎にしている(39)。

このように，少年の本人特定報道は，少年が非行を克服し，社会と再統合することの大きな妨げとなって，少年法の教育理念に矛盾する。少年法の教育理念が子どもの人間としての尊厳の尊重を意味する成長発達権によって基礎づけられるものである以上，少年の本人特定報道は，少年の成長発達権の保障（憲法13条）の趣旨に反するのである(40)。

(d) 本人を特定した犯罪に関する報道は，その人の名誉・プライバシーに触れるものであるが，少年の場合には，知る権利・報道の自由の保障という目的のために，本人特定報道を公共的報道として扱う必要はな

かった。さらに，少年の本人特定報道は，少年法の教育理念に反し，その基礎にある少年の成長発達権の保障の趣旨に適合しない。それゆえ，少年法61条は少年の本人特定報道を禁止し，それによって，少年の本人特定報道が法的責任から自由ではないことを明示した。刑法230条の2のもとで，本人特定報道が公共的報道と扱われていたのに対して，少年法61条は，少年の場合にはそのような法的効果が及ばないことを明らかにしたのである。

したがって，少年の本人特定報道は，それによって生じた名誉毀損，プライバシー侵害などについて，法的責任を問われうることになる。それゆえに，少年法61条の違反それ自体に罰則は必要なく，また，設けるべきでもない。逆に，少年法61条違反それ自体に刑罰が定められていないからといって，少年の本人特定報道が，法的責任から解放されているというわけではない。

以上，犯罪報道の公共性という観点から，少年法61条における少年の本人特定報道の禁止について検討してきた。本稿の課題に対して，この検討はなにを含意するか。この点については，本稿4(1)において論じる。

3　少年司法への市民参加

(1)　少年司法の教育機能とコミュニティ

(a)　少年司法が独自の社会防衛機能を担うべきであり，刑事処分相当・検察官送致の決定など処遇決定にあたっては，一般抑止の要請や応報主義的要請に強く配慮すべきであるとの理論的立場が優勢である。社会防衛機能を独自に強調するとき，その社会防衛機能は教育機能の内実を犯罪的危険性の除去と狭く規定したうえで，教育機能を自らに従属させることになる。この立場から，近時あらためて，少年司法に対する市民の理解・信頼の重要性が強調されている。少年法20条2項を「原則逆送」規定として理解したうえで，とくに重大な非行について刑事処分を「原則」とすることは，厳しい被害感情・社会感情に応えることになり，少年司法に対する社会的理解・信頼の形成に寄与する，とも論じられて

いる。

　日本の少年司法は，現在までに，厳罰政策への傾斜と結合した教育機能の後退，そして積極的実体的真実主義の強調をともなう適正手続の形骸化を進めてきた。その到達点が，厳罰化・必罰化を基調とする2000年少年法改正である。このような趨勢を基礎づけてきたのは，先の理論的立場であった。かくして，少年司法は，教育機能の再生と適正手続の強化という二重の課題に直面している。

　教育機能の再生と適正手続の強化という少年司法の二重の本質的課題に対処するためには，少年司法理念の再構築が必要であり，その再構築は子どもの人権という基本視角に立って行なわれるべきである(41)。

　このとき基本視角とされるべき子どもの人権とは，子どもの人間としての尊厳の尊重という要請から，子どものいまある自律的人格の尊重を基礎にしつつ，その全面的人格発達を保障することによる子どもの成長発達権として構成されるべきである(42)。子どものいまある自律的人格の尊重とその全面的人格発達の保障とは，子どもという一個の人格に基礎づけられながら，相互に支え合う一体のものとして，子どもの人権としての成長発達権を構成するのである（憲法13条，子どもの権利条約6条）。

　少年の成長発達権に基礎づけられた新しい教育理念のもと，少年司法の教育機能は，成長発達権の保障，すなわち少年の自律的人格の尊重のうえに立ってその全面的人格発達を保障するために，少年の主体的非行克服を援助する機能として位置づけられる。非行克服プロセスにおける少年の主体性の確保が本質的要請となる（憲法26条）。また，少年の適正手続は，新しい教育理念の内在的要請として，少年司法のあらゆる局面において恣意・専断を排除するためのみならず，少年の主体的参加を確保するための手続保障として要請される（憲法31条）。

　(b)　新しい教育理念のもと，少年司法において独自の社会防衛機能を強調し，教育機能をそれに従属させることにより教育機能を空洞化することは許されない。少年法20条の「刑事処分相当性」判断においても，「保護不適」として応報主義的要請や一般抑止の要請が優越する場合を認めるべきではない。とはいえ，少年司法にとって市民の理解・信頼が

重要なことも確かである。このこと自体は否定できないであろう。少年法20条2項について、「保護不適」の推定による「原則逆送」ではなく、刑事処分以外の措置を選択した場合において家庭裁判所の「説明責任」を定めた規定として理解すべきとの私見も、このような認識に基づくものであった(43)。

かくして、少年司法における市民参加が課題となる。少年司法に対する市民の実効的参加が可能なとき、その教育機能に対する市民の理解・信頼が形成され、それがまた教育機能のさらなる強化を促進するであろう。また、少年の適正手続から少年審判の非公開が要請されることにかんがみると、市民参加は少年審判を市民の監視下におき、恣意的・専断的手続の排除に効果的に寄与するであろう。

(c) 新しい教育理念のもと、少年司法の教育機能は少年の主体的非行克服の援助としての意味をもつが、子どもの成長発達権の保障においては、一般に、家庭、学校、職場、地域社会などコミュニティの教育機能にこそ第一次的重要性が与えられる。したがって、少年司法の強制的介入は最大限抑制されたうえで、コミュニティの社会的支援の連帯のなかで、その教育機能による少年の主体的非行克服の援助が追求されなければならない。少年司法の教育機能は、そのソーシャル・ケース・ワークを基軸として、コミュニティの教育機能とのあいだの有機的連携のなかでこそ果たされる。このコミュニティの教育機能との有機的連携において、その担い手としての市民が少年司法の教育機能のなかに参加可能性を得るのである。

もともと少年法は、コミュニティの教育機能との有機的連携のなかで教育機能が果たされるべきことを予定していた。最高裁判所事務総局の初代家庭局長を務めた宇田川潤四郎が、家庭裁判所の目指すべきものとして、①独立的性格、②民主的性格、③科学的性格、④教育的性格、⑤社会的性格、をあげたことは有名である。これらが相互に支え合いながら、家庭裁判所の基本性格を形成するとしたのである。このうち民主的性格について少年審判との関連においては、「少年審判が民間の嘱託少年保護司、児童委員をはじめ、公私の団体、学校、病院等の援助協力によって行われること」を指摘し、また、社会的性格については、「家庭

裁判所は，たといそれがいか程理想的に構成せられましても，それのみの力によっては，到底初期の成果を収め得ないことは勿論であります。……少年審判の面においても，検察庁，警察官署をはじめ，都道府県知事，児童相談所，各種の養護施設等と常に緊密な連携を保持することが絶対的に必要なのであります。従って，家庭裁判所は機会ある毎に，これらの諸機関と接触して意志の疎通を図ると同時に，社会的な諸会合には積極的に職員を列席させて，各種社会的活動に協力の誠をいたし，併せて家庭裁判所の啓蒙宣伝に資するよう」すべきと論じている[44]。

(d) 少年司法において，ソーシャル・ケース・ワークを基軸としたコミュニティの教育機能との有機的連携を具体化する方法として最も重要なのが，試験観察（少年法24条），とくに試験観察期間中，家庭裁判所調査官の指導・助言のもとで「適当な施設，団体又は個人」に少年の指導・援助を委託する補導委託である（同25条2項3号）。補導委託が「民間の篤志家に少年の補導を委託し，民間の社会資源の長所を生かした家庭的な処遇を行いながら，少年の行動等を観察しようとする」[45]プロベーションの制度として，ソーシャル・ケース・ワークの真骨頂とされる所以である[46]。

しかし，補導委託については，顕著な減少傾向が続いている[47]。その理由は，①少年院，保護観察など保護処分執行態勢の充実，②委託先の減少，などにあるとされるが[48]，とくに1980年以降，少年司法における独自の社会防衛機能が強調されるにともない，教育機能がそれに従属する形で後退し，家庭裁判所のソーシャル・ケース・ワークが縮小傾向にあることが背景にあるとの意見も強い。村井敏邦は，現行少年法における健全育成の出発点として，「家庭裁判所は，地域と密着して少年問題を取り扱うべきものであ」り，家庭裁判所調査官の地域性が強調され，試験観察が重視されたのはそれゆえであったが，「転勤を前提とした官僚裁判官に地域性を求めることは，不可能に近く，また，調査官の官僚化の進行に従い，試験観察の比重は低下し，地域住民との距離はひらくことはあっても縮まることはない」と論じている[49]。

(e) 上述のように，少年の成長発達権に基礎づけられた新しい教育理念のもと，少年司法の教育機能は，そのソーシャル・ケース・ワークを

基軸としつつ,コミュニティの教育機能との有機的連携のなかでこそ果たされる。かくして,コミュニティの教育機能を活性化し,その相互連帯を促進したうえで,それとの有機的連携を形成することが,少年司法の教育機能の強化にとって重要課題となる。

少年司法に関する国際基準においては,少年の成長発達権の保障に向けた主体的非行克服の促進という観点から,ディバージョン,脱施設収容という政策目標が設定され,これにより強制的介入を最大限抑制するよう要請されているが,この要請は,コミュニティの教育機能による非行問題解決の促進と不可分に結合している。山口直也は,このような国際基準の立場をコミュニティの「参加過程モデル」と呼んでいる[50]。

また,修復的司法（restorative justice）においては,加害者,被害者,コミュニティの癒しと関係修復こそが目的とされるが,このとき,コミュニティの参加とコミュニティにおける問題解決に本質的重要性が与えられる。修復的司法は,「コミュニティが活力を付け,修復の役割を積極的に果たすよう期待する」のである[51]。コミュニティの参加と役割を奪い取ってきたとされる伝統的司法に対して,ダニエル・ヴァン・ネスによれば,修復的司法において「コミュニティは,被害者と加害者のあいだの平和を回復し,その両者を自身のなかに再統合しようと努める。このとき,被害者のための目標は癒しと表現され,加害者のための目標は社会復帰と表現される」[52]。このような形でコミュニティが個人間の紛争解決に関与するとき,その関与によって「コミュニティとその構成員は,コミュニティにおける紛争発生の基盤的原因となったであろう社会的・経済的・道徳的問題に自ら取り組むようになるのである」[53]。紛争解決プロセスへの参加によるコミュニティのエンパワメントである。

コミュニティを構成する市民が修復的司法プロセスに参加し,主体的役割を担うことを通じて,加害者と被害者双方を癒し,コミュニティにうまく再統合することが可能となると同時に,コミュニティ自身もエンパワされてその機能を強化する。修復的司法の含意は,少年司法の教育機能への市民参加を構想するうえでも示唆に富む。

(2) 市民参加の理念と制度

(a) 少年司法の教育機能は，コミュニティの教育機能との有機的連携のなかでこそ果たされるものである以上，少年司法への市民参加が課題となる。

少年非行が少年の成長発達上の問題を映し出したものであり，少年の成長発達を支えるのが第一次的にはコミュニティの教育機能であることからすれば，少年非行はコミュニティにとって，そのコミュニティの教育機能のあり方と深く重要な関連を有する問題である。さらに，少年は将来その生育したコミュニティへと帰り，少年とコミュニティとは再統合を果たすべき関係にある。そうであるならば，少年の成長発達権の保障に向けて，その非行克服を援助することは，少年が生育し，再統合を果たすべきコミュニティ自身が担うべき課題である。また，少年非行の意味を受け止め，その問題に真摯に対処することを通じて，コミュニティは自己の教育機能のあり方を自省し，発展させていく機会を得ることができる。少年非行がコミュニティに対して自省的発展の機会を提供するのである。かくして，コミュニティは少年非行の提起する問題解決の担い手として位置づけられ，非行問題解決プロセスへの参加を保障される。コミュニティを構成する市民が少年司法に参加することの理念的基礎はここにある。

(b) それでは，市民参加の制度をどのように構想するか。市民参加には様々な形がありえ，多様な市民参加が並存すべきであろう。問題は少年審判への直接参加である。刑事裁判については市民の直接参加が，とりわけ陪審制度の要求として提起されてきた。司法制度改革審議会は市民の直接参加による裁判員制度を提案し，現在，その具体的設計が進められている。少年審判についても，先のような市民参加の理念を具体化する直接参加が構想されるべきように思われる。

少年司法の教育機能にとって，コミュニティの教育機能との有機的連携が本質的意義を有することからすれば，そのコミュニティの教育機能の担い手である市民が少年審判に直接参加し，処遇決定プロセスに関与することによって，両者の有機的連携の現実的形成が確保されるであろう。

他方，少年司法の教育機能とコミュニティの教育機能とのあいだに，市民の直接参加によって有機的連携が促進されるとき，コミュニティは非行問題の解決に主体的役割を担い，それを通じて自らの教育機能を自省的に発展させることができる。コミュニティの教育機能の活性化とその協調的連帯であり，コミュニティのエンパワメントである。
　少年司法の教育機能を支える現実的基盤としての市民の理解・信頼は，このような文脈において，少年審判への市民の直接参加を通じて，より効果的に形成されうるであろう。

(3)　**参審制提案の検討**
(a)　2000年改正少年法は，主として「非行事実認定の適正化」を目的として，裁定合議制の少年審判を採用した。3人の裁判官の審判関与によって，多角的視点に立った慎重な審理が可能になるとされた。もっとも，裁定合議制の審理は非行事実認定手続だけでなく，処遇決定手続についても認められている（裁判所法31条の4）。
　しかし，これに対しては，現在の刑事裁判官による合議制を前提にしたとき，正確な事実認定につながるか疑問であること，裁判官と少年の1対1の直接対話のなかでこそ少年審判が教育機能を発揮しうることなど，疑問も提起されてきた[54]。裁定合議制の問題ないし限界の認識を踏まえて，参審制の提案がなされてきたが，その主唱者として，弁護士の佐藤博史がいる。佐藤博史は，①上下関係の支配する官僚組織とは無縁の市民が参加することにより，裁判が民主化・平易化されること，②事実認定を市民と共同することにより，裁判官の意識が市民感覚に近づくこと，③処遇決定に市民感覚が反映されること，④非公開の少年審判に対する市民の信頼感形成に寄与すること，⑤少年審判に直接参加し少年の更生を考える経験は，少年を取り囲む環境の重要性を市民に自覚させ，非行少年を迎え入れる社会の側を変化させることによって，少年の更生を促進すること，⑥女性の関与が保障されること，⑦直接主義・口頭主義に基づく少年審判をもたらし，職権主義の下でも実質的に伝聞法則を尊重した手続を可能にすること，などの理由から参審制の採用を訴えている[55]。

前野育三も，参審制には「事実認定を慎重にするという利点にとどまらず，処分の決定，すなわち少年の立ち直りの援助のために何が必要かという観点からも，市民の創意性が活かされ，たえず，新鮮な提案がなされ続けることになる」。「市民感覚で提案される処分を実現できるような社会資源の整備が常に要求されることになる」が，その刺激の継続は「問題を抱えた少年の福祉や教育を実現し，少年の成長発達権を保障する上で，大きな前進条件を作ることになる」と論じている(56)。参審制がコミュニティの教育機能の活性化につながり，それとの有機的連携において少年司法の教育機能の強化をもたらすという趣旨である。

　(b)　しかし，参審制については解決すべき問題もある。まず，参審制の少年審判による非行事実認定をめぐる問題である。

　参審制については，参審員が職業裁判官と実質的評議を行ない，意思決定に実効的に参加できるのか問題とされてきた。これが確保されなければ，参審員は職業裁判官に従属し，市民参加としての実質が失われるであろう。現在設計が進められている裁判員制度をめぐっても，裁判員が職業裁判官との評議に実効的に参加することを確保するための必要条件として，裁判員が公判の証拠調べを通じて十分心証形成できるよう口頭主義・直接主義を実質化し，公判審理を充実・活性化しつつ，伝聞証拠の徹底による「調書裁判」を克服し，証人尋問を重視することがあげられている(57)。

　この点について，参審制の少年審判を提唱する佐藤博史は，「職権主義による場合でも，記録に目を通した裁判官によって，審判前に参審員に事案の概要と争点の説明がなされるが，証拠調べの中心はあくまでも審判廷でのそれであって，参審員は，自らの目で見，耳で聞いたものによって，裁判官との合議に臨むことになるだろう。すなわち，少年審判への参審制の導入は，直接主義・口頭主義に基づく少年審判の実現を意味し，職権主義のもとでも実質的に伝聞法則を尊重した手続を可能にする」と論じている(58)。確かに，直接主義・口頭主義の実質化により，審判廷の証拠調べを通じての心証形成を可能とすることが，参審制が実効的に機能するための必要条件であるが，逆に，参審制の採用が当然に直接主義・口頭主義の実質化をもたらすわけではないであろう。直接主

義・口頭主義の実質化という課題が，捜査手続の改革を含め，それ自体として追求されなければならない。参審制を実効的に機能させるために，直接主義・口頭主義の実質化が必須条件である。

(c) 福井厚によれば，職権主義をとるドイツ刑事手続においては，事実認定の正確性確保という観点から，一件記録による裁判官の予断を埋め合わせるために，①裁判長は公判開始決定，訴訟指揮，証人尋問などのために一件記録に目を通すにすぎないこと，②参審員が一件記録，起訴状に触れることは禁止されており，裁判長の予断・偏見を埋め合わせるよう，予断のない参審員との共同決定が保障されること，③公判中心主義・口頭主義・直接主義・集中審理主義が徹底され，一件記録を犯罪事実認定の実質証拠として用いることは認められず，事実認定に必要な情報は公判廷において直接・口頭で報告される必要があること，④被告人の証拠調べ請求権が手厚く保障されていること，という制度的保障が用意されている(59)。このとき，参審制は確かに正確な事実認定確保のために重要な役割を担っているが，参審制だけがあるのではなく，直接主義・口頭主義の徹底，被告人の証拠調べ請求権の保障などと相俟って，それらが一体として事実認定の正確性確保に寄与しているのである。少年審判において参審制が正確な事実認定のために実効的に機能するには，これらが必須条件となるであろう。

また，司法制度改革審議会の提起した裁判員制度をめぐっては，市民参加の形骸化の危険が，たんに参審員と職業裁判官のあいだの専門的知識・経験の差に由来するだけではなく，審議会の想定する審理手続のあり方との関係においても生じうるとの危惧が提起されている。すなわち，裁判官が第1回公判期日前に争点整理，審理計画策定のための準備手続を主宰する結果，裁判官とその後審理に関与する裁判員とのあいだに事前の情報量の大きな格差が生じる。さらに，裁判官の事件の見方が争点整理や審理計画策定のなかに反映することによって，裁判官の支配的影響力が生じ，裁判員はそれから逃れることができず，それは裁判員と裁判官の人数比や評決方法の工夫・手当によっては払拭できない，というのである(60)。

少年審判においては，事件が家庭裁判所に送致された後，まず裁判官

刑事法における市民的公共性 **107**

が捜査機関による送致記録などについて非行事実に関する法的調査を行ない（少年法8条1項），非行事実について蓋然的心証を形成しえたとき，審判開始を決定することができる（同21条）。法的調査により非行事実の蓋然的心証を形成したうえで審判開始を決定した裁判官と，基本的に審判廷における証拠調べのみから心証形成を行なう参審員とのあいだの事前の情報量格差の大きさにかんがみると，裁判員制度の場合と同様の危険が，少年審判の参審制においていっそう強く生じるように思われる。この危険を解消するための有効な方策が講じられない限り，非行事実認定手続において参審制を採用ことはできないであろう。

(4) 多様な市民参加とその連携

(a) 参審制の提案においても，上述のように，少年司法の教育機能の強化という観点から，処遇決定手続への参加の意義は重視されてきた。弁護士の中山博之は，フランス，オーストリアの少年司法制度の視察・調査を踏まえて，少年非行や少年問題に専門的知識・経験を有する市民の参加により，処分決定に市民感覚とともに，参審員の専門的知識・経験が生かされること，職業裁判官も専門性を身につけ，市民の社会常識を知ることを指摘したうえで，「参審員が参審裁判を体験することによって，少年犯罪がなぜ起き，少年がいかに処遇されているのかを知り，少年に対し処分を決定することによって参審員としての責任を実感し，その経験を社会に伝えることができる。また，その経験は参審員自らが少年犯罪を自分たちの社会の問題としてとらえ，少年の処遇に積極的に協力していく契機となろう」と論じている[61]。

また，教育機能の強化という観点から，参審制とは別に，処遇決定手続への参加が提案されてきた。村井敏邦は，コミュニティの住民代表3人から成る子どもパネルが処遇決定を行なうスコットランド児童聴聞（children's hearing）の制度を検討したうえで，処遇決定手続におけるラウンド・テーブル方式の採用，少年の利益を代弁する弁護人の必要的関与，両親の必要的参加とあわせて，あくまでも少年の保護・利益のために「何らかの形での地域住民の参加方式を検討すべきであろう」としている[62]。

処遇決定手続への市民の直接参加が，上述のような少年司法への市民参加の理念を具体化するものとして，なんらかの形で構想されるべきである。このとき，参加する市民は，ドイツ少年参審制度(63)，スコットランド児童聴聞制度の経験に照らしても，まったくの無作為抽出によるのではなく，子どもの成長発達に関する一定の知識・経験を有する市民から選出されるべきように思われる。実際，少年の処遇決定において，家庭裁判所調査官の社会調査など少年の社会記録を精査したうえで，少年の非行に関連してその人格，生育環境の両面にわたる成長発達上の問題を明らかにし，少年の主体的非行克服を援助するためにどのような教育手段が必要・有効か判断するためには，一定の知識・経験が必要とされるであろう(64)。新鮮な市民感覚を反映するとともに，子どもの成長発達に関する知識・経験に支えられた処遇決定によって，少年司法の教育機能が，コミュニティの教育機能との有機的連携のなかで具体化されるのである。

　(b)　少年のパートナーとしてその主体的非行克服を支援する付添人としても，少年審判への市民参加が促進されるべきである。法的援助の保障を担う弁護士付添人とは別に，少年の成長発達に関する一定の知識・経験を有する市民が，少年との信頼関係を基礎にそのパートナーとしての立場から少年審判に参加するのである。少年司法の教育機能として，少年の主体的非行克服援助を担う市民付添人である。少年司法において，教育機能と適正手続が相互に支え合い強め合いながら，少年の成長発達権の保障を具体化する両輪として位置づけられる以上，法的援助を担う弁護士付添人と教育的援助を担う市民付添人は，その活動において有機的連携を構築しなければならない。このような有機的連携こそが，それぞれの活動の質を向上させるであろう。

　このような市民付添人は，単に少年審判だけでなく，少年司法のあらゆるプロセスにおいて参加することが重要であろう。市民付添人には，少年の主体的非行克服を具体的に援助する形において，コミュニティの教育機能を活性化させ，その相互連帯を形成しつつ，それを少年司法の教育機能と具体的に結びつけるための活動が期待される。この意味において，ソーシャル・ケース・ワークを少年司法のあらゆるプロセスにお

いて，少年のパートナーとしての立場から担うのである。粂田孝子が指摘するように，スコットランド児童聴聞制度におけるソーシャル・ワーカーの役割がそのモデルになるであろう(65)。

(c) これらの他にも，市民参加の制度が構想されるべきである。試験観察における補導委託，少年院，保護観察など，少年の教育的処遇において市民参加を促進すべきであろう。また，施設収容処遇については，人権保障のための市民的監視という観点から，実効的な査察制度と連携する形で，市民参加が認められなければならない(66)。

これら多様な市民参加の制度は，その具体的機能においてそれぞれ固有性を有するが，少年司法における教育機能の強化と適正手続の確保を通じて，少年の成長発達権を保障するという目的において一致する。したがって，少年司法のある局面ないしある形態において参加した市民が，別の局面・形態において再度参加するよう促進すべきである。たとえば，市民付添人の経験を有する市民が，少年審判の処遇決定手続に参加し，あるいは少年処遇の局面に参加した市民が，市民付添人を務めるという仕組みを構想すべきであろう(67)。少年司法に参加する市民は，異なる局面・形態における参加を経験することによって，少年の成長発達権の保障という目的へのコミットメントを深めることができる。

現在，子どもの成長発達に関連して，子育て，教育，不登校，虐待などをめぐっては，コミュニティにおいて市民参加により問題を受け止め解決しようとする努力が，地方自治体や専門機関，ソーシャル・ワーカーの支援を受けつつ，すでに大きな広がりをみせている(68)。また，少年非行をめぐっても，コミュニティの市民参加による取り組みが確実に広がりつつある(69)。現在または過去に非行少年をもつ親たちが，自助グループ活動を行なうという意義深い実践もある(70)。犯罪・非行の被害者支援においてもそれが広がりつつあり(71)，被害者と加害少年の直接対話のための市民NGO活動も始まった(72)。このようなコミュニティの市民参加活動の広がりが，少年審判への市民参加の現実的基盤を提供することになるであろう。

4　結語

(1)　刑事人権と市民の権利

(a)　「市民的治安主義」が浸透するなか，少年法61条における少年の本人特定報道の禁止をめぐって，少年法の教育理念と結合した少年の名誉・プライバシーの権利と「市民」の知る権利との対立構造が設定され，前者に対する後者の優位によって本人特定報道を正当化するという法理論のフレームが提起されている。また，少年法22条2項による少年審判の非公開に対しても，「市民」の知る権利を根拠にした公開要求が提起されている。

(b)　しかし，市民の知る権利は，元来，市民自治ないし社会の民主的発展の基礎として位置づけられるものである。少年の非行事件に関する報道についての以上の検討からすると，このような知る権利の主体としての市民は，自己の好奇心を満たすため，あるいは単なる興味に駆られて犯罪・刑事司法に関する情報に接近しようとする存在ではない。市民の知る権利は，人権保障に配慮した適正な刑事司法の監視のために，また，犯罪に関する問題の解決による社会の自省的発展のために必要な事実にこそ向けられており，報道の自由はそれに奉仕するためにある。かくして，市民とは，このような意味の公共的価値の実現にコミットする主体であって，市民自治ないし社会の民主的発展の担い手として存在する。

また，少年審判の非公開こそが，少年の手続参加を本質とする少年の適正手続から要請されるにしても，恣意的・専断的手続の危険を排除するために，一般公開に代わる手続保障が必要とされるが，そのような手続保障として，少年審判への市民参加が制度化されるべきである。この場合にも，市民は少年審判に参加することによって，少年の適正手続という公共的価値の実現にコミットするのである。

このような意味において市民が公共的価値の実現にコミットする存在である以上，市民の知る権利と，本人特定報道の禁止による名誉，プライバシーなど少年の権利，あるいは非公開の少年審判を要請する少年の

適正手続とは，本来，先のような対立構造において位置づけられるものではないように思われる。

(2) 市民的公共性の構築と「市民的治安主義」の克服

(a) 他方，「市民的治安主義」の傾向があるなか，処遇決定手続への市民参加は，結局，「市民」的感覚の反映の名のもとに，処遇決定の実際のなかに社会防衛の要請を組み入れることになり，処遇決定を厳罰方向に傾斜させるのではないか，と危惧されるのも確かである。司法制度改革審議会が提案した裁判員制度をめぐっても，「国民の期待」への応答として実体的・手続的な犯罪統制の強化という傾向が強いなか，重大犯罪事件の量刑に裁判員が関与することになると，「国民の素朴な正義感や常識の反映」の名のもと，たんなる重罰化の結果をもたらすだけではないのか疑問が提起されている(73)。渕野貴生が指摘するように，市民がマス・メディアを通じて得ることのできる犯罪情報がほぼすべて捜査機関に由来するものであることから，市民が有罪視・厳罰要求の方向に傾斜するおそれは高く，市民の量刑参加は，市民的常識の反映の名においてなまの厳罰要求を量刑に反映させる危険がある。裁判員制度や適正手続の意義・趣旨の周知徹底，司法教育の充実，予断・偏見排除のための裁判員選定手続，報道による予断の遮断などが必要とされる所以である(74)。さらには，刑罰や受刑者処遇，コミュニティ処遇の意義・目的・現状などについても理解が必要であろう。

「市民的治安主義」を具現した「市民的治安立法」が相次ぎ，2000年少年法改正もそのなかに位置づけられることにかんがみると，市民参加が処遇決定に社会防衛の要請を組み込み，厳罰方向に傾斜させるという危惧には，確かに十分な理由があるように思われる。しかし，少年審判への市民の直接参加を否定すべきではない。上述の市民参加の理念のもと，コミュニティは非行問題解決プロセスと少年の非行克服援助への参加を保障されるのであり，コミュニティの教育機能を担う市民が少年審判の処遇決定に直接参加することによってこそ，少年司法とコミュニティの教育機能は有機的連携を形成することが可能となるからである。市民参加の理念を現実化することによって，「市民的治安主義」を克服し

なければならない。

　少年の主体的参加が確保された少年審判において，市民が直接参加したうえで処遇決定を行なうことは，市民付添人など教育的援助を担う市民参加とともに，少年の主体的非行克服に向けてそれを援助する教育をコミュニティにおいて共に生きる少年と市民が共に創造する教育とするための不可欠の，かつその現実化を強く促す契機であるように思われる。少年司法とコミュニティの教育機能は，少年と市民のこのような参加と協同において真に有機的連携を果たすことができる。ここに少年の成長発達権の現実的保障がある。少年司法への市民参加が，少年の成長発達権に基礎づけられた新しい教育理念を確立し，そのもとで少年司法を再構築することの現実的契機となるというのは，このような意味においてである。

　(b)　内田博文は，「市民的治安主義」の温床として現代社会に蔓延する人間不信があることを指摘する。すなわち，「個人主義ならぬ孤立の孤人主義の不気味な浸透によって広範に醸成された人間不信が人々の連鎖を断ち切り，国益などに取って代わるべき市民的公共性の成長を阻み，蝕んでいる。いたるところで人間不信の悪循環が生まれつつある」が，これを温床にした「市民的治安主義」克服のためには，「市民的公共性の基盤をなす人間信頼を回復させなければならない」というのである[75]。

　人間信頼の回復とそれに基づく社会的連帯の再生のためにはなにが必要か。内田博文は，支配＝服従の「タテ型」の求心力に代わる「ヨコ型」の求心力の熟成を提起する。それによれば，「少数者・弱者の人権を多数者・強者と等しく扱うことこそが新しい求心力の源泉であり，そのための議論・合意の手続では少数者・弱者に多数者・強者と対等の一方当事者の地位が保障されなければならない」[76]。

　少年の成長発達権の保障に向けてその主体的非行克服を援助するための教育を，コミュニティに共に生きる人間として，少年と市民が協同的に創造する[77]。少年の手続参加を基礎にして，両者のあいだには対等の地位が保障される。公共的課題についての協同を通じてこそ，少年と市民は相互に人間信頼を回復し，社会的連帯を再生させることができる。ここに市民的公共性の構築がある。

人間信頼に基礎づけられた社会的連帯のなかでの公共的課題における参加と協同，その意味における市民的公共性の構築のなか，少年と市民一人一人の，そしてコミュニティ全体のエンパワメントがある[78]。それがあらゆる人の自己実現ないし自律的幸福追求，すなわち自己の選択する生，自己の構想する幸福の実現としての自立を可能にするような，あらゆる人間としての尊厳を現実化させる基盤である。それはまた，人間信頼と社会的連帯が剥奪されるなかで衰退した人間の理想と希望を回復する現実的基盤である。小田中聰樹のいう「市民社会の自律的，民主的法秩序形成機能の発現・発達の現実的契機」[79] もこのなかにある。

(1) 新自由主義についてとくに，本間重紀『暴走する資本主義』（花伝社，1997年），渡辺治＝後藤道夫編『講座・現代日本1～4』（大月書店，1996～1997年），小沢隆一『現代日本の法―「改革」を問う―』（法律文化社，2000年）など参照。
(2) 後藤道夫『収縮する日本型〈大衆〉社会』149頁以下（旬報社，2001年）を参照。
(3) 小沢・前掲注（1）85頁。
(4) 小田中聰樹『人身の自由の存在構造』13～14頁（日本評論社，1999年）。
(5) 生田勝義『行為原理と刑事違法論』17頁以下（信山社，2002年）。同書25頁以下は，新自由主義イデオロギーにおける「自己決定・自己責任」が，結局は「弱肉強食」の「自由競争」を正統化する擬制にすぎず，「自助努力・自己負担」の内実を有しているとしたうえで，それが厳罰主義や刑罰権の拡大・早期化に結合することを明らかにしている。
(6) 小田中聰樹「刑事法制の変動と憲法」法律時報73巻6号43頁以下（2001年）。
(7) 小田中・前掲注（4）13頁以下。人権保障の強化と「市民主義」的治安法の本質的矛盾を指摘している。
(8) 内田博文「『市民的治安主義』の拡大」法の科学29号99～100頁（2000年）。
(9) 葛野尋之「司法制度改革審議会ウォッチング⑩『国民の期待に応える刑事司法の在り方』をめぐって」法律時報72巻11号（2000年）。
(10) 松井茂記「犯罪報道と表現の自由」ジュリスト1136号36頁以下（1998年）は，アメリカにおいて近時，子どもに対する性犯罪で有罪とされた者が刑事施設を釈放された場合における住所登録などを義務づけた「メーガン法」を多くの州が立法し，それをめぐる議論においては，公的記録上の情報であることや，「犯罪者から子どもを守るという利益」の方が優越することを理由に，釈放者のプライバシー侵害が否定される方向が強まっていることに言及したうえで，「前科の公表を，もっぱら刑を終えた者の社会復帰という視点からのみ考える

のは妥当とはいえ」ず,「前科は公的記録に記載された情報であるから,基本的にはその公表は違法ではない」とする。
(11)「メーガン法」について,藤本哲也「メーガン法の連邦法化と合衆国憲法上の問題点」宮澤浩一先生古稀祝賀論文集第1巻『犯罪被害者論の新動向』(成文堂, 2000年), 平山真理「アメリカ合衆国のメーガン法の成立とその実際的帰結」犯罪と非行125号 (2000年) を参照。
(12) Torbet, et al., *State Response to Serious and Violent Juvenile Crime*, Office of Juvenile Justice and Delinquency Prevention 35-43 (1996).
(13) この問題については,葛野尋之「刑事裁判の公開と少年審判の非公開」澤登俊雄先生古稀祝賀論文集『少年法の再生』(現代人文社, 2000年), 同「刑事手続への実効的参加と少年の公開刑事裁判―バルジャー事件裁判に関するヨーロッパ人権裁判所判決の意義―」『光藤景皎先生古稀祝賀論文集 (下)』(成文堂, 2001年) を参照。
(14) 飯室勝彦=田島泰彦=渡邊眞次編『報道される側の人権 (新版)』229頁以下 (明石書店, 1999年), 田島泰彦=神奈川大学田島ゼミナール「戦後少年事件報道小史」田島泰彦=新倉修編『少年事件報道と法―表現の自由と少年の人権―』142頁以下 (日本評論社, 1999年) を参照。
(15) 浅野健一『犯罪報道の犯罪』(学陽書房, 1984年), 同『新・犯罪報道の犯罪』(講談社文庫, 1989年) など参照。
(16) この点については,葛野尋之「少年事件報道と人権」団藤重光=村井敏邦=斉藤豊治他『「改正」少年法を批判する』(日本評論社, 2000年)。また,新倉修「少年事件報道と少年の人権」田島泰彦=新倉修編『少年事件報道と法―表現の自由と少年の人権―』31頁以下 (日本評論社, 1999年) を参照。
(17) 佐々木光明「少年警察活動の展開とその射程」澤登俊雄先生古稀祝賀論文集『少年法の再生』(現代人文社, 2000年) は,「地域の安全と秩序を創造する担い手」としての役割を積極的に担ってきた1990年代少年警察の分析を通じて,警察の「地域づくり」,「健全育成活動」への積極的・主導的関与が,結局は地域づくりの実質を警察の権威主義的指導に全面依存・移譲してしまうことにつながりかねず,このような形において「安全と秩序の自律的形成を放棄し,警察に依存していく『市民的治安主義』」が拡大してきたことを明らかにしている。
(18) 小沢・前掲注 (1) 114頁。なお,同「現代日本における社会的・政治的統合の変容と法 (1) (2・完)」静岡大学法政研究6巻1号 (2001年), 6巻3=4号 (2002年) も参照。
(19) 笹沼弘志「現代福祉国家における自律への権利」法の科学28号102頁以下 (1999年)。
(20) 小沢・前掲注 (1) 42頁以下, 143頁以下。

(21) 松井茂記「少年事件と報道の自由」民商法雑誌120巻2号38頁以下（1999年）。
(22) 田島泰彦「少年事件と表現の自由」田島泰彦＝新倉修編『少年事件報道と法―表現の自由と少年の人権―』9〜11頁（日本評論社，1999年）。
(23) 最大判1969年6月25日刑集23巻7号975頁。
(24) 最判1966年6月23日民集20巻5号1118頁。
(25) 田島泰彦＝右崎正博＝服部孝章『現代メディアと法』74頁以下（田島泰彦）（三省堂，1988年），松井茂記『マス・メディア法入門（第2版）』103頁以下，128頁以下（日本評論社，1998年）。これらの場合，「公益目的」を独自に重視すべきではない。
(26) 大阪高判2000年2月29日判例時報1710号123頁。
(27) 田島泰彦「少年の実名掲載と少年法61条」法律時報72巻9号96頁（2000年）。
(28) 松井・前掲注（21）43頁注（94）。
(29) 松井・前掲注（21）42頁注（89）。そうであるがゆえに，「通常の成人の刑事事件の場合，犯罪にかかわる事実は公共の関心事であるので，氏名の報道は，プライバシーの侵害とはならない」とする。
(30) 浦部法穂『新版・憲法学教室（1）』196〜197頁（日本評論社，1994年）。
(31) 平川宗信「犯罪報道と人権をめぐる諸問題」名古屋大学法政論集123号367頁以下（1988年）。この意味における公共的事実の報道でない限り，名誉・プライバシーに触れる報道は違法な権利侵害にあたることになる。
(32) 平川・前掲注（31）371頁以下。浦部・前掲注（30）197〜198頁は，「たとえば政治家の汚職事件などのように，実名報道が必要である場合も当然にある」ものの，「犯罪にかんする事実そのものは国民に知らされるべき重要性をもっているとしても，その犯人がどこのだれだということは問題にとって本質的でない，という場合は，かなり多い」として，本人特定事実が「問題の本質にかかわりのない事実であったにもかかわらず実名で報道したことによって，その人の名誉を侵害し生活を破滅させたような場合には，事後的に損害賠償等の責任を負うという覚悟を，報道機関はもつべきであろうし，法律上もそれを可能にする制度が要請される」と論じている。
(33) 月刊ペン事件における最判1981年4月16日刑集35巻3号84頁を参照。
(34) 平川宗信『刑法各論』232〜233頁（有斐閣，1995年）。
(35) 平川・前掲注（31）375頁以下，394頁以下。
(36) 平川・前掲注（31）375〜376頁は，「匿名にすべきものを実名で報道することが違法であることは前述の通りであるが，しかし，実名にするか匿名にするかの限界は微妙な場合がある。マスコミがその判断を誤って匿名にすべきものを実名にした場合，これをすべて刑法で罰するとしたら，マスコミは萎縮してしまい，安全策をとって，実名にすべきものをも匿名で報道することになりかねない。これでは，市民の知る権利が妨げられる。そこで，刑法は，匿名で報道

すべきものを実名にしても一切処罰しないことにして，マスコミが自分の判断で匿名・実名を区別できるようにしたのである。したがって，この規定は，前述の基準に基づいて匿名・実名の区別をする責任をマスコミに負わせる趣旨の規定であり，実名報道を全面的に正当化した規定ではない。処罰されないということと，正当であるということとは別のことである。（刑法230条の 2 旧規定の・引用者）「看做ス」という文言には，そのような趣旨が含まれている」とする。刑法230条の 2 のもとで「公人」か「私人」かを問わず，犯罪に関する本人特定報道が公共的報道とみなされるのは，憲法21条による知る権利・報道の自由を確保するためであるから，「私人」の場合の本人特定報道は，公益目的による根拠ある報道である限り，刑法上違法と理解すべきではないであろう。平川・前掲注（34）230頁は，刑法230条の 2 の法的性格について，『知る権利』としての表現の自由の保障の問題として，違法阻却と理解している。

(37) 村井敏邦「少年事件と情報公開」法学セミナー527号69頁以下（1998年）は，少年の非行事件はすべて家庭裁判所の審判に付され，公訴提起されるのは家庭裁判所の検察官送致決定を経た場合のみであるから，少年の非行事件に関する情報は，刑法230条の 2 第 2 項の「公訴が提起されるに至っていない人の犯罪に関する事実」にはあたらず，「名誉毀損罪の成否との関係においても，少年事件情報はそれ自体としてただちに公共性が肯定されるわけではない」としたうえで，「名誉毀損罪には当たらないだけの公共性をもっているが，一般的に公表をもとめるだけの公共性はないという事実は，当然にある。少年犯罪事実は，まさにそのような事実であると考えられる。かりに，少年犯罪事実が名誉毀損罪との関係においては，公共の利害に関する事実であると認められても，国民がそのような事実の公表を求めるだけの公共性は認められない。国民が情報の受けてとして公共性を主張するためには，具体的な利害関係を証明しなければならない」と論じている。しかし，本文において述べているように，少年の本人特定事実は，名誉毀損罪の成否との関係において刑法230条の 2 のもとでも，公共的事実にはあたらないと理解すべきであろう。

(38) 斉藤豊治「少年審判の非公開と少年事件報道の匿名性―アメリカのジーナ・グラント事件を素材に―」澤登俊雄先生古稀祝賀論文集『少年法の再生』427～428頁（現代人文社，2000年）は，母親の殺害について保護処分を受けたという経歴を入学願書および面接試験において報告しなかったことを理由に，ハーバード大学がいったん出した少女の入学許可を取り消した，というアメリカのジーナ・グラント事件を検討したうえで，「ジーナ・グラント事件は，審判の公開や実名報道が悔い改めた少年が社会復帰し，建設的な市民として社会統合されることを阻害することを如実に示すものといえる。この事件では，審判がメディアに公開され，さらに警察官が実名を新聞記者にリークし，これが紙面で大々的に報道された。アメリカでは，独自取材で実名を知り得たメディア

は，実名を報道することが憲法上の権利として承認されている。しかし，ジーナ・グラント事件は，そうした報道が少年に対する烙印効果をもち，社会復帰を阻害することに変わりがないことを例証するものである」と論じている。
(39) Geraldine Van Bueren, *The International Law on the Rights of the Child* 180-181 (1995).
(40) 少年法61条による少年の本人特定報道の禁止について，その意義を少年の成長発達権の保障という視点から理解するものとして，すでに，山口直也「少年事件と被害者の権利」田島泰彦＝新倉修編『少年事件報道と法─表現の自由と少年の人権─』（日本評論社，1999年），服部朗「少年事件報道と人権」澤登俊雄先生古稀祝賀論文集『少年法の再生』（現代人文社，2000年）がある。本文において述べたように，少年法61条違反の本人特定事実の公表が，少年の成長発達権の保障の趣旨に反するにしても，それがただちに少年の成長発達権侵害を構成するとは言えないように思われる。具体的な権利侵害の問題としては，少年の名誉・プライバシー侵害として構成すべきである。もし成長発達権の侵害を構成するのであれば，少年の本人特定事実の公表が公共性を有するかどうか問うまでもなく，ただちに禁止されなければならないように思われる。成長発達権が少年の人間としての尊厳それ自体として保障されるものである以上，その侵害を知る権利・報道の自由など他の権利・利益との比較衡量によって正当化することはできないことになる。また，犯罪報道が適正手続ないし公正な裁判を侵害した場合についても，たとえその報道が公共性を有するものであったとしても，知る権利・報道の自由が適正手続（憲法31条）に優越する可能性を認めるべきではないから，適正手続ないし公正な裁判の侵害が正当化されることはないように思われる。一般に，名誉・プライバシーの権利については，「公人」であることないし正当な公共的関心事であることにもなって，その保護の範囲が縮小することになるが（浦部・前掲注〔30〕201頁），少年の成長発達権や成人か少年かを問わず適正手続の権利については，「公人」であることないし正当な公共的関心事であることが，その保障のあり方を左右することはないというべきであろう。私見によれば，成人についても一般に，人間としての尊厳の尊重として自律的人格発達が保障されることに由来して憲法上の権利としての社会復帰権（憲法13条）が承認されるべきであるが（葛野尋之「死刑廃止─共に生きる社会のために─」法学セミナー41巻10号〔1996年〕），犯罪に関する本人特定事実の公表はその本人の名誉・プライバシーを侵害するとともに，この社会復帰権の保障の趣旨に反すると言うべきであろう。しかし，社会復帰権それ自体の侵害を一般に構成するわけではないように思われる。本人特定事実の公表を含む報道に公共性が認められる場合，名誉・プライバシー侵害が正当化されると一般に認められているが，もし社会復帰権それ自体の侵害として構成するならば，それが報道の公共性によって正当化されることはないと

言うべきであろう。
(41) 葛野尋之「少年司法における『保護』理念の再構築に向けて―アメリカ少年司法の教訓から―」刑法雑誌36巻3号（1997年）、同「少年法の展望―少年法における規範意識と責任―」犯罪と刑罰15号129頁以下（2002年）を参照。
(42) 子どもの成長発達権については、福田雅章「少年法の拡散現象と少年の人権」刑法雑誌27巻1号（1985年）、山口直也「子どもの成長発達権と少年法61条の意義」山梨学院大学法学論集48号（2001年）、服部朗「成長発達権の生成」愛知学院大学法学研究44巻1＝2号（2002年）を参照。福田雅章「子どもの人権と少年法改正」刑法雑誌39巻3号（2000年）は、子どもの成長発達権の中核に人間関係形成の権利としての意見表明権（子どもの権利条約12条）を位置づける。
(43) 葛野尋之「少年法における検察官送致決定の意義―家庭裁判所の説明責任―」立命館法学283号（2002年）。
(44) 宇田川潤四郎『家裁の窓から』215頁以下（法律文化社、1969年）。
(45) 田宮裕＝廣瀬健二編『注釈少年法（改訂版）』281頁（有斐閣、2001年）。
(46) 補導委託には、家族が少年一人の補導委託を受ける個人的なものと、多数の少年の補導委託を受ける施設型のものがあるが、後者の実践例として、花輪次郎『家庭の愛を下さい』（一光社、1992年）、同『人になる』（一光社、1999年）を参照。また、補導委託について、荒木伸怡「こんな『補導委託先』がある」荒木伸怡編著『現代の少年と少年法』（明石書店、1999年）を参照。近年、試験観察実務においては、「少年友の会」や学生ボランティアの参加も得たうえで、社会奉仕活動や短期補導委託合宿という新しい試みが行なわれており、少年の共感性や責任感、人間関係形成や問題解決の能力育成に向けての成果が報告されている。これらは、コミュニティの教育機能との有機的連携の形成、そのなかでの少年司法の教育機能の強化にとって、確かに実践的意義を有するであろう。しかし、少年司法の教育機能の後退傾向のなかにあって、なお限定的でしかない（林五平他「東京家庭裁判所における試験観察の新しい試みについて」家庭裁判月報46巻8号〔1994年〕、柳沢恒夫「東京家庭裁判所における保護的措置の新しい試み」犯罪と非行115号〔1998年〕）を参照）。
(47) 服部朗＝佐々木光明『ハンドブック少年法』209頁以下（明石書店、2000年）は、1995年から1996年までの様々な統計を掲載している。
(48) 田宮＝廣瀬・前掲注（45）281頁。
(49) 村井敏邦「少年審判と民衆参加―イギリスの例によって―」石松竹雄判事退官記念論文集『刑事裁判の復興』410頁（勁草書房、1990年）。
(50) 山口直也「少年司法に関する国連準則の展開」一橋論叢112巻4号88頁以下（1994年）。
(51) 西村春夫＝細井洋子「図解・関係修復的正義―被害者司法から関係修復正義

への道は近くにありや―」犯罪と非行125号32頁（2000年）。修復的司法についてはとくに、服部朗「修復的少年司法の可能性」立教法学55号（2000年），前野育三「修復的少年司法―少年の更生と被害者の権利の調和を目指して―」自由と正義53巻5号（2002年），「課題研究・修復的司法―理念と現代的意義―」犯罪社会学研究27号（2002年）など参照。

(52) Van Ness, Restorative Justice and International Human Rights, in Burt Galaway and Joe Hudson (eds), *Restorative Justice: International Perspectives* 28 (1996).

(53) Id. at 25. 修復的司法におけるコミュニティの役割について，Bazemore, Three Paradigms for Juvenile Justice, in Burt Galaway and Joe Hudson (eds), *Restorative Justice: International Perspectives* 48-49 (1996) は，ヴァン・ネスの見解を参照しつつ次のように論じている。「修復的司法は，ミクロ・レベルにおいては，具体的加害行為が行われたときに生じた侵害に対処することによって，犯罪に応答する。マクロ・レベルにおいては，修復的司法は犯罪へとつながるような紛争の大多数が平和裡に解決され，暴力の連鎖が断ちきられるような安全なコミュニティを建設するニーズに対処するのである。少年司法システムとコミュニティは，少年司法と他の刑事司法システムが秩序維持の責任を負い，コミュニティが平和を回復し維持する責任を負いながら，犯罪への応答におけるマクロ・レベルとミクロ・レベルの双方において，協力的で相互補完的役割を果たすべきである」。かくして，修復的司法において，市民とコミュニティは，被害者と加害者の双方の癒しのために支援を提供することを通じて，平和なコミュニティの建設の協調的努力においてより積極的役割を与えられるべきであるとされる。

(54) 合議制の少年審判の問題については，とくに，佐藤博史「わが国の少年審判に参審制の導入を」自由と正義49巻12号（1999年），村井敏邦「少年司法における裁判官の役割」梶田英雄・守屋克彦両判事退官記念論文集『刑事・少年司法の再生』577頁以下（現代人文社，2000年）を参照。荒木伸怡「少年法と刑事訴訟法の交錯」澤登俊雄先生古稀祝賀論文集『少年法の再生』192頁以下（現代人文社，2000年）は，非行事実の有無に争いのある事案の事実認定能力を強化するためには合議制を採用するしかなく，審判の教育的雰囲気が壊れる，少年が萎縮して自由に発言できないおそれがあるとの意見があるものの，「冤罪であると少年が争っている事案については慎重な事実認定手続が不可欠なのであり，そのための手続を経験させることも少年審判の教育効果の一つとも考えられる」と積極的立場をとる。

(55) 佐藤・前掲注（54）17頁以下。

(56) 前野育三「少年司法―国民参加とコミュニティ司法の展望」法律時報73巻7号97頁（2001年）。

(57) 加藤克佳「国民（市民）の司法参加と裁判員制度」法律時報74巻7号52頁

（2002年）。
(58) 佐藤・前掲注 (54)。
(59) 福井厚「ドイツ刑事証拠法と少年法改正論議」犯罪と刑罰14号（2000年），同「少年法改正論議とドイツ刑事手続――一件記録による予断の問題を中心として――」梶田秀雄・守屋克彦両判事退官記念論文集『刑事・少年司法の再生』（現代人文社，2000年），同「現行少年法と起訴状一本主義」『田宮裕博士追悼論集（上）』（信山社，2001年）。
(60) 天川晃＝小田中聰樹『日本国憲法・検証第6巻―地方自治・司法改革―』373頁以下（小学館，2001年）。なお，葛野尋之「『国民の司法参加』をめぐる審議」法律時報73巻6号111頁（2001年）。渕野貴生「刑事司法改革の評価方法―裁判員制度を素材として―」静岡大学法政研究6巻3＝4号390～391頁（2002年）は，司法制度改革審議会の構想する刑事手続のなかで「裁判員と職業裁判官の間には，かなりの情報格差が生じることが見込まれる。この格差は，審理・評議への裁判員の主体的関与を阻害するおそれが強いから，裁判員が実質的に審理・評議に参加するためには，職業裁判官が裁判員の実質的関与を可能にするような訴訟運営をする必要があ」り，「職業裁判官が市民性を有していなければ，市民の常識を裁判に反映させることは，現実には相当の困難を伴う」としたうえで，司法制度改革審議会の最終意見書にいて，裁判官の官僚的統制に対する改革の方向は強く示されていないことから，「結局，裁判員が官僚的統制に基づく裁判官制度の中に呑み込まれてしまう危険が大きい」と論じている。市民的常識を反映させることの困難については，白取祐司「日本の刑事司法―市民参加は"蘇生"の契機となるか―」北大法学論集52巻1号229頁（2001年）がある。
(61) 中山博之「少年審判・『裁定合議制』より『参審制』を」自由と正義50巻5号22頁（1999年）。
(62) 村井・前掲注 (49) 433頁。三宅孝之「スコットランドにおける少年司法」島大法学43巻4号（2000年）を参照。
(63) 比嘉康光「ドイツの少年参審裁判制度」立正大学法制研究所研究年報2号（1997年）。
(64) 一定の知識・経験を有する市民の処遇決定手続への参加を構想するうえでも，直接主義・口頭主義を強化する必要はあるであろう。
(65) 粂田孝子「少年審判の処遇決定過程における附添人」一橋論叢112巻4号106頁以下。
(66) 刑事施設一般における人権保障のための市民的監視について，内田真利子＝葛野尋之「市民参加制度としての第三者機関」刑事立法研究会『入門・監獄改革』（日本評論社，1996年）を参照。
(67) 各地域において，様々な局面・形態における市民参加の母体となる市民NPO

刑事法における市民的公共性 **121**

を結成し、そのNPOが弁護士会、家庭裁判所、保護観察所、少年院、児童福祉機関などと連携・協力しながら、必要な学習、経験交流などを行ないつつ、市民参加をコーディネイトすることなどが考えられる。
(68) とくに、子どもの権利フォーラム実行委員会『検証・子どもの権利条約』（日本評論社，1997年）、長谷川真人＝神戸賢次＝小川英彦編著『子どもの援助と子育て支援』（ミネルヴァ書房，2001年）を参照。また、毎年刊行されるものとして、日本子どもを守る会編『子ども白書』（草土文化）は様々な取組みを紹介している。
(69) 佐々木光明他「少年法『改正』論議に欠けた視点」法学セミナー46巻5号（2001年）、子どもと法・21編『もう一度考えよう「改正」少年法』（現代人文社，2001年）など参照。また、坂上香＝アミティを学ぶ会編『アミティ・「脱暴力」への挑戦』（日本評論社，2002年）を参照。
(70) 当事者の手記として、非行と向き合う親たちの会『嵐・その時―親と子の「非行」体験―』（新科学出版社，1999年）、同『絆―親と子の「非行」体験・第2集―』（新科学出版社，2002年）。また、自助グループを支援する元家裁調査官によるものとして、浅川道夫『少年犯罪と子育て』134頁以下（柏書房・2001年）。
(71) 大谷實＝山上晧『講座被害者支援5・犯罪被害者に対する民間支援』（東京法令出版，2000年）、被害者支援を創る会『はじめよう！被害者支援―地域から創る支援システム』（幹書房，2001年）など参照。
(72) 山田由紀子「『被害者加害者対話の会運営センター』の発足と実践」自由と正義53巻5号（2001年）、同「少年事件に修復的司法を―千葉発・被害者加害者対話の会運営センターの実践から―」季刊刑事弁護29号（2002年）、同「少年と被害者の関係修復をめざして」少年育成553号（2002年）を参照。千葉「対話の会」には、すでに100人を超える市民ボランティアが参加しているという。
(73) 葛野・前掲注（60）111頁。
(74) 渕野・前掲注（60）391〜392頁。これらの方策は、少年審判への市民参加を具体化するうえでも必要である。
(75) 内田・前掲注（8）100頁。
(76) 内田博文「刑事法と『国民』概念」井戸田侃先生古稀祝賀論文集『転換期の刑事法学』667頁（現代人文社，1999年）。この意味の「対等の一方当事者」の地位を保障することこそ、本稿のいう手続参加の意味するものである。そのためには、当事者に対する法的・社会的援助の保障が不可欠である。石塚伸一「世紀末の刑事立法と刑罰理論」法の科学32号45頁（2002年）は、内田博文のいう「ヨコ型」の求心力の形成について、「民主的統治の前提である平等な社会的結合を強めるためには、社会的な少数者・弱者の生命と人権を守る実践的運動を通じて、平等と連帯という普遍的価値についてのコンセンサスを再確認

することが不可欠となる」と論じている。この意味の「コンセンサスの再確認」は，本稿のいう市民的公共性の構築においてこそ可能となるであろう。
(77) 佐々木・前掲注（17）170頁は，「地域市民として非行問題への関わりが不可避なものであり，その関わりから地域全体の安全と市民的自律との接点を構想していくことが肝要」であって，そのさいに「地域の問題への少年の参加」という視点が重要であると論じている。少年の参加は，主体的非行克服の援助という観点からすれば，少年司法プロセスだけでなく，コミュニティにおける非行克服の取組みにおいても保障されなければならない。
(78) 参加によるエンパワメントの意義について，田代高章「子どもの参加の権利研究の到達点と課題」子どもの権利研究創刊号11頁以下（2002年）。
(79) 小田中・前掲注（4）33頁。

(くずの・ひろゆき／立命館大学法学部教授)

二つの刑事政策
〜大きな刑事司法か？ 小さな刑事司法か？〜

石塚　伸一

はじめに
1　犯罪は増えているか？　〜認知件数の増加と検挙率の低下〜
　(1)　治安の悪化への憂慮
　(2)　認知件数の急増と検挙率の低下
　(3)　警察官の増員要求
　(4)　犯罪の暗数とデータの信頼性
2　犯罪者の増加？　〜刑事施設の過剰収容〜
　(1)　犯罪者は増えているか？
　(2)　刑事施設の過剰収容
　(3)　刑務所の収容状況
　(4)　判決の重罰化
　(5)　拘禁刑の長期化
　(6)　過剰拘禁の影響
3　二つの刑事政策
　(1)　二つの刑事政策
　(2)　覚せい剤事犯への対応
　(3)　大きな刑務所政策
4　「市民的刑事政策」構想
　(1)　刑事政策の担い手
　(2)　国家的パラダイムと市民的パラダイム
　(3)　市民的刑事政策の課題
　(4)　NGO・NPOの役割
　(5)　市民参加の諸形態
むすび　〜治安重視の大きな刑事司法か？　個人本位の小さな刑事司法か？〜

はじめに

　日本の刑事政策は，現在，大きなターニングポイントに立たされている。警察を中心とする捜査機関は，1990年代後半に，すでに大きな刑事司法へと政策を転換し，既成事実を重ねながら，活動領域を拡張し，警察官の増員を果たした。検察庁も，「被害者とともに泣く」検察をスローガンに厳罰主義へと舵を切った。

　『平成13年版犯罪白書』（以下，白書と略す）は，「増加する犯罪と犯罪者」を特集し[1]，その冒頭で「我が国は，諸外国の犯罪統計と比較しても，これまで治安の良好な地域に属していたが，近年に至り，犯罪の認知件数が激増し，治安の悪化が憂慮される事態になってきた」と述べている[2]。しかし，ほんとうに犯罪は増え，犯罪者は増えているのだろうか。

　犯罪統計を根拠に，犯罪情勢の傾向分析をすることの問題性は，犯罪学の分野ではつとに指摘されてきた[3]。ラベリング論を体験した犯罪学の研究者であれば，構築主義の信奉者でなくとも，安易に認知件数や検挙件数の変動を指して，犯罪や犯罪者の増加を語ることはない。政府の発表する公式統計が，一定の政策を正当化するための手段であり，なんらかの操作の対象となりやすいのは当然である。むしろ，これを批判的に分析し，政策分析の素材とする方が有用であることは，犯罪学者の共通の認識になっている[4]。

　他方，刑事施設の過剰収容は，現在の刑事政策の最大の課題である。1995年以来の収容者の増加は，急速かつ構造的であり，短期間で解消しそうにもない。その皺寄せは，被収容者の生活環境を劣化させ，職員の労働条件を苛酷なものにしている。刑事施設の収容能力を増強するため，刑務所の増設が計画されているが，竣工までには数年の期間を要することから，差し当たりの問題解決にはつながらない。検察による重罰政策が変わらず，職員の増員も望めない以上，施設側は，処遇プログラムをできるだけ簡素化し，職員は拘禁の確保に汲々とすることになる[5]。

　本稿は，まず，「犯罪の増加」と「刑事施設の過剰収容」の現状と原

因を分析し，これを捜査・訴追機関および裁判所の厳罰政策の帰結であることを確認する。現在，日本の刑事政策は，その決定権限を独占する国家機関が大きな刑事司法を志向しているため，刑事施設の被収容者が急増し，刑事司法機関が過剰負担の状況にある。このまま，この政策を継続すると，大きな刑務所人口と高い犯罪発生率を慢性的に抱える高価な刑事司法システムになってしまう。予め結論を示すとすれば，このような悪循環を回避するためには，市民を政策形成の主体にすえた代替的刑事政策を構想し，「小さな刑務所人口と低い犯罪発生率」を維持する「適正規模の刑事司法」を目指すべきである。

1 犯罪は増えているか？ ～認知件数の増加と検挙率の低下～

(1) 治安の悪化への憂慮

前述のように，『平成13年版犯罪白書』は，犯罪の認知件数が激増し，治安が悪化したことを憂慮している。その根拠は，①1995年以来の刑法犯認知件数の加速度的増加，②窃盗罪および交通犯罪の認知件数の顕著な増加，③依然として高水準な少年刑法犯の検挙人員，④ひったくり・職業的侵入盗・共犯事犯の増加，⑤強盗・傷害・強制わいせつ・器物損壊など暴力的犯罪の顕著な増加，⑥薬物犯罪の大型化・組織化，⑦外国人犯罪の総数の減少にもかかわらず，高水準な悪質事犯と外国人受刑者の増加，⑧検挙件数の増加と検挙率の低下，⑨矯正施設の過剰収容である[6]。

『平成14年版犯罪白書』は，「認知件数は連続してワースト記録を更新し，検挙率は低下の一途をたどり，ついに，戦後，はじめて20％を割った」ことを強調している。国民の「犯罪と治安の現状」に対する不安に応えるため，「暴力的色彩の強い犯罪の現状と動向」に焦点を当てて特集を組んでいるが，身近な生活場面で起きる「暴力的色彩の強い」9種類の犯罪（強盗，傷害，暴行，脅迫，恐喝，強姦，強制わいせつ，住居侵入および器物損壊）の増加が，窃盗を除く一般刑法犯の増加の原因であることを指摘し，検挙率については，低下の一途をたどっていることを重視して，悪化する治安対策については，「公的機関だけの対応では

限界で，官民の協力体制の構築が重要」としている(7)。

(2) 認知件数の急増と検挙率の低下

たしかに，ここ数年の認知件数の増加は異常である。2001年の刑法犯認知件数は，358万1,521件。前年より32万5,412件（10.0%）増加している。ところが，検挙件数は，138万8,024件で，ほぼ横ばいである（1,386件〔0.1%〕減少）。その結果，検挙率は，3.9ポイント下がって，38.8%になった。しかし，注目すべきは，検挙人員は119万5,897人で，3万5,755人（3.1%）増加しているのである。

一般刑法犯（交通関係業過を除く刑法犯）の認知件数は，29万2,142件（12.0%）増加して273万5,612件である。他方，検挙件数は3万4,656件（6.0%）減少しているので（54万2,115件），検挙率は3.8ポイント下がって19.8%となり，はじめて20%を下回った。ここでも，検挙人員は1万5,643人（5.1%）増加している(8)。

「検挙人員も，前年より増加して戦後最高を更新したが，認知件数の急増に追いつかず，検挙率はさらに低下して，戦後最低となった」(9)。警察は頑張っているのに，もう手が回らない。刑務所の過剰収容は，パンクしそうな刑事司法の現状を如実に物語っている。長引く不況が，犯罪の増加をもたらし，刑事司法の負担が大きくなっている，という説明は，それだけ聞くと説得力があるように思える(10)。検挙率を上げるために警察官を増員しろ，という要求が出てくるのも理解できないではない(11)。

認知件数を引き上げているのは，刑法犯認知件数の3分の2を占める窃盗と4分の1を占める交通関係業過である。また，器物損壊の増加も著しく，2000年は前年より64.2%増えた。もともと検挙率の低い軽微な財産犯の認知件数が増えれば，刑法犯全体の検挙率が下がるのは当然である。よりショッキングな数字を挙げたいなら，検挙率が常に100%になるように処理されている交通業過を除けば，検挙率は大幅に下がる。

①重要事件（殺人，強盗等）の検挙率がその他の事件（窃盗，占有離脱物横領等）より高いこと，②窃盗の中でも，重要窃盗事件（侵入盗，自動車盗等）の検挙率がその他の窃盗事件（自販機荒らし，万引き等）

の検挙率よりも高いこと,③検察庁の新規受理人員はあまり変化がないにもかかわらず,勾留被疑者・公判請求人員が増えていることなどから,検挙率低下の背景には,微罪処分の範囲を拡大するなどの措置を通じて,一線の負担を減らし,捜査力の配分を重要犯罪にシフトさせる政策が進行していると推測される(12)。

(3) 警察官の増員要求

今回の「検挙率の低下」騒動の背景には,どのような政策の変化があるのであろうか。一連の警察不祥事を契機に警察刷新会議が発足し,警察官1人あたりの負担人口が500人程度になるまで警察官を増員することになった。そのためには,1万人の検察官の増員が必要になる。検挙率の低下と警察官の不足を結びつけるレトリックによって,警察増員計画は成功したことになる(13)。

捜査権力が増強されれば,多くの事件が解決されて,犯罪者が検挙され,犯罪者が減って,安全な社会ができるというのは幻想である。一般に,過犯罪化(overcriminalization)の状況下で警察官が増えると,それまで認知されていなかった犯罪を掘り起こすことになるので,犯罪認知件数も増える。多くの犯罪者が検挙され,刑務所に収容されると,前科をもった人が増えて再犯の確率および検挙の可能性が高くなるので,さらに犯罪と犯罪者は増えることになる。

(4) 犯罪の暗数とデータの信頼性

犯罪には,すべからく発覚しない犯罪がある。犯罪学では,これを暗数と呼ぶ。雨傘一本の無断借用や落とし物のネコババは,それぞれ窃盗や占有離脱物横領を構成するが,軽微であるために顕在化しないことが多い。性犯罪の被害者は,仕返しや二次被害を恐れて通報を躊躇することが少なくない。政治家の腐敗や公務員の不祥事は意図的に隠蔽されることがある。「実際に発生する犯罪の推移と最も密接な関係を有するものは,捜査機関に認知された犯罪の件数(認知件数)の推移」(14)である,といえるのかどうかは疑問である。

少年法改正をめぐる議論の中で,少年犯罪が凶悪化しているかどうか

が問題となった。少年の殺人について見てみると，1990年には，警察で殺人として検挙された事件が60件，検挙された少年は71人であった。この年，最終的に家庭裁判所で殺人の非行事実が認定された少年は58人（81.7％）であった。ところが，1999年には，検挙件数が54件，検挙人員が110人，家裁での認定が47人（42.7％）になった。殺人の検挙人員だけが著しく増えるのは，検挙の際の非行名が厳しくなったからである。最終的に，家裁では傷害あるいは傷害致死と認定されるとしても，殺人で検挙された少年が71人から110人に増えたというのは，「凶悪化」を根拠づけるには十分な資料である。資料収集段階でこのような操作がなされていれば，時系列的比較から，現実の犯罪動向の変化を推測することはきわめて困難となる(15)。

　2000年の被害者数は，前年より13.3％増加して210万人台，被害者率（人口10万人あたりの被害者数）は，男子が2,141人，女子が1,096人であった。人身犯については，死傷者全体が前年より41.2％増え，2万9,000人から4万1,000人になった。しかし，死亡者数は，1万3,000人台でほとんど変わっていない。重傷者は3,337人で27.8％増えている。全体の88.6％を占める軽傷者が44.7％増えている(16)。また，性犯罪の被害者は，1999年と比較して，強姦罪で21.7％，強制わいせつが38.6％増えた。被害者の意識向上が，認知件数を増やしていると推測される(17)。

　このように，暗数の存在を前提にすれば，検挙件数だけを根拠に犯罪が増加していると断定するのには無理がある。

2　犯罪者の増加？　〜刑事施設の過剰収容〜

(1)　犯罪者は増えているか？

　2000年と1995年の主な指標を比較してみたのが次頁の【表1】である。
　検察庁における新規受理人員は，217万人で8％しか増えていない。たしかに，刑法犯は，115万人で25％増えている。これに対して，特別刑法犯は，102万人で6％減っている。検察庁の終局処理人員も8％程度増えているが，不起訴人員が31％増え，起訴人員が5％，家裁送致人員が3％減っているので，裁判所の刑事部門の負担はあまり増えていな

【表1】2000年および1995年の犯罪および犯罪者に関する指標の比較

	2000年	1999年比*		1995年の実数と指数[100]**		
【刑法犯の検挙率】	42.7%	7.9%	▽	57.7%	▽	74
〔認知件数〕	3,256,109件	352,058件	▲	2,435,983件	▲	134
〔検挙件数〕	1,389,410件	80,299件	▽	1,406,213件	▽	99
【刑法犯検挙人員】	1,160,142人	80,035人	▲	970,179人	▲	120
【検察庁受理人員】	2,174,867人	5,705人	▽	2,008,948人	▲	108
〔刑法犯〕	1,146,403人	113,226人	▲	916,764人	▲	125
〔特別刑法犯〕	1,028,464人	118,931人	▽	1,092,184人	▽	94
【検察庁終局処理人員】	2,181,473人	16,530人	▽	2,028,491人	▲	108
〔起　訴〕	1,035,182人	104,152人	▲	1,084,122人	▽	95
公判請求	122,805人	8,903人	▲	94,833人	▲	129
略式請求	912,377人	113,055人	▲	989,289人	▽	92
〔不起訴〕	884,700人	87,630人	▲	673,477人	▲	131
起訴猶予	842,106人	95,811人	▲	637,254人	▲	132
その他	42,594人	8,181人	▽	36,223人	▲	118
〔家裁送致〕	261,591人	15,494人	▽	270,892人	▽	97
【全事件裁判確定人員】	986,914人	103,787人	▽	1,031,716人	▽	96
無期懲役	59人	11人	▲	35人	▲	169
有期懲役	73,184人	6,117人	▲	56,781人	▲	129
有期禁錮	2,887人	274人	▲	2,376人	▲	122
拘　留	81人	0人	－	34人	▲	238
【新受刑者】	27,498人	3,002人	▲	21,838人	▲	126
【1日平均収容人員】	58,747人	4,770人	▲	46,535人	▲	126
〔死刑確定者〕	53人	－	－	57人	▽	93
〔受　刑　者〕	47,683人	3,573人	▲	38,013人	▲	125
〔未決被拘禁者〕	10,637人	1,168人	▲	8,283人	▲	128
被　告　人	10,525人	1,186人	▲	8,169人	▲	129
被　疑　者	112人	18人	▽	114人	▽	98
（代用監獄）	(10,572人)	1,068人	▲	(6,408人)	▲	(165)
〔労役場留置〕	366人	55人	▲	178人	▲	206
〔そ　の　他〕	7人	3人	▲	4人	▲	175
【出所人員】	25,075人	738人	▲	22,197人	▲	113

（法務総合研究所編『犯罪白書』より作成）
*1999年比は，同年の数字と2000年を比べた場合の増加（▲）および減少（▽）を示している。
**2000年の数字を1999年を100とする指数で示した。

いように見える。ただし，公判請求人員が9万人から12万人へと29％増えているから，これまでより裁判所は忙しくなっていると推測される。

全事件裁判確定人員を見ると1999年より，10万人（5％）減少しているのに，自由刑は増加している（無期懲役23％，有期懲役9％，有期禁錮10％）。懲役の執行猶予率は60％程度でほぼ一定なので，実刑の実数が増えていることになる。

(2) 刑事施設の過剰収容

過剰収容とは，収容定員以上の被収容者が刑事施設に収容されていることを意味する。ここ10年間の刑事施設の収容に関する指標を整理したのが，下の【表2】である。いずれの指標も，1995年頃から増加しはじめ，1999年以降の上昇カーブが急である。2001年度の刑事施設の収容定員は64,727人。2001年11月末の速報値によると被収容者は65,311人であるから，収容率は100.9％（既決が109.4％，未決が74.5％）である[18]。

未決の収容率が低い理由は，本来，拘置所に収容されるべき被疑者・被告人が警察留置場に収容されているからである。1995年の一日平均の未決被拘禁者数の推計値は14,691人，2000年は21,209人であるから，44.4％増加している。特に，代用監獄の被収容者は65％も増加している[19]。

(3) 刑務所の収容状況

刑務所人口の増加は，新たに収容される受刑者の増加と執行刑期の長期化によってもたらされる。検察庁の新受理件数はあまり変化がないが，交通業過を除く刑法犯と薬物事犯の起訴率が上昇している。起訴率の上昇は，覚せい剤事犯，窃盗，強盗，強制わいせつにおいて顕著である。起訴事件においては，公判請求件数が増加している。執行猶予率や仮釈放取消率には大きな変化は認められない。覚せい剤事犯を中心に判決の長期化が認められる。仮釈放率および仮釈放者の刑の執行率については，ほとんど変化はない[20]。

1980年代末から1990年代半ばまでは，有罪人員の増加を執行猶予の増加によって相殺していたため，新受刑者はあまり増えなかった。ところ

【表2】刑事施設の収容に関連する指標の推移（1991～2000年）

年次	1991	1992	1993	1994	1995	1996	1997	1998	1999	2000
1日平均	45,749	44,876	45,057	45,573	46,535	48,395	50,091	51,986	53,947	58,747
前年比	-5.2	-1.9	0.4	1.1	2.1	4.0	3.5	3.8	3.8	8.9
［指数］	[100]	[98]	[98]	[100]	[102]	[106]	[109]	[114]	[118]	[128]
年末収容	45,193	45,082	45,525	46,120	47,398	49,414	50,897	52,713	56,133	61,242
前年比	-3.6	-0.2	1.0	1.3	2.7	4.3	3.0	3.6	6.5	9.1
［指数］	[100]	[100]	[101]	[102]	[105]	[109]	[113]	[117]	[124]	[136]
収容定員	63,833	63,773	64,151	64,571	65,173	64,770	64,404	63,625	64,164	64,194
［指数］	[100]	[100]	[100]	[101]	[102]	[101]	[101]	[100]	[101]	[101]
収容率	70.8%	70.7%	71.0%	71.4%	72.7%	76.3%	79.0%	82.8%	87.5%	95.4%
入所人員	44,463	44,615	46,655	48,129	47,995	50,397	51,192	50,893	53,593	58,201
［指数］	[100]	[100]	[105]	[108]	[108]	[113]	[115]	[114]	[121]	[131]
出所人員	46,128	44,726	46,212	47,534	46,717	48,381	49,709	49,077	50,173	53,092
［指数］	[100]	[97]	[100]	[103]	[101]	[105]	[108]	[106]	[109]	[115]
入出の差	-1,665	-111	443	595	1,278	2,016	1,483	1,816	3,420	5,109

1日平均は1日平均収容人員，年末収容は年末収容人員，入出の差は入所人員と出所人員の差をそれぞれ表す（『第102矯正統計年報Ⅰ』より作成）。

が，1995年以降は有罪人口が急増したために執行猶予による緩衝機能が働かなくなった。また，新収容者の増加率よりも，一日平均受刑者の増加率の方が大きいので，執行刑期が長期化しているものと推測される。

(4) 判決の重罰化

判決の重罰化の原因は複合的である。凶悪犯罪の増加を挙げる論者もいる[21]。被害者の権利の強調が，人身犯に対する重罰化をもたらしているとの指摘もある。しかし，新受刑者の罪名別構成比中に占める強盗の割合は4.4％，強姦が1.8％，強制わいせつが1.0％であるから，全体の半数以上を占める覚せい剤（26.8％）と窃盗（26.6％）になんらかの変化が生じているとみるべきであろう。

窃盗の検挙者については，50歳以上の中高年齢層が増加し，再犯者と前科者が増えている。このことが，宣告刑期の長期化をもたらすとともに，保護環境がよくないために仮釈放が遅れ，執行刑期の長期化をもた

らしている(22)。覚せい剤の自己使用や所持について、初犯者には懲役1年6月・執行猶予3年、再犯については懲役2年ないしは2年6月の実刑という裁判実務が定着し、初入者の執行刑期が懲役3年6月ないしは4年という処理がパターン化している(23)。そのため、1995年末の覚せい剤事犯受刑者が10,311人（構成比26.8％）であったものが、2000年末には13,831人（構成比27.8％）になっている。

(5) **拘禁刑の長期化**

確定判決のあった刑事裁判の総数は、2000年は前年より10万4,000人（9.6％）減少した。大きく減少したのは罰金刑で、前年より約11万人（10.8％）減少している。しかし、懲役刑、禁錮刑などの拘禁刑は増加している。【表3】からも明らかなように、数は少ないが無期刑や20年を超える最長期刑が増加し、量刑の基準自体が重い方向へとシフトする傾向が見受けられる。

特に、無期懲役受刑者については、【表4】からも明らかなように、新受刑者が急増し、仮出獄者が減って、在所期間が長くなっているので、在所者数が増えている。収容者の質の悪化や不況のために環境調整が困難になっているという事情もあるが、検察庁が意図的に、無期懲役の仮出獄を阻んでいるという事実もある(24)。

(6) **過剰拘禁の影響**

最近、刑事施設での事故がしばしば報じられる(25)。2000年の自殺は10件、被収容者の殺傷は9件、逃走はゼロである。情願、訴訟、告訴・告発などの不服申立件数は、前年度より65.8％も増えている(26)。

2000年の懲罰事犯別受罰人員を調べてみると、総罰件数63,732件で、1995年より36.5％増えている(27)。トラブル増加の原因は、生活環境の悪化にあると思われる。受罰人員の増加がこの程度で収まっているのは、工場での小さなトラブル程度では懲罰にできないほど収容状況が悪化しているとも考えられる。自傷行為の増加（50.8％増）は、既遂には至らぬような自殺企図の増加を示唆している(28)。自傷の原因は、過剰拘禁にともなうストレスだけではないであろう。不況の時代であるだけに、

【表3】確定裁判を受けた者の裁判の結果（1996〜2001年）

	総　数	死刑	無期	20年	15年	10年	5年	3年	1年	有期懲役	禁錮
1996	1,073,227	3	34	21	90	741	2,031	13,712	6,198	59,773	2,446
1997	1,099,567	4	32	21	122	727	2,231	14,019	6,060	61,886	2,321
1998	1,076,329	7	45	30	131	914	2,306	13,937	6,224	63,576	2,350
1999	1,090,701	4	48	20	140	928	2,564	14,821	6,555	67,067	2,613
2000	986,914	6	59	45	178	1,099	2,905	16,829	7,011	73,184	2,887
2001	967,136	4	68	43	220	1,186	3,181	17,164	7,265	75,582	3,003

（法務大臣官房司法法制部編『検察統計年報』より作成）

【表4】無期懲役刑の新受刑者・年末在所者・仮出獄者・平均在所期間（1992〜2001年）

	1992	1993	1994	1995	1996	1997	1998	1999	2000	2001	平均
新受刑者（人）	28	27	33	34	35	32	46	45	60	69	40.9
年末在所（人）	873	883	894	909	923	938	968	1002	1047	1097	953.4
仮出獄者（人）	20	17	19	16	7	12	15	9	7	13	13.5
平均在所（年/月）	19/11	18/01	18/03	20/00	20/05	21/06	20/10	21/04	21/02	22/08	20/05

（法務大臣官房司法法制部編『矯正統計年報』より作成）

将来に展望をもてない受刑者も多い。できる限り、家族との関係を維持し、出所後の不安を少しでも和らげる努力が必要であろう[29]。いずれにせよ、刑務所は危機的な状況にある[30]。

3　二つの刑事政策

(1)　二つの刑事政策

「治安の悪化」が実体のあるものなのかどうかは別として、「マスコミ等を通じて報道される凶悪重大事件や犯行の動機が不可解な事件の発生が、国民に不安を与え、治安に対する信頼に影響を与えている」[31]。犯罪問題に対する市民の不安感と刑事政策をどう政策と結びつけていくかは、すぐれて政治的な問題である。

可能性は2つある。第1の政策は、治安の悪化を自明のものとして、刑罰の一般予防機能を重視し、取締まりを強化する厳罰主義政策である。

警察官，検察官，裁判官などを増員して，大きな司法を目指す(32)。この政策は，大きな刑務所人口を抱えることになるから，刑事司法のコストは膨大なものと成らざるを得ない。

第2の政策は，犯罪の変化を慎重にチェックし，刑罰の特別予防機能を重視して，ダイバージョンを活用しながら，社会復帰のための処遇を開発する寛刑主義政策である。家庭裁判所調査官，法務教官，保護観察官などのケースワークの専門家を増員して，司法の福祉的機能の強化を目指す(33)。この政策は，刑務所人口を抑制し，前科者や再犯者の数を減らすよう努めるから，司法のコストが削減され，これを福祉にまわすことができる。

(2) 覚せい剤事犯への対応

前述のように日本の薬物対策は，厳罰化に向かっている(34)。そのために覚せい剤事犯受刑者が増加した(35)。過剰拘禁で効果的な治療が提供できない現状で依存症者を刑務所に入れていても，出所すればかなりの確率で再使用する。依存症者に必要なのは，治療であって，処罰ではない。保健所，警察，検察，裁判，矯正，更生保護のあらゆる局面で，取締まりと処罰に代替する効果的な治療プログラムが提供できれば，刑務所の人口は，現在の20％程度削減できることになる。そうなれば，余裕のできた刑事司法の資源を重大事件の捜査や被収容者の処遇に充当することができる。

受刑者数で割った1人当たりの1日の収容費は約7,800円である(36)。精神病院の入院患者1人の1日当たりの入院収益は13,100円，外来患者は7,400円が全国平均である(37)。これに対して，薬物依存症からの回復のために自助グループであるダルクの1日当たりのプログラム費は5,300円である(38)。覚せい剤の所持・使用を早い段階で刑事手続きから逸らせば（diversion），刑事司法全体の負担が軽減される。数千円の覚せい剤所持のために高価な公判手続を使用することがいかにコスト高であるかは言うまでもないであろう。

このように覚せい剤事犯の一部の非犯罪化ないしは非施設化は，財政コストの観点からも，きわめて効率的である(39)。

(3) 大きな刑務所政策

2002年9月，名古屋刑務所で，職務執行中の複数の刑務官が，一人の受刑者に暴行を加え，腹部に重傷を負わせたという事件が発覚し，関係者が特別公務員暴行陵虐致傷罪で起訴された。その後，死亡事件も発覚して追起訴され，幹部職員が監督責任をとって懲戒処分を受けた。NPOへの通報を端緒として始まったこの事件は，「刑務官の集団暴行」という見出しで派手に報道され，「人権擁護法案」との関連や事件の隠ぺい工作が指摘され，大きなスキャンダルになった(40)。

財務省は，過剰収容対策として300億円，約3,000人分の補正予算を公共投資施設整備費として支出することを認めた。また，2003年度予算案の概算要求では，新たな刑務所を増築し，定員を約1,500人増やすほか，2005年度を目途にPFI方式で新たな刑務所を建設するという。そのための整備費として，2004年度に約217億円が計上された(41)。果たして，このような「大きな刑務所」政策は有効なのであろうか。

4 「市民的刑事政策」構想

(1) 刑事政策の担い手

伝統的に，刑事政策の担い手は，国家であり，警察・検察・裁判所・刑務所・保護観察所などの刑事司法機関であると考えられてきた。しかし，刑事法の実践場面は，わたしたち庶民の生活の中にある。そして，刑事司法の権力的側面が際立つのは，被疑者，被告人，被収容者，死刑確定者，刑余者，非行少年，外国人，精神障害者，虐待被害者，犯罪被害者などの社会的少数者と刑事司法機関との緊張場面である。

刑事政策の担い手を「市民」という概念で総称することによって，国家からの相対的自律性を確保し，刑事司法システムのアクターの諸利益を具体的に調整する前提が創出される。すべての市民は，人権の享有主体として平等であり，国家機関とは対等な関係にある。対等な主張ができない状況があれば，主張できる環境を整備すべきである(42)。

(2) 国家的パラダイムと市民的パラダイム

「市民の」刑事政策を標榜しても、現実の政策の担い手が国家機関に独占されているのであれば、刑事政策の積極化は、国家機関の権限の肥大化をもたらし、ひいては、その濫用をもたらす。権力を意識しない楽観的な刑事政策は、現実政治に利用される危険性がある。

そのような危険を回避するためには、実践的理論の構築が必要である。研究者も、ひとりの市民として、実践に関わっていく必要がある。伝統的な刑事政策を「国家的パラダイム」と呼ぶとするなら、このような理論と実践を意識した新たなパラダイムを「市民的パラダイム」と呼ぶことができよう。【表5】に2つの対立するパラダイムの基本課題を整理した。

(3) 市民的刑事政策の課題

日本の刑事政策には、差し当たり、以下のような解決すべき優先課題がある。①刑事司法の透明性を高めるために、情報公開と市民参加に能動的に関わっていく必要がある（憲法21条，81条）。法学教育の優先目標は、能動的市民の養成とそのための道具としてのリベラル・アーツの提供である。②日本国憲法が保障する「学問の自由」を活性化させ、科学と憲法の立場からの批判的分析力と建設的提言能力を高めなければならない（憲法23条）。その際、メディアの専横に対する批判的視点も重要である。③経験的・実証的研究から得られた成果を、憲法と近代刑法の価値原理から、批判的に検討し、その問題点を析出すべきである。その際の実践活動は、被疑者・被告人の刑事訴訟法的権利の保障（憲法37条）、被収容者の人権の保障（憲法34条）、死刑の縮減・廃止（憲法36条）など伝統的な刑事司法と関わる位相のほか、犯罪や非行をおかした人たちの社会復帰、犯罪被害者の支援（憲法13条，14条，25条）などの生存の保障の位相にも関わってくる。

(4) NGO・NPOの役割

国家的パラダイムは、その実践活動の場として、犯罪の捜査、訴追、裁判、矯正、更生保護などの国家機関の活動場面に照準を合わせていた。

【表5】刑事政策の2つのパラダイム

	国家的パラダイム	市民的パラダイム
活動の領域	中央政府（国家）中心	地域社会中心
活動の主体	少数の専門家集団	多様なNPO
中心的関心事	国家政策の遂行 刑事政策の国際化	社会病理への対応 地域社会の安全
権限配分	中央集権化	地域分権化
国際化への対応	先進諸国主導型 開発途上国啓蒙型	国際人権活動型 地域発信・市民連帯型
利益代表	政府代表	非政府組織（NGO）
情報政策	集中管理	情報公開
執行のチェック	内部監査	第三者機関
組織運営の原理	能率的管理運営	民主的な合意形成
メリット	迅速・効果的問題解決	穏やかな紛争の修復
デメリット	少数者の切り捨て	迂遠な問題処理
被害への関心	被害者対策	被害者救済
担い手の養成 と教育目標	少数のエリート教育 競争社会での勝利	リベラルアーツとセミプロ養成 相互共助的な連帯
研究の名宛人	国家機関，司法官僚	地方政府・NPO
大量観察	政府内研究（国際比較）	個人研究（実態調査）
事例研究	判例評論	ケース・スタディー
研究過程の重点	正当化のプロセス	発見のプロセス

　市民の参加も，検察審査会制度や少年補導，保護司，BBS運動などの官製市民活動や冤罪救済活動のような権利救済運動しか存在しなかった。国家中心の刑事政策は，国家対市民の対立図式でしか，市民運動を捉えきれなかった。
　しかし，市民的パラダイムは，国際人権運動と連帯するNGOの活動や人権救済のために組織化されたNPOの活動，さらには，当事者自身の救済活動を積極的に評価する。

(5) 市民参加の諸形態

　市民参加の形態には，①政府機関の活動を援助する形態の活動（国家活動補完型），②国家と対立する形態の運動（国家権力対抗型），そして，③国際的な刑事司法改革運動に呼応した新しい市民活動（市民主導型）がある(43)。

　市民主導型の市民参加は，地域社会の具体的要請に応えるために組織され，既存の政治団体やイデオロギーから，相対的に自立した自己準拠的活動理念に依拠しているところのその特徴がある。2度にわたる調査からも明らかになったが，イギリスでは，①人権救済型，②調査研究・政策提言型，③地域運動型などの多様な形態のNGO・NPOが活動している。

　国家との相対的自立によって解放された自由な領域にこれらのグループが主体的に参加することによって，はじめて「市民的」刑事政策の可能性が開かれる。

むすび　～治安重視の大きな刑事司法か？　個人本位の小さな刑事司法か？～

　組織犯罪対策，少年犯罪の凶悪化，覚せい剤事犯への重罰化，被害者への贖罪，触法精神障害者の対策などのスローガンによって，市民の「治安への不安」が慫慂され，日本の刑事政策は，厳罰主義に向かおうとしている(44)。認知件数の増加と検挙率の低下を治安の悪化と結びつけるレトリックで警察官を増員すれば，認知犯罪が増え，犯罪者のレッテルを貼られる人も増えて，過剰拘禁をもたらす。劣悪な収容環境は，出所後の新たな犯罪を産み出し，新たな治安要求が巻き起こる。このような「過剰拘禁のスパイラル」から脱却するためには，犯罪者というラベルをできるだけ回避し，刑事司法システムの負担をコントロールしながら，犯罪をおかしてしまった人への社会的援助を拡充していくことが必要である。そのためには，刑事司法を閉じたシステムとしてとらえるのではなく，医療，福祉，教育などのシステムとの連関の総体のなかで，刑法は「最後の手段（ultima ratio）」であることを確認し，治安重視の大きな刑事司法ではなく，個人本位の適正な刑事司法への途を選択すべ

きではないだろうか。

（1）2001年度版「白書」については、警察サイドからの特集として「特集・犯罪の現場と今後の課題―平成13年版犯罪白書を読む」法律のひろば55巻1号（2002年），矯正と更生保護サイドからの特集として、「特集・平成14年版犯罪白書」罪と罰39巻1号（2001年），および「特集・高率収容時代」罪と罰39巻2号（2002年），「特集・過剰収容下の矯正」犯罪と非行131号（2002年）を参照。
（2）法務総合研究所の外部評価については、法務省のホームページ（http://www.moj.go.jp）の「法務総合研究所研究評価報告」を参照。
（3）犯罪統計は「本来はそれぞれの刑事機関の犯罪対応活動を記録したもの」である。吉岡一男『刑事学（新版）』91頁（青林書院，1996年）など参照。なお、白書の読み方については、拙著『刑事政策のパラダイム転換』41頁（現代人文社，1996年）参照。認知、検挙などの用語については、同書47～48頁の注を参照。
（4）拙稿「犯罪情報の読み方～公的機関に認知されない犯罪を捜査すると～」『アエラムック・犯罪学がわかる』170～173頁（朝日新聞社，2001年）。
（5）滝本幸一＝細川英志「行刑施設の収容動向等に関する研究」『法務総合研究所研究部報告20』（2002年）参照。
（6）『平成13年版犯罪白書』「はしがき」参照。
（7）『平成14年版犯罪白書』「はしがき」参照。同白書については、「刑法犯検挙率23％に悪化」「先進5か国で最下位に転落」（読売新聞2002年11月19日夕刊）というような派手な見出しで報じられたが、警察庁から、統計上の誤りがあるとの指摘を受け、法務省は「異例の訂正」を行った。警察関係者は、「日本の統計では、交通事故を除く刑法に違反するすべての犯罪が対象となっているため、落書き（器物毀棄）や自転車泥棒（占有離脱物横領）、酔っ払いのけんか（傷害等）も『1件の犯罪』として発生件数に計算される」が、アメリカの連邦統計では、殺人、強盗、強姦など7種の「指標犯罪」だけが統計の対象とされ、放火なども対象となっていない。また、殺人罪の事件数についても、被検挙者をカウントするのか、被害者をカウントするのかで、件数の計算は異なってくる。「単純に刑法犯全体の検挙率を比べても実情を反映した統計にはならない」と指摘している。このような指摘は、国家間の検挙率比較だけでなく、国内の犯罪統計の動向分析にも妥当する。認知基準の変化で認知件数は変化するので、検挙件数との比較で算出される検挙率の変化が、即、捜査能力の不足と直結するものではない（日本経済新聞2002年11月20日夕刊）。
（8）「刑法犯の認知件数・検挙人員・発生率の推移」『平成14年版犯罪白書』3～

4頁参照。
（9）庵前幸美「平成14年版犯罪白書の概要」刑政113巻12号122〜131頁〔132頁〕（2002年）。
（10）前田雅英は，検挙率の低下について次のように述べている。「検挙率の低下は犯罪率の増加に対して警察官の増員がなされてこなかったことによりもたらされたのである。さらに週休二日制の定着がその傾向を加速したといえよう。犯罪白書が明示したように，この四半世紀，犯罪は増え続けているのである。検挙率を規定しているのは，前述の検挙率の地域差からも推定できるように，基本的には担当者一人あたりの事件数なのである。そして，特にコストのかかる凶悪犯と外国人犯罪が平成に入って増え続けたことが平成の検挙率の低下の主因といってよい。日本人に比し，自白をしない外国人の犯罪の多い県は検挙率の落ち込みも激しい。検挙率の低下を警察の能力の低下と見るべきではないことだけは確認しておく必要があろう」（同「増加する犯罪と犯罪者」法律のひろば55巻1号4〜10頁〔9頁〕〔2002年〕）。同「犯罪の増加と刑事司法の変質」罪と罰39巻1号5〜12頁（2001年）も参照。
（11）「犯罪増加と検挙率の低下が進行すれば，我が国の治安状況は危機的なものとなる。それを防ぐためにまず考えられるのは，警察官の増員である」ということになる（前田・前掲注〔10〕法律のひろば論文10頁）。
（12）滝本＝細川・前掲注（5）12〜13頁。なお，浜井浩一「過剰拘禁の本当の意味」矯正講座23号79〜137頁〔102頁〕（2002年）も参照。
（13）片桐裕「警察改革の経緯と概要」警察学論集54巻8号1〜36頁〔29頁〕（2001年）。2001年度には2,580人，2002年度には4,500人の増員が見込まれている。

『警察刷新会議・緊急提言』は，「時代の変化に対応する警察を目指して」において，警察は，現在の定員を最大限に機能させるため，組織の見直しと合理化を進めながら，国民の日常生活・地域に密着した警察活動や複雑・多様化する犯罪への対策に警察活動の重点を置くため，合理化によって業務量の減少した分野の人員・予算をシフトさせるべきであるとする。その上で，現在の警察官1人当たりの平均負担人口556人を欧米諸国の300〜400人程度に接近させるため，「徹底的な合理化が進められることを前提に，国民のための警察活動を強化するため，当面，警察官一人当たりの負担人口が500人となる程度まで地方警察官の増員を行う必要がある」としている。そこでは，ニューヨーク市のジュリアーニ市長が警察官を1万人増員し，殺人，強盗，傷害，窃盗の件数を半分以下に減少させた例を挙げ，「安全はただでは買えない」ことを強調している。
（14）『平成13年版犯罪白書』188頁。
（15）石塚伸一「日本の無頼な10代 "JAPAN'S TOUGH TEENS"」学術の動向6巻9号30〜34頁〔32頁〕（2001年）。

(16) 『平成13年版犯罪白書』108〜109頁。なお，警察統計で重傷者とは全治1ヶ月以上の者をいう。したがって，軽傷か重傷かは医師が診断書をどう書くかに依存する側面がある。

(17) 2000年に実施された国際犯罪被害実態調査（International Victimization Survey：IVS）によれば，世帯被害の申告率は，自転車損壊（21％），自転車盗（36％），車上盗（41％）で低く，バイク盗（70％），自動車盗（61％）で高い。個人被害では，性的暴行（11％），暴行・脅迫（21％）の方が，窃盗（39％），強盗（41％）より低くなっている。『平成13年版犯罪白書』112〜119頁参照。

　　　窃盗の被害通報は，かならずしも被害届の受理を意味しない。同じアパートの数部屋に窃盗に入られて，大家さんだけが被害届を出せば1件であるが，住人すべてが届けを出せば数件である。いわゆるストーカーを男女関係の「もつれ」とみるか，脅迫や暴行とみるかは，現場の裁量に委ねられるところが大きい。

(18) 梅崎裕一「行刑における過剰収容」犯罪と非行131号23〜40頁〔24頁〕（2002年）。なお，児玉一雄「行刑施設における過剰収容の現場とその対策について」罪と罰39巻1号23〜37頁〔25頁〕（2001年）も参照。

(19) この間，代用監獄の収容者数も急増しているので，2000年の代用監獄収容者の推計を加えた1日平均被収容者69,319人を刑事施設全体の収容定員で割ってみると108.0％という収容率が出てくる。

(20) 新受刑者の増減に影響を与える要因は，①検挙・送致人員，②起訴率・公判請求率，③実刑率・執行猶予率，④再犯率（仮釈放取消率）などである。執行刑期の長期化に関係するのは，①言い渡し刑期，②仮釈放率・刑の執行率などである。浜井浩一「増加する刑務所人口の背景要因と刑事政策的意味についての一考察」『日本犯罪社会学会第28回大会報告要旨集』27〜31頁〔28〜29頁〕（2001年）参照。

(21) 木村光江「行刑施設における過剰収容の原因」刑政113巻3号26〜35頁〔30頁〕（2002年）。

(22) 『平成13年版犯罪白書』327頁。

(23) 第一東京弁護士会刑事委員会編『量刑調査報告集』46〜56頁（2000年8月）参照。

(24) 『特に犯情悪質等の無期懲役刑確定者に対する刑の執行指揮及びそれらの者の仮出獄に対する検察官の意見をより適正にする方策について（依命通達）』（最高検第887号平成10年6月18日）は，無期懲役刑に処せられた者は，昭和40〜50年代には，大半が受刑期間18年以内で仮出獄されていた。近時，受刑期間が長期化しつつあるものの，有期懲役刑の最長期である20年を下回る者が相当数を占めており，仮出獄中に再び重大事件を犯すなどの事例も散見されるなどの実情があるので，検察官は「従来の慣行等にとらわれることなく，相当長期

間にわたり服役させることに意を用いた権限行使等をすべきであるので，これらの者に対する刑の執行指揮をより適正に行い，また，仮出獄審査に関する刑務所長・地方更生保護委員会からの意見の照会に対する意見は，より適切で，説得力のあるものとする必要がある」との通達を出している。

(25) 名古屋刑務所暴行事件については，拙稿「法律時評・日本の刑事司法の健康診断―刑務所における職員の暴行事件の教訓―」法律時報75巻3号1～5頁（2003年）参照。

(26) 『平成13年版犯罪白書』85～86頁。

(27) 2000年の懲罰事由を見てみると，被収容者に対する殺傷・暴行は，2,854件から5,372件に増えている（88.2％増）。喝窃食は134件から329件（145.5％増），怠役は1,654件から4,177件（152.5％増）に増えている。職員に対する殺傷・暴行は627件から661件（5.4％増），抗命は2,415件から2,917件（20.8％増）にとどまっている（いずれも数字は『矯正統計年報』）。

(28) 2000年の主要懲罰事犯は33,820件。2種以上の懲罰を併科されたケースの懲罰数29,912件を加えると63,732件が総懲罰件数である。1995年の主要事犯が25,173件，総懲罰件数が46,687件であるから，それぞれ34.4％，および36.5％増加したことになる（いずれも数字は『矯正統計年報』）。

(29) 刑事施設を訪問し，その実情についてうかがうと，出所後の生活に不安を抱き，展望をもてずにいる被収容者が増えているという。東京で犯罪をおかした人が，北海道の施設に収容されるような広域収容が一般化している。家族との関係を維持するため，家族の面会のための旅費を補助する制度などを検討すべきではないだろうか。

(30) 矯正施設の窮状については，鶴田六郎「巻頭言・過剰収容時代の矯正運営」罪と罰39巻1号1～4頁（2001年），千葉守「増加する犯罪と犯罪者」同誌13～19頁，児玉一雄「行刑施設における過剰収容の現場とその対策について」同誌23～37頁，千葉武「犯罪者の社会復帰をめぐる仮釈放運用上の諸問題」同誌38～45頁，立谷隆司「犯罪動向と受刑者の特性の変化」刑政112巻4号40～47頁（2001年），「座談会／処遇現場の課題―首席が語る過剰収容対策―」刑政113巻1号31～65頁（2002年），梅崎裕一「行刑における過剰収容」犯罪と非行131号23～40頁（2002年），浜井浩一「増加する刑務所人口と犯罪不安」同誌57～91頁など参照。

(31) 『平成13年度版犯罪白書』187～188頁。

(32) 木村・前掲注(21)は，「凶悪犯の認知件数の増加が続き，裁判所の科刑判断も治安の悪化の中で穏やかになるとは考えにくい以上，行刑施設の収容人員の増加は必至である。検挙率の低下を『期待する』ことが許されない以上，それを見越した対策が急務となっている」(31頁)。「当面の対策としては，……犯罪の特別予防を担う矯正施設では，人員の増加を含め積極的な対応が急務」で

あるとする（34頁）。「特集・今，求められる刑事司法」法律文化2002年2月号1〜35頁は，このような立場からの特集である。前田・前掲注（10）法律のひろば論文も参照。
(33) 拙稿「司法制度改革と犯罪者の処遇」『法律時報増刊・シリーズ司法改革Ⅲ』181〜184頁〔184頁〕（日本評論社，2001年）参照。
(34) 『平成13年版犯罪白書』264〜282頁。
(35) 1995年末の覚せい剤事犯受刑者は，10,331人であったが，2000年末には13,831人で33.9%増加した。男子で26.8%，女子で45.9%を占める。そして，そのほとんどが，所持または使用の受刑者である。なお，高橋靖「薬物犯罪の現状と対策」法律のひろば55巻1号25〜31頁（2002年）参照。
(36) 矯正官署の運営費，収容費，作業費，施設費などを合算し，これを受刑者数で割った一人当たりの年間経費の約284万円を365日で割った数字である。
(37) 全国平均の1日平均収益は，入院患者13,145円，外来患者7,436円である（『平成11年度地方公営企業年鑑』）。診療報酬レセプト1件当たりの入院患者平均点数（1998年6月現在）は，一般病院34,445点（1件当たり15.3日），精神病院は26,600点（1件当たり29.3日）で，1日当たりの請求額は，一般病院19,099円，精神病院8,112円である（精神保健福祉研究会監修『平成12年版・我が国の精神保健（精神保健福祉ハンドブック）』94頁〔厚健出版，2001年〕）。なお，1999年6月末現在の覚せい剤による精神および行動の障害により入院している患者の数は，867人である（同書522頁）。
(38) 薬物依存症からの回復のための自助グループであるダルクの1ヶ月のプログラム費が16万円であるから，1日当たり約5,300円である。近藤恒夫他「ダルクの施設調査研究」内村英幸『薬物依存・中毒者のアフターケアに関する研究（平成10年度研究報告書）』77〜118頁〔80頁〕。1998年に13の施設に入所・通所した人は272人中，依存対象薬物が覚せい剤の人が44.5%，有機溶剤が32.4%であった。経済基盤では，家族からの支援を受けている者が54.0%，生活保護受給者が33.8%，自らの収入は2.9%であった〔81頁〕。
(39) 有機溶剤の乱用については，事実上，非犯罪化されているが，治療プログラムが確立していないために，薬物性精神疾患や他種薬物への移行によって，新たな社会問題が生ずる可能性は否定できない。福祉的観点からのプログラムの開発が不可欠である。
(40) 同法案については，http://www.moj.go.jp/JINKEN/jinken83.html 参照。また，その批判については，http://www.mars.sphere.ne.jp/jhrf21/index.html など参照。
(41) 詳しくは，拙稿・前掲注（25）参照。
(42) 新しい刑事政策構想については，拙著・前掲注（3）のほか，拙稿「犯罪者の社会復帰と自助グループの役割〜国家的パラダイムから市民的パラダイムへ〜」法学セミナー548号70〜75頁（2000年），同「刑事政策のパラダイム転換」

刑法雑誌40巻3号299～314頁（2001年），同「刑事政策におけるパラダイム革命（再論）―国家的パラダイムから，市民的パラダイムへ―」龍谷法学34巻2号187～215頁（2001年）など参照。

(43) 拙稿「刑事政策のパラダイム転換」刑法雑誌40巻3号299～314頁〔310頁〕（2001年）。なお，村井敏邦「監獄事情改良と『市民性』―NGOの役割」海渡雄一編『監獄と人権―制度化された隔離と暴力』231～251頁（明石書店，1995年）所収も参照。

(44) 厳罰化の諸方策については，拙稿・前掲注(4)のほか，拙稿「厳罰化と刑罰理論――何故，処罰するのか？」『別冊法学セミナー・法学部でいこう！』68～70頁（日本評論社，2002年）参照。

（いしづか・しんいち／龍谷大学法学部教授）

第2部

実践編
～新しい市民運動を求めて～

少年法「改正」における危機の創出とプライバタイゼーション
もとめられる市民的協同の構想

佐々木光明

はじめに 〜「子ども期」への攻撃〜
1 改正立法審議に求められた視点 〜審議の傍聴から〜
 (1) 立法動機の検証の視点
 (2) 厳罰化メッセージの具体的見通しの視点
 (3) 子どもの実態への接近と想像力
2 改正立法審議で採られた手法
 (1) 「子どもの犯罪」の強調
 (2) 「専門性への疑義」の強調
 (3) 「安全な環境」形成の強調
3 危機の創出と個人への帰責化
 (1) 子どもを支える諸力への関心の喪失
4 「威嚇」が生み出す社会的関係の構図
 (1) 世代間不信と「力」による関係
 (2) 絶望の低年齢化
5 「威嚇」の液状化
 (1) 厳罰化論の表出
 (2) 「暮らし」における威嚇の顕在化
6 市民による社会的協同と実践の尊重
 (1) 子どもとの社会的関係作り
 (2) 子どもの育ちへの関わり
むすびに代えて

はじめに　～「子ども期」への攻撃～

「子どもの世紀」といわれた20世紀。大人とは異なる未熟な存在として「子供」を保護―管理する社会的意識とシステムが，広く制度化されてきた。しかし，20世紀末，とりわけ90年代に入り，子どもという社会的存在（教育的・福祉的関わりの対象）への，またいわゆる子ども期そのものへの批判・攻撃が強く示されるようになっていた。凶悪化する少年犯罪，不登校や学級崩壊の深刻化，引きこもり，援助交際，モラトリアム等の言説は，「長すぎる子ども期」，「社会的危機と不安を誘発する子ども」としてそのネガティブな行為を強調しつつ，子どもを差異化してとらえることに対して攻撃を強めた。それらは，やってることは大人と同じだ，子どもといえど責任をとらせるべきだなど，子どもの資質や責任を積極的に追求し，子ども問題を機にした社会的危機の克服の必要性を強調し，それを制度論として広く展開しはじめた。なお，子どもも一人の消費者市民として位置づける現代にあっては，「自己決定」と「自己責任」の論理が，一方で子どもの大人化論を支えることとなった。

こうした大きなうねりのなかで少年法の基本的見直しが提起され，「改正」論議が展開されたのである。なお，先の子ども存在に対する批判の論理は，子どもが自らの権利を自覚できる社会的機会が十分に保障されていないにもかかわらず，責任と自己の資質を問われてしまうアンフェアな強者の論理である。しかしそれは，子どもの危機を生む背景と構造に切り込む視点を持たない平面的な立論でありながら，少年法改正の局面でも大きな影響を及ぼすことになった。なぜなのか。その疑問を抱えつつ，2000年の少年法改正論議の持っていた意味を考える必要があろう。

2000年11月の少年法改正の立法提案者は，「社会を震撼させる少年による凶悪かつ重大犯罪」が「深刻な局面」を迎え，少年犯罪が現代日本社会の基盤を看過しえないほどに揺るがしているとした(1)。少年犯罪の凶悪化・低年齢化，法的処分選択の機能不全などの立法事実を提起しながら進んだ改正論は，その基層に「規範意識が希薄で理解不可能」な

「モンスターとしての子ども」像をかかえていた。改正論者は，早急な社会的解決能力を示すことが市民的安心と求心力を高めるとした。

では，改正推進の基礎になっていた子どもの危機論は，どのようなかたちで立法審議の俎上にのぼったのだろうか。そして「非行」と「子どもの危機」の実態が検証可能な形で提起されたのか，「本来，何が立法過程として必要なのか」，そうした観点から立法審議のあり方を再確認し，問題点を確かめていくことにしよう。また，改正論議によって生起した社会思潮を検証しつつ，市民の社会的協同によって少年司法と地域社会の関わりを再考する契機ともしたい。

1 改正立法審議に求められた視点　～審議の傍聴から～

2000年11月28日の第150回国会衆議院本会議場。空席の目立つ傍聴席から，参議院での付則の修正後，回付された「少年法等の一部を改正する法律案」の採決に立ち会った。賛成議員が修正点についてどこまで認識しているのか確認するすべはないが，ものの1分と要せずに賛成挙手多数で改正少年法は可決，成立した。立法提案者の一人であり少年の規範意識の希薄さとキレやすさに最も警鐘を鳴らしていた議員が，本会議でキレてしまい，議員としての規範意識を欠いた行動をとった懲罰案件が同じ本会議場での第一議事日程だったのは，皮肉にも，解決すべき課題に迫ることがなかった今回の改正論議過程を象徴しているように思えてならなかった[2]。

(1) 立法動機の検証の視点

改正審議の全過程を傍聴したが，立法提起者が少年法を「改正」して何を求めていたのか，実は最後まで明確ではなかった。立法動機としては，①少年非行の「凶悪化・低年齢化」とそれへの対処（少年非行に対する一般予防論），②子どもの規範意識の希薄化と刑罰による覚醒の必要性（保護者および少年の責任のいっそうの自覚），③少年審判・家裁への不信感への対処（事実認定手続きの適正化），④被害者への共感と対応の必要性の自覚のひろがり（被害者への配慮）等と要約できるが[3]，

制度論に終始したため基本的な立法事実や少年司法の担い手等に対する検証と課題の焦点化は極めて不十分だった。

　たとえば，発議者は，多くの国民が少年事件に対して不安を持ち，厳しい対処による責任の自覚を求めていることを強調するが，なぜ社会が厳罰を要求するのか，不安の焦点は何か，そうした漠然とした不安や要求の背景について掘り下げた議論が発議者から提起されることはなかった。議員立法だからといって，立法事実の説明責任の所在が曖昧でいいわけはない。

　本来は，問題を抱えている子どもが置かれている実情や，司法・社会のなかにあってそうした子どもと関わる人々の声を聞き取りながら，改正提案された種々の法制度との関連性を検討する必要があったと思われる。この作業は，改正後の少年法の運用にも関わって欠かすことのできないものである。改正論議で欠けていた視点の一つである。

　立法審議にあっては，第一次的な立法事実の説明責任は提案者にあることを明確にしておくべきだ。また，その数値データは，市民の立法過程へのアクセスを保証するためにも，広く公表されるべきだろう。

　改正によって何を変えようとしたのか。少年非行問題，少年審判運営の対症療法としての改正だったのか。それとも，社会の少年審判への信頼回復になる根治療法だったのだろうか。立法アセスメントが必要だったかもしれない。改正の評価をめぐる法的議論が出てきているが，運用のあり方にも関わって多様な観点からの検証が求められる。

(2) **厳罰化メッセージの具体的見通しの視点**

　社会が子どもに向けて発する「厳罰化」のメッセージは，単に「法改正」の論議にとどまるものではない。また，改正で初めて具体化するものでもない。その議論を支える思潮の基本的性格を見通し，それが現実にどのような形で立ち現れたのか検証しておくことは，立法論議のあり方，とりわけ法案の基本的問題を考える契機になると思われる。改正少年法の刑罰化・重罰化傾向は，少年処遇を含めて少年司法のありようを大きく変える要素を持つだけでなく，社会的な「子ども観」を大きく変えることにつながる。子どもという存在を丸ごと受けとめ，その子ども

が抱えている問題に大人社会がともに向き合うことを少年法の理念は示してきたが，厳罰化の発想は行為の結果に注目するだけに，それを目安に子どもを選別し，結局，より深い問題を抱えた子どもを切り捨てかねない。さらに威嚇と制裁による問題の解決姿勢の正当化は，子どもに「力による解決」を教えることにほかならない。

　そうした社会を指向した選択を，法改正という形で我々は行なったのだ。改正後，具体的にどう踏み込むかの岐路にあって，少年法の運用状況ならびに問題を抱えた子どもへの多様な人々の取り組みと関わりを知ることが不可欠だろう。わたしたちの想像力が問われてもいる。

(3) 子どもの実態への接近と想像力

　改正法では，威嚇と抑止効果を理由にして，一定事件につき年少少年（14，15歳）を刑事処罰の対象にした。しかし，14，15歳という時期の子ども存在への想像力・洞察力に欠けてはいないだろうか。思春期の子どもの特性が，成長期の不安定ななかにあって，攻撃性と脆さを持っている点にあることは，多くの教育関係者，精神医学関係者が指摘するところだ。身近な中学生のことを考えてみてほしい。彼らの生活世界に，社会との接点がどれだけあろうか。情報があふれるなかで，自分という存在を社会のなかで位置づける機会はそう多くない。

　自分を大切にする権利を体感し学ぶ前に，責任の自覚だけがことさら強調されがちななかにあって，自分を保つことに必死な世代が見えてくる。自分と自分を取り巻く状況に絶望しつつ，死へ（自死にしても他害事件にしても）と自らを追い込んでいく事件が後を絶たない。

　そうした世代の犯罪・非行に対して改正前の少年法は，教育的福祉的な対応をすることが，ひいては社会の安全につながるものとして，課題を抱えつつもノウハウを蓄積してきたともいえる。子どもの抱えた問題に刑罰で対応しようとする改正法は，子どもが絶望から抜け出る機会を早期に潰してしまいかねないのではなかろうか。

　提案者は，「悪いと知りつつ犯罪を行う少年には，刑罰があることを知らしめることが大事だ」という。西鉄バスジャック事件の少年が残したメモを例にしつつ，この点を盛んに強調し，改正への世論の共感はこ

こにあるとした。例示した事件は，年少少年ではないが，一般的にもそうしたいい方が流布している。しかし，2000年9月の法務省の調査で，施設収容されている少年の8割近くが，少年法を知りつつ非行の犯罪を犯しているわけではないとしていた。また，刑罰が重くなったら非行は減るのかとの問いに対して，多くは否定的であることが明らかになった。

立法事実，すなわち基本法を変える理由の精確な検証もせずに「子どもには罰があることを知らしめ，罰の存在で規範的意識を持たせる」と，政治家のむき出しの価値観を法律に押し込めることは，大人の傲慢さ以外のなにものでもないだろう。子どもが責任を自覚する時とはどのようなときなのか，社会が思考を深める機会はまだ十分ではない。

2 改正立法審議で採られた手法

改正審議に欠けた先の3つの視点は，立法プロセスに不可欠な視点であり，そのそれぞれが活きるような科学的論議を可能にする立法過程の研究が必要だろう。

審議のあり方とは別に，今回の改正審議において従来の改正提起のあり方と異なっていた点をあげておく。そこから，今回の改正論の基調を伺い知ることができる。少年法改正要求と政府の取り組みはこれまでにもあった。それでも法改正は見送られてきた。現行少年法の理念とそれを支えた社会的意識が強かったともいえよう。

(1) 「子どもの犯罪」の強調

第1は，子どもの「犯罪」という用語法の強調である。少年「非行」という用語法は，社会的関係・構造の中から生起してくる子どもの逸脱行動として法理論上も制度上も一定の意味を持ってきた。しかし，改正論議のなかで改正推進論者は非行という用語をあえて使用せず，「少年犯罪」という用語法のなかで少年事件の凶悪化，低年齢化を提起した。マスコミもその用語法には，あまり注意を払うことはなかった。子どもの事件であっても，「犯罪事件」として一般化してしまいがちだ。

その用語法の背景には，大人と同様に「自己の責任」を問える子ども，

すなわち刑罰的対応が可能な存在という、子ども観がある。

しかし、こうしたイメージと論理の進行によって、子ども存在への社会的関心が薄くなり、「子どもの何が守られるべきなのか」という思考の深化を阻むことになった。現代社会に「子どもはもういない」、という表現に端的に象徴されるだろう。こうした思考のなかで、責任の評価基準は「外形的な行為の結果」になるだろうし、畢竟、少年法の刑事法化が進むことになる。

(2) 「専門性への疑義」の強調

第2には、子どもの非行に関わる専門性・専門家への疑義が強調されたことである。

少年法改正論議の端緒は、山形マット死事件での山形家庭裁判所と仙台高等裁判所での事実の判断が異なったことを機にしている。その改正論議の初期は、「事実の解明」の機関とされてきた裁判所への素直な疑問と不信であった。しかし、一審で非行なしとされた少年に対し「怪しい（灰色）」と乱暴な判断をした仙台高等裁判所の事実認定のあり方への疑問ではなく、家裁の「事実認定のあり方」、審判手続き問題として問題が再構成され、家裁の司法機関としての専門性への疑義として採り上げられた。家庭裁判所に対する認知度の低いなかでの疑義であり、また従前からの家裁の説明責任の自覚希薄さからのツケでもある。

家裁に対する「司法機関としての疑義」に対して、法律家集団としての法曹界は、事実認定機能の強化として「検察官関与」をもりこんだ政府提案の法改正案を上程したが、同法案が2000年5月に廃案となったのは周知の通りである。しかし、家庭裁判所への不信は、家庭裁判所の子どもに関する専門機関としての信頼の揺らぎでもあり、司法的福祉的機能への関心の喪失と連動した。

こうした動きは、少年の凶悪化と年長少年の特別な処遇をもっぱら強調してきた従来の改正提起の文脈とは異なるものだった。子ども問題の専門性について機能限定化論（凶悪事件など司法に乗せるべき少年とそうではない少年との二分論）を導くには充分だった。子どもの問題の指標を結果の重大性に置く動きは加速することになる。

また，残虐な少年事件が連続したこともあって，不安の高揚と被害者と家族の声の高まりのなかで，法による対処を要求し，逆送の件数をもとに「刑罰を有効に活用していない家裁」「非行にアマイ家裁」として，少年非行抑止の専門機関としての家裁（少年法）への疑義も高揚した。結局，非行の結果の軽重による二分論が，わかりやすい形で立法化されたことになる。
　非行の自覚の契機と再社会化へ向けた法制としての少年法の理念，立ち直りに向けた社会的支援のあり方を構想する社会的モチベーションは衰退の危機にある。

(3)　「安全な環境」形成の強調

　なお，第3に，犯罪を生み出さない安全な「環境」形成の必要性が強調されたこともみのがせない。
　少年事件に対する不安の高まりは，危険な子どもへの強い対決・対応姿勢要求だけでなく，人々の子どもの行動一般への統制要求も引き出してくることになった。こうして，法改正は，非行問題に地域社会が主体的に関わる機運を結果的に失っていくことになる。この間警察は，地域と教育領域での総合的子ども対策の展開を積極的に担い，秩序形成のリーダーシップをとると，総合政策官庁への脱皮を鮮明にしている。
　「子どもの犯罪」，「専門性への疑義」の問題は，家裁の将来構想のなかであらためて検討することも必要だろう。

3　危機の創出と個人への帰責化

(1)　子どもを支える諸力への関心の喪失

　刑罰的「威嚇」による効果を少年非行に求めようとする思惟の社会的基層への浸潤は，非行問題に関わる社会的資源とモチベーションの衰退化と密接である。
　改正提起の具体的な声は，「現代の『安定したゆたかな社会』を脅かし，その規範的基盤を崩しているのは少年犯罪だ」とする専門家・研究者の言説[4]，少年犯罪は市民の不安感を高め，それに対する対処機能を

法システム（家庭裁判所等）は失っているとした政治家の言説(5)のなかに表れ，日本社会の規範的統合機能の危機を強調した。そこでは，「規範意識を失いはじめた少年」，「反省も謝罪もない少年」に対する「責任の自覚化」と「贖罪」の徹底が強調され，「刑罰」の教育的効果が検証されることなく説かれた。社会的耳目を集めた少年事件を機に広まった不安感を背景にして，少年非行の凶悪化，規範を喪失した子どもという「危機の創出」は，それにともなって処方された厳罰化と必罰化を下地にして，「威嚇」を社会的基層にまで浸潤させていった。

「必罰化」は，非行少年の言い逃れ等を逃さないというメッセージの実効性を担保するものであり，ウソを許さないという社会的規範システムが機能していることを表明する役割を担うことになる。

そうした動きは，非行少年の更生を支援する社会的資源とモチベーションを衰退化させる契機となった。子ども個人への帰責の論理は，ときとして，子どもの置かれた状況と子どもの立ち直りに関わる社会的諸力への関心を失わせてしまうことになる。非行の背景を検証することによって将来的な非行抑止政策の選択肢を増やすことへの関心，更生に係る社会的資源の多様性の確保とネットワークへの関心は，どうしても希薄になりがちなのである。

危機の論理は，その手法として安全を脅かす「個人」を強調し，「個人責任の自覚」を訴えた。子どもの権利論とパラレルに，子どもであっても正邪の自覚は充分可能であるとして，行為規範を認知したなかでのあくまで自己決定とし，「責任をとる」ことを要求した。そして，単純化された裸の侵害原理の徹底は，一方で規範意識・倫理観・公共の精神の再形成の必要性を強調することになった(6)。

自己決定と責任の自覚の論理は，「個人への帰責」化―プライバタイゼーションの思潮をより強めることになり，それが社会的「安心の享受」の条件とされた。しかし，子どもの問題への社会的不寛容さ，立ち直りや支援に関わる社会的資源への関心の希薄化，そして問題を生み出す社会的構造への等閑視はより進むこととなった。

なおまた，厳罰化要求の補助線となった「被害者の視点」は，被害者及び家族の救済・権利保障の課題とともに，当事者関係的な問題解決に

つき，刑事・少年司法のあり方に大きな影響を与えた。しかし，立法過程・立法後でも被害者感情への組み替えが行われがちで，新たな視点の提起はゆらぎがちでもある。たとえば，公的付添人制度をめぐる議論で，犯罪を犯した少年に対する扶助制度は被害者感情からも容認できないとし，その制度構想の帰趨は少年法の基本的理念を変えかねないだろう[7]。

4 「威嚇」が生み出す社会的関係の構図

(1) 世代間不信と「力」による関係

　改正法では，少年審判に検察官を関与させるとともに，刑事処分適用年齢を16歳以上から14歳以上へと引き下げ，殺人，傷害致死その他故意の犯罪により人を死亡させた16歳以上の少年の事件については，原則として刑事処分を適用することなどを内容としている。今回の改正では，たとえば，検察官関与について22条の2第1項1号で故意の結果による死亡事件の場合，2号で死刑又は無期若しくは短期2年以上の懲役若しくは禁錮と規定しているが，殺人未遂や強盗などは2号でカバーされるにもかかわらず，今回新たに入った1号はその役割を果たすことがほとんどないように思われ，過去の少年法改正に関する法務省のいくつかの提案と比較しても，際立った厳罰主義を示すものだろう。

　この姿勢，「ガキども，大人の社会をなめるなよ。これまでと違って甘い顔せず，刑務所にだってぶち込むぞ」という声が聞こえてきそうだ。つい，「まあそれも一つか」と思いがちだが，そうした発想のもとで現実に何が起きているかを冷静に考えて欲しい。威嚇は，生活世界の中では「ナメられてたまるか」という感情に置き換えることができる。子どもたち自身が，ナメた，ナメられたで喧嘩をエスカレートさせていきがちなことはよく聞くことだ。威嚇で人の優位に立とうとするのは，彼らの特徴でもある。改正を進めた基本的な考え方は，そうした事態を少しでも変えることができるだろうか？　かえって助長しかねないのではないだろうか。

　子どもに関わる事件を思い起こして欲しい。1995年に福岡の女子高校で教師が生徒を殴って殺してしまったが，体罰という威嚇のなかで起き

た事件である。しばしば，教育の現場でとられる「力による関係」は，「ナメられてたまるか」という感情を背景にし，それが互いの不信と大きな事故へのつながりやすさをもっている。人間に対する威嚇や脅しに鈍感になるにつれ，人は加害の意識を失いやすい。いじめの構図のなかに，そのことが根深くあることを我々は知っている。

いわば，世代間のコミュニケーションの機能不全による，「世代間不信」とでもいうべき状況である。法改正は，大人世代による子ども世代への厳罰化による威嚇と教育効果の再確認と見ることができる。人間の関係のあり方，向き合い方の社会的議論が広まりつつあるなかで，改正法の運用の指針を社会的に明らかにしていくことが求められるだろう。

(2) 絶望の低年齢化

一方で，種々の関係を遮断した抽象的なむき出しの個人像を前提にして「中学生もやっていいことと悪いことの区別はもうつくはずだ」という言い方がされる。しかし，子どもの社会性の問題についての検証もないままのこの議論は，子捨ての論理でしかない。「自立した市民」の一人として子どもを提起しつつ，自己尊重と尊厳の自覚化の機会を抜きにしたまま，形式的な「自立性」と「自己責任」が強調される。自己の行為の選択責任の論理に加え，「自立」の水準は個人差によって規定されるとする論理も，結局，子どもであろうと，それなりの失敗の責任を自己に帰す論理である。非行をしない子はしないのであるから「非行を犯した少年はそれらとは違った存在だ」という論理は，社会的存在としてではなく，個別に分断された子どもに対する容赦ない切り捨てともいえるだろう。

そこには，現在進められている，教育改革論のベースにある新自由主義の指向性が垣間見えるし，新保守主義的な観点からの規範意識の覚醒論も「日本的秩序論」から導かれている。自らの置かれた状況の中で子どもの自分への見切りは早い。子どもの絶望の低年齢化を危惧するのは我々だけではないだろう。

少年法改正論議の核心において発せられている根元的なメッセージを次のように読み解くこともできる。「凶悪な非行を犯すような人間に対

して，社会は必要以上の我慢をする必要はないのだ。これまで非行を犯した者への教育と更生の機会の保障といってきたが，人間は能力および責任においても多様であり，形式的な平等は幻想だったのだ。少年であろうと，刑罰によって責任を負うことは社会的正義の要求だ」というものである。結果に対する自己責任の強調と規範意識の再生の必要性を強調するメッセージは，憲法価値の組み直しへむけたそれでもあろう。戦後の歴史性と憲法価値を内在する「教育基本法」の基本的見直しが，新たな価値と制度的枠組みに関わるものとして政治日程に上がってくる必然性もここにある。

5 「威嚇」の液状化

(1) 厳罰化論の表出

改正法の持つ「威嚇」を基調とした性格は，これまでどのような形で表出してきていたのだろうか。

90年代の少年非行対策の重点は，警察による「少年の規範意識対策」であった。ここから2つの動きが看取できる。1つは，「悪質化する少年事件」にあって，「言い逃れやウソをつきやすい子どもの存在とそれを放置することによる教育力の減退」の強調である。少年の保護主義をいうならば，その教育のためにも，「厳格な対応」をとることによって，ウソのつき得を逃さず，許さず，非行を自覚化させることが，被害者が求めるところでもあるという。この論理は，とりわけ少年法改正論議の端緒を作り，その議論の性格を規定することになる。1993年の山形マット死事件で保護処分を受けた少年の抗告審決定の時，家裁の段階で警察の想定した事件の構図が否定されていたことを念頭において，警察庁長官が「捜査機関が審判過程に関与できないこと」への不満を表明したが，言い逃れをし，ウソをいっている少年と「真相の解明」のための捜査機関を対置させ，少年審判制度の見直しへの議論を先導することになった。その後，「少年事件捜査指導官」を各都道府県に配置するなど，「少年事件捜査の強化」が強調される。また，補導活動等において少年であることへの配慮を規定していた少年警察活動要綱は，その規定を大きく削り，

規範意識の醸成を強調した国家公安委員会規則として改訂された。
　もう1つの動きは、少し広く「キレやすい」現代の子どもへの対応の模索という形で現れる。教育と連動する課題でもあり、規範意識の希薄化が家族、学校等を含めた社会的背景を持った問題として把握される。1996年の生涯学習審議会の「青少年の『生きる力』をはぐくむ地域社会の環境の充実方策について」、青少年問題審議会の「青少年の問題行動への対策を中心とした西暦2000年に向けての青少年の育成方策について」、第16期中央教育審議会「21世紀を展望したわが国の教育の在り方について」などにおいて、青少年問題に関連する審議会が多方面に渡ってそれに関わる議論を展開することになる。そうした、子どものみならず社会自身の倫理観、規範意識の再生を見通した社会基盤作りの議論を背景にしながら、1997年8月に警察庁は「少年非行総合対策推進要綱」を制定し、基本的指針をたてた。1997年5月の神戸須磨事件を機に、全国少年課長・少年対策室長会議の席で警察庁長官が「悪質な非行には厳正に対処」していく旨を訓示し、「強くやさしい少年警察」を強調するのも、倫理観の形成等含めた教育的な文脈からである。なお、自民党も1997年8月に少年法に関する小委員会の初会合を開き少年の処罰年齢の引き下げを検討しはじめた。
　これまでの少年非行、青少年対策に関する動向から看取できるように、「言い逃れ」や「ウソをつきやすい」いわゆる「不良少年」に対する「教育」の必要性、キレやすい少年に見られる現代的「いきなり型」非行への未然の規制の必要性、それらの「規範意識の欠落した少年」に対する地域をあげた総合的な取り組みの必要性が強調されるなかで、少年警察は「厳しい」対応を指針にあげるとともに、地域での関連機関との連携を再度確認する。なおここでいう「厳しさ」という用語法は「厳罰」的対応と未分化なままである。

(2) 「暮らし」における威嚇の顕在化

　子どもの規範意識を強調する声高な論調は、すでに日常レベルで種々の形で現れている。教育の現場は、「非行の凶悪化」という言説の影響を最も敏感に感じ取りやすい場である。変化もおきている。現在、少年

警察と都道府県・市町村教育委員会との「連携」が進んでいる。「人事交流」という連携である。少年事件や校内暴力等を契機としているようだが，学校が「指導」のための直截な「力」を欲しているともとらえることができる。1999年4月現在，13都道府県に23人の警察官が生徒指導をおもな役割として出向している。茨城県では警察官が1999年度から「指導室室長補佐」として教師の相談にのり，常習遅刻や服装指導で成果が上がっているという。生徒指導を担当しつつも，教職員研修会での講話，個別の生徒の指導事例研究会での助言，保護者のカウンセリング等を行ない，職員会議へも出席している。中学校の修学旅行では，他校との衝突の心配があるとのことで同行してもいるという。

　警察と教育機関との「連携」が，教師への指導・助言をするセクションに配置されることによって，実際には警察官としての「強い指導」のノウハウが模索されているようだ。そこには，教育力による解決への教師の無力感と，権威と強さ，威嚇力を背景にした学校秩序の回復・形成をはかろうとしている現場管理者の心理を読みとることができる。

　教育との関係では，「学校警察連絡協議会」等の連絡調整の場が従前から存在するが，さらに警察が教育組織内に入ることによって「教育のあり方」や「教育指導」に関して変質が起きていないかを厳密に検証する必要があろう。学校，教師の指導的役割を担うだけに，教育現場との関係のなかで何が行われるのかの確認をとることが重要である。教育の現場で問題が起きたときに，迅速に対応がとれるためにとのことだろうが，問題のある子どもは早めに警察等司法的な対応に乗せ，他の子とは別に扱うといった教育の役割機能分担が進化し，子どもの選別化が進みやすく，また本来どんな時に警察と連携をとるべきかの現場の問題解決力を結果的に失っていくことになりかねないだろう。警察の目は，指導に乗りにくい子どもや非行経験を持った子どものセレクトに向かいやすい。なお，特定の薬物教育の助言補佐といった役割期待があるかもしれないが，組織内にいる必然性はあまりない。しかし，その積極的な必然性を見いだすとすれば，薬物対策をきっかけにした「規範教育」の実践を意図したものともいえるが，「教育」における子どもの規範意識の形成は，その動機付けと自覚化のプロセス自体が教育そのものである反面，

警察のそれは禁止と遵守を求めるなかば強制的色彩が強くなりかねない。
　さらに，実際の活動にもよるが，いわゆる問題のある子どもに関する情報が，家族の状況等含めて手にはいることになる。その警察的関心から集められる情報は，子どものいい面も含めた総合的な教育情報ではなく，マイナスの評価要素しかない情報になりかねない。実際は慎重な運用がなされるだろうが，警察が治安維持機能を持つ組織である点からすると教育委員会に対する社会的な信頼は減殺されてしまうことになる。
　この事例から一つ確認しておくべきことは，従前の少年警察が強調してきた「連携」から一歩踏み込んだ少年警察の地域との「連携から一体的関係の形成へ」の動きである。この政策の推進が持つ意味について，教育の担い手と今後の教育の基礎を何に置くかが，鋭く問われていることを我々は自覚しなければならないだろう。

6　市民による社会的協同と実践の尊重

(1)　子どもとの社会的関係作り

　少年法改正提案者は，親も含めて子どもの「規範意識の覚醒，責任の自覚」が必要だとした。しかし，人間という存在への創造力を欠いてはいまいか。近時，人間は自分が大切にされる中で自分という存在を確認し，ひいては他者を尊重していくことが広く知られてきている。とりわけ子ども期にあっては，自分を見失う危うさを持っている。子どもは，「善きこと」と「悪しきこと」の葛藤の中に身を置いているとも言えよう。わたしたちが非行少年に求める「厳しさ」とは何か。非行を犯した少年が自分の行為を自覚し，被害者へ思いを寄せ，深い謝罪の念をわき起こすことだろう。本来，「厳しさ」が相手に受けとめられるのは，互いに信頼しあえる関係にあるときだろう。手続きの過程にあろうと処遇の場面であろうとそれは変わらない。
　少年法の議論は，そうした人間の関係のあり方や自分の見つめ直しの契機をどう作るのかに関わる議論であり，成長過程にある思春期の子どもの問題に対する社会的向き合い方の議論でもある。この議論のなかで，子どもの責任の自覚を生む実質的で具体的な取り組みも出されてくるだ

ろう。議論が，日常生活と密接なゆえんである。こうした社会的意識の広がりにむけた，市民による具体的な取り組みも始まっている[8]。

国による刑罰化・重罰化の弊は，じつはこうした議論を衰退させてしまいかねないことはすでに述べた通りである。

(2) 子どもの育ちへの関わり

いま，改正少年法の運用にあたって，ひとりの少年が人として育つ社会のありかたについて，国家－法が「厳罰化」「威嚇」のもとで社会を主導し再置するのではなく，司法制度とそれに関わる社会的資源，すなわち問題を抱えた子どもと向き合い支える人々との協同を地域社会のなかでどう組み立てていくかの視点が不可欠に思われる。

社会の中で問題や困難を抱える者どうしが出会い，ふれあい，それを支える人々の努力の中で共感を深めていく機会は「自分の回復」にとって重要である。子どもを支える人々の協働とそれぞれの実践過程のなかで，問題解決の当事者としての自覚や自信，現実的な能力も涵養され，その積み重ねのうえに社会のなかでの自分を見つけていくことになるだろう。こうした市民の協同の過程を社会が知ることは，人間としてお互いの弱さや悩みを共有するきっかけとなり，新たな絆の形成に結びつくことにもなろう。

こうした人々の経験に耳を傾けることは，生きること，人が育つことの現代的な意味を問い返す過程でもある。

本来，教育は，歴史性をもった現実社会への参加を保障する実践であり，その社会で一人の人間として自由に生きていくことを保障しようとする実践のはずである。教育とは，子どもが社会で，一人でいきていけるようにすることだ。我々の暮らす社会の発展は，こうした歴史と創造の主体を連綿と形成しようとしてきたことによって実現されてきた。その教育の視点を少年司法は欠いてはならないと思う。

むすびに代えて

これまで，改正前の少年法（1948年少年法）を支えてきたのは何だっ

たのか。少年法「改正」を導いた思潮と論理は，それとの関わりから把握しない限り核心は見えにくい。また，そこに改正少年法の運用と司法の現状を引き当てつつ，批判的に捉え直すことによって「改正」の実像が確認できることになる。1948年少年法は，機能不全の状況にあったのだろうか，それとも全く違った状況がうまれてきたのだろうか。改正論議の背景を検証しながら，立法過程で欠けた市民的協同の視点を再確認することは，少年法の運用の指針としても重要と思われる。

（1）立法審議に関しては，第150回国会衆議院法務委員会議事録第1号（2000年10月6日）～8号（10月31日），参議院法務委員会第4号（11月8日）～9号（11月24日）

（2）松浪議員は，のちに秘書給与を暴力団関係者の企業に肩代わりさせ非難をあびた。

（3）少年法改正の内容は，①少年事件の処分等のあり方の見直し──刑事処分可能年齢の16歳以上から14歳以上への引き下げ，一定の重大犯罪におけるいわゆる原則逆送制度の導入，無期刑の場合の仮出獄可能期間の特則不適用，行為時18歳未満の少年に対する無期刑への緩和の裁量化，②非行事実認定のいっそうの適正化──裁定合議制の導入，検察官および弁護士付添人の関与した審理の導入，検察官の抗告受理申立制度の新設，観護措置期間の延長および観護措置決定に対する異議申し立て制度の新設，保護処分終了後における救済手続きの整備，③被害者に対する配慮の充実──被害者の意見聴取，被害者通知制度の導入，記録の閲覧謄写。

（4）前田雅英「少年凶悪犯罪，深刻さ認識を」日本経済新聞2000年9月9日，同『少年犯罪』（東京大学出版会，2000年）。

（5）リレー討論「怖い存在が犯罪抑止，家裁裁判官の判断甘すぎる」日本経済新聞2000年10月29日。

（6）覚醒されるべき規範の範型を伝統的日本的価値とする憲法改正に関する一連の政治家の発言，ナショナリズムを色濃く映した教育基本法改正提起との連続性を見るならば，少年法改正は，それらの露払いの位置を持っていたことがわかる。

（7）司法制度改革推進本部のホームページ（http://www.kantei.go.jp/jp/singi/sihou/）参照。少年手続きは，非行事実や要保護性の確認だけでなく，少年の言い分を聞く機会，非行の自覚の契機でもあり，少年の手続きへの関わりが重要である。そうしたなかでの付添人の役割は，少年の適正手続き保障に欠かせないものだともいえる。付添人の役割を調査官の存在で足りるとする発想は，司法手続き

下の少年を切り捨てるものでしかない。社会への再統合という少年法の理念は、遠景でしかなくなる。
（8）「子どもと法21」「非行を考える親の会」等。また「少年問題ネットワーク」はいわゆる専門家のネットワークでありながらも市民的感覚を重視した市民の取り組みを行なっている。

　　　　　　　　　　（ささき・みつあき／三重短期大学法経科教授）

薬物依存からの回復と市民的支援
北九州にダルクを呼ぶ会

石塚　伸一

はじめに
1　北九州にダルクを呼ぼう！
　(1)　北九州の薬物事情
　(2)　「北九州にダルクを呼ぶ会」の発足
　(3)　「北九州ダルク」の発足
　(4)　ダルクの財政は「火の車」
　(5)　危機のサイクル
2　さようなら！　北九州
　(1)　北九州へのメッセージ
　(2)　その後の北九州ダルク
3　ダルクとはなにか
　(1)　ダルクの歴史
　(2)　「心の病」をめぐる司法と医療
4　司法モデル　〜国家による介入の正統性〜
　(1)　強制の契機
　(2)　自己決定と同意
　(3)　薬物乱用への適用
5　医療モデル　〜「衛生」から「治療」へ，そして「福祉」〜
　(1)　精神科医療法制の変遷
　(2)　薬物依存症への適用
6　福祉モデル　〜第3のモデルの可能性〜
　(1)　3つのモデル
　(2)　刑事政策の2つのパラダイム
　(3)　変化の兆し
むすびに代えて　〜自己決定を基礎とした社会復帰と3つのテーゼ〜

はじめに

　1987年10月から98年4月までの10年半，北九州大学（現北九州市立大学）で刑事法の教員として働いていた私は，そこで「ダルク（DARC）」という薬物依存症から回復するための自助グループと偶然出遭った。

　北九州は，シンナー乱用の発祥地などといわれ，全国的にも覚醒剤やシンナーなどの薬物乱用の多い地域だといわれていた。学生と裁判を傍聴していても，覚せい剤やシンナー絡みの事件がとても多い。当時，福岡県内では，高校生の覚せい剤乱用が発覚したこともあって，高等学校や福祉機関では，薬物問題に関する研修会等が毎週のように開催されていた。そんななかで，横浜でダルクを立ち上げた経験をもつスマイルさん——ダルクでは，アノニマス・ネームで呼び合う——が北九州にやってきた。すでに福岡市で九州ダルクを開設し，北九州にもダルクを作りたいというのだ。最初は，いささか腰の引けていた私も，いつの間にか彼に巻き込まれていき，北九州にダルクを呼ぶことになってしまった。

　本稿は，北九州ダルク設立の経緯と顛末，そして，市民が薬物問題に取り組む意味を体験的に考察したものである。

1　北九州にダルクを呼ぼう！

(1)　北九州の薬物事情

　1996年11月15日，福岡県警察本部と北九州市の連絡会議は，「少年の薬物乱用問題」を議題のひとつとして取り上げ，「学校現場での薬物乱用防止教育の徹底」を求めた。同じ時期，北九州市と境を接する遠賀郡の保健所は，「シンナー乱用モデル事業」として，薬物問題の啓発活動を展開していた。

　しかし，薬物教育といっても，中学・高校の先生や保健所の職員さんたちにとっては，自分とは別世界の出来事で，「ダメ絶対！」のビデオを見たり，薬害に詳しいお医者さんを講師に招くくらいのことしか思いつかなかったようだ。児童・生徒に対する中途半端な薬害教育は「寝た

子を起こすだけだ」と心配する人たちもいた。

　全国的にも，遊び感覚の薬物乱用が無視できない社会問題となっており，1996年7月に実施された総理府の『薬物乱用防止対策に関する世論調査』の中で，「最近，日本の薬物犯罪をめぐる情勢が悪化している」と答えた人は有効回答数の85.9％，「今後，薬物犯罪をめぐる情勢が悪くなる」と答えた人は80.5％もいた。薬物に対する市民の不安が深刻化しているにもかかわらず，国や公共団体は，有効な対策を見つけられないという状況にあった。

　そんななかで注目され始めたのが「ダルク」であった。ダルク（DARC）とは，薬物依存リハビリテーション・センター（Drug Addiction Rehabilitation Center）の略称で，薬物依存という共通の問題を抱えている人たち同士が支え合い，自らの問題を解決するための「自助グループ（selfhelp-group）である。

(2) 「北九州にダルクを呼ぶ会」の発足

　「北九州にダルクを呼ぶ会」（以下，「呼ぶ会」と称する。）は，1996年10月12日（土），北九州市女性センター（ムーブ）でダルク・セミナーを開催した。当日，会場には120人以上の市民が集まり，その場で北九州にダルクを呼ぶことが提案された。セミナーの主催者の一人であった私は，同会の代表になった。メンバーは，家庭の主婦や学生，会社員や塾講師，保健婦や家庭相談員，ジャーナリストや政治家，医師や薬剤師，弁護士や大学教員など一般の市民であった。さまざまな職業をもつ人たちが「ひとりの市民」として，薬物依存の人たちとつきあおうとして集まっていた。

　「呼ぶ会」は，北九州ダルクへの人的・物的支援と薬物問題についての勉強を目的とし，活動の中心となる正会員（年会費6000円）と財政的・精神的な支援をする賛助会員（1口1万円）によって構成されていた。

(3) 「北九州ダルク」の発足

　月例勉強会と準備作業を重ね，1997年2月1日には「北九州ダルク」

が発足した。薬物問題に理解のある県会議員から３ＤＫのマンションの一室を賃借し，薬物依存症の人たちのためのグループ・ホームとして，北九州市に助成を申請した。当初，資金はゼロであったが，「呼ぶ会」の会費と寄付によって，なんとか約150万円の開設費を準備することができた。趣旨に賛同して10万円もの寄付をしてくれる人，薬剤師会で会員の勧誘をしてくれる人，ポンと100万円もの大金を期限なしで貸してくれる人，デイケアの改装を無料で申し出てくれる建設業の人など，市民パワーの凄さを痛感する毎日であった。

　1997年3月15日（土）・16日（日）両日，ダルクの創設者である日本ダルク代表の近藤恒夫さんをお招きして，北九州ダルク創設記念の「ダルク・セミナー in 北九州」を開催した。その翌日，3月17日（月）には，待望のデイケア・センターをお弁当屋さんの2階に開設し，ミーティングの場所を確保することができた。次の年度からは，ここを小規模共同作業所に認定してもらい，こちらにも助成を受けることになった。

(4)　ダルクの財政は「火の車」

　当初から，報道関係者が「呼ぶ会」のメンバーとなり，積極的に広報活動に協力してくれたこともあって，北九州ダルクは次第に市民権を獲得していった。しかし，グループ・ホームには300万円，デイケア・センターには170万円程度の助成をもらっていたが，財政状況はいつも火の車で，つねに月末には，緊急カンパの呼びかけをしなければならなかった。

　財政困窮の原因は，毎月のように車が壊れること，月16万円の入寮費が支払うことができない入寮者のために，生活保護の手続をしている間にいつの間にか退寮してしまうことが多く，結局，チャリティーになってしまうこと，入寮者の中に月7万円もの水道を使う人がいたこと，そして，全国のダルクとの交流のためにとてつもない交通費がかかることなど，ダルクに関わったことのある人でなければ，とうてい理解できないようなことが原因であった。

　しかしながら，精神科医療のノーマライゼイションの流れのなかで，『精神保健福祉法』が制定され，政令指定都市では精神保健福祉センタ

ーが設立されて，地域精神医療の拠点としての役割が与えられた。数値目標が定められて，小規模共同作業所やグループ・ホームの開設を支援していたことも追い風になった。すべては，このような追い風のなかで，よくわからないけれど，元気そうなダルクというグループに期待が集まったというところであろうか。

　当時の『北九州にダルクを呼ぶ会ニュース』を見ると，「公的機関による本格的な支援というにはまだまだで，薬物問題に関心をもつ市民ヴォランティアが，北九州ダルクを支援していかなければならない状況にあります。たしかに，北九州で薬物問題に真剣に取り組もうとする市民の力は着実に盛り上がってきています。しかし，ダルクの財政的基盤は脆弱で，ヴォランティアの人たちの善意に頼っているのが現状です。薬物への抵抗力は，『地域社会の福祉と文化の力を測る尺度』だと思います」という協力の呼びかけがある（1997年9月）。

(5) 危機のサイクル

　自助グループであるダルクは，定期的に危機に見舞われる。毎日，生活費を1千円もらい，3回のミーティングに参加していた入寮者は，3ヶ月から6ヶ月のクリーン（薬物なしの生活）が続くとアルバイトに出ることになる。ほとんどの入寮者が，この時点でスリップ（再使用）してしまう。あんなに立派なメッセージを送り，心から止めたいと言っていたのに，一度スリップすると人格が変わってしまう。薬物依存の怖さは，薬が人格を支配して，どうにもならなくなってしまうことである。一人がスリップするとグループ全体が危機に陥る。責任者の顔が暗くなり，連絡が滞る。危機は現実のものとなり，グループが崩壊する。その中から，責任者が立ち上がり，「もう一度やってみたい」と連絡がある。そうなるとサポーターである「呼ぶ会」の出番である。グループがどんな状況にあるのかを先回りして詮索したり，介入したりしてはいけない。支援者は，「分別のある隣人」でなければならない。

　ときには，自殺者が出ることもある。北九州でも，私がドイツに長期出張中にデイケア・センターに隣接するビルから飛び降りた入寮者がいた。帰国後，メンバーに出会ったときの憔悴の顔は，いまでも忘れるこ

とができない。10年以上もクリーンだった人が，痛み止めを1回使っただけで，リラプス（堕落）への道を歩み始めてしまう。依存症は，ほんとうに恐ろしい病である。「治療共同体」では，個人の危機はグループの危機でもある。

2　さようなら！　北九州

(1)　北九州へのメッセージ

1998年4月，私は，北九州を離れ，京都の龍谷大学に移った。その半年後，北九州に次のようなメッセージを送った。

〔緊急メッセージ〕
「北九州ダルクのこれからをみんなで話し合いましょう」

　北九州を離れて半年余になろうとしています。京都では，新しい環境にもようやく慣れ，本格的に刑事法の研究と教育に取りかかり始めたところです。この半年，全国の刑務所や少年院を参観し，聞き取り調査などをしてきました。長引く不況や警察の取り締まり強化，裁判所の画一的な事件処理などの影響でしょうか。日本の刑事施設は，いまや満員の状態で，施設によっては収容率が100％を超えているところもあります。できるだけ多くの人たちに刑務所の窮状を伝えることがわたしたち刑事法学者の責任だと思っています。
　地域社会との関係では，学生さんや一般の市民の方々と協力して，「京都・当番弁護士を支える市民の会」を立ち上げました。事務局の仕事をおおせつかっています。国家機関によって身体を拘束されたすべての市民が，弁護士さんの支援（リーガル・サービス）を受けられるような社会の実現を目指して活動していくつもりです。全国的には，少年法を重罰化の方向で「改正」しようとする一部の政党や司法関係者の動きが，急を告げています。刑事法の研究者としては，このような動きが何故問題なのか，を伝えるために分かりやすいメッセージをつくる作業を進めています。

そんなこんなで，いつも気にはなっているのですが，北九州への足が遠のきがちです。KさんやMさんとは，ときどきお話してはいますが，みなさんにはご迷惑をおかけしていると思います。ごめんなさい。

　そんな訳で，長らくのご無沙汰を反省して，北九州に行ってみようと思っています。お忙しいところ，誠に申し訳ないのですが，1998年10月31日（土）にお集まりいただけないでしょうか。北九州ダルクの近況や薬物問題・少年問題などを語りあいながら，これからの活動について考えてみたいと思っています。

　思い起こせば，わたしたち「北九州にダルクを呼ぶ会」は，女性センター（ムーブ）でのダルク・セミナーから始まりました。当日，120人以上の人たちに参加していただき，北九州にダルクを呼ぶことを提案しました。その後，月例の勉強会を重ね，「北九州ダルク」を設立し，薬物依存の人たちのためのグループ・ホームの申請を北九州市に提出しました。そして，ダルクの創設者の近藤恒夫さんをお招きして，北九州ダルク創設記念の「ダルク・セミナー in 北九州」を開催しました。翌日には，待望のデイケア・センターをスタートさせることができました。

　ダルクも北九州で市民権を獲得したようで，今では，多くの市民や関係機関の支援をいただいています。公的には，精神保健福祉センターの方々に様々なアドバイスをいただいていますし，グループ・ホームや共同作業所には，年間，500万円近く助成をいただいています。また，「家族会」「呼ぶ会」「学生の会」などを中心に，支援者はのべ300人にのぼります。

　こんな風に書くとなんとなく順風満帆に聞こえるかもしれません。しかし，実際は，いつもトラブルを抱えていて，どうにかこうにかここまでやってきたというのが正直な感想です。北九州ダルク発足後，数ヶ月で，名実ともに代表だったスマイルさんが九州を去りました。97年8月に起きた「仲間の死」という悲しい出来事は，わたしたちに立ち直ることのできないような大きなショックを与えました。どうにかこうにか立ち上がって，新しい体制を組み直そうとす

ると，いつも大きなトラブルがわたしたちの前を遮ります。仲間のスリップや悲しい出来事が周期的にやってきます。引っ越しや小さな事故のために，なかなか生活のペースをつかめません。「賽の河原で石を積む」ような日々のなかで，支援していただいている方々に見捨てられてしまうのではないかという思いにかられることがしばしばです。

　わたしが，1998年3月，北九州を離れたことも，ひとつの区切りだったのかもしれません。北九州に生活の拠点をもたなくなったわたしが，ダルクとどうつき合っていくのか。このことは，わたしにとっても大きな課題です。わたしも含め，お互いに依存性気質をもつ人たちのグループですから，「離れず！ のめらず！」といった関係が良いのだと思います。でも，21世紀に向けて，付かず離れずの人間関係を維持しながら，深いところでの連帯を信じ，必要なときには，みんなで力を合わせられるような新しい「市民像」を一緒に創り上げていきたいという初心は変わっていません。わたしにとって「ダルク」は，そんな新しい人間関係を模索する実験です。

　そんなことどもを含め，ゆっくりお話しませんか。お会いすることを楽しみにしています。

1998年10月10日（土）石塚伸一

　（追伸）　ポール・フライシュマンというアメリカ人作家の『種をまく人』（片岡しのぶ訳，あすなろ書房，1998年）という本を読みました。いろいろなところで紹介されている本ですが，とても優しい物語です。

　アメリカ北部のオハイオ州クリーブランドにある貧しい人たちの住むアパートのそばにゴミ捨て場のようになった空き地がありました。そこにヴェトナムからやってきた一人の女の子が6粒のライマメを蒔いたことから話は始まります。色々な国からやってきた恵まれない人たちが，次々とそこに種を蒔き，ゴミ捨て場は農園に変わっていきます。グアテマラから移住してきたガルシアという少年のつくった「アメリカに移住すると，おとなは子どもになり，子ども

は大人になる」という「逆転の法則」は，日本の来日外国人の人たちにも当てはまるでしょう。犯罪の被害にあって対人恐怖になってしまった韓国人の女性や車椅子で生活するスマイルさんのヘルパーさんの話。高校生で妊娠してしまったメキシコ人の女の子や不良仲間から足を洗おうとしているマッチョな青年の話。登場人物のそれぞれは，自分だけが孤立していると思っているけれど，本当は，みんなが孤立してしまっているという都会の生活が描かれています。この物語の救いは，こんな乾燥した都会生活の中でも，最初に，種を蒔く人がいれば，コミュニティーができるかもしれないと思わせてくれることです。一読をお薦めします。

(2) その後の北九州ダルク

その後，北九州ダルクは壊れた。1人のスリップを契機に人間関係が歪み，グループは危機を乗り越えられなかった。責任者はいなくなり，これまでの北九州ダルクを整理して，新しい責任者のもとで，再開することになった。

ダルクは増え続け，現在，全国約40ヶ所にダルクがある。北九州の前責任者も，別のダルクで回復に向けて頑張っていると思う。

3 ダルクとはなにか

(1) ダルクの歴史

1987年，東京の日暮里で始まった，薬物依存から回復しようとしている人たちの自助グループ「ダルク」は，精神的依存からの解放を目指す画期的な試みである(1)。

問題を明確化し，目標を設定した人たちは（オリエンテーション），まず「自分が薬物依存者であり，薬物に対して無力であることを認める」（第1ステップ）。そして，「自分の力だけでは，回復できないことを知り，自分たちより上の力の必要性を感じ，そして信じる」（第2ステップ）。つぎに「行動によって新しい生き方を始め，実践して任せる」（第3ステップ）。ここまでが，ダルクのプログラムであり，同じ薬物依

存という問題を抱える人たちが支えあって行く過程である。その後は，本来の意味での社会復帰のプログラムであり，自立して生活していくための社会的援助プログラムが必要になる（アフターケア）。

このような自助グループを治療共同体と呼ぶが，薬物（NA）だけではなく，アルコール（AA）やギャンブル（GA）の依存症の治療方法として世界的に注目されている[2]。特別の治療方法を用いるわけでもない。1日2ないし3回のミーティングを中心に共同生活を続けていくこの治療が，一定の成果を上げている理由は，人間関係の修復が行なわれているからだと言われている。

わたしたちは，子どもの頃から，「親に支配される子」という支配＝服従（世話＝依存）関係の中で生活してきた。一般には，思春期危機や青年期危機を克服し，対等な個人と個人の関係を形成する方法を学習して社会に出ていくことが期待されている。しかし，現実には，支配＝服従の縦の関係から抜け出すことができず，常に何かに依存（服従）していたり，何かを世話（支配）していないと不安な心理状況にある人が少なくない。依存の対象は，仕事や勉強であることもあれば，恋人や子どもであることもある。たまたま依存対象が，シンナーや覚醒剤，鎮痛剤や咳止めになると薬物依存症者と呼ばれることになる。病院に入院しても，この依存の関係は変更されることはない。なぜなら，そこでは，依存の対象が医師に代わっただけだからである。

本当に依存から回復するためには，自らの意思で決定し，行動しながら，他者と対等の関係を形成する社会的トレーニングが必要になる。自助グループが，頑なまでに参加者の自己決定を大切にするのは，支配＝依存から解放されて，対等な個人間の人間関係を形成するためなのである。

(2) 「心の病」をめぐる司法と医療

前近代においては，精神障害は道徳的退廃であり，悪であると考えられてきた。近代における精神医学の歴史は，このような倫理主義から精神障害者を解放し，これを病として位置づけるための闘いであったといえる。治療は，本人のために行なわれる善であると考えられた（医療モ

デル)。他方，近代刑法学は，社会にとって有害な行為を犯した人を非難することができる場合に限り，その法的責任を追及し，刑罰を加えるという原則（責任主義）を確立した（司法モデル）。触法精神障害者をめぐる医療と司法の争いは，この2つのモデルの対立であった[3]。

薬物依存を病と見るのか，それとも，罪とみるのか。病であれば，治療が必要であるし，罪であれば罰が科されることになる。

4 司法モデル ～国家による介入の正統性～

(1) 強制の契機

法律学においては，国家が個人の自由を制約する根拠として，モラリズム，侵害原理，およびパターナリズムが挙げられることが多い[4]。

モラリズム（moralism）とは，その行動を許容することによって社会全体の道徳秩序が乱れるという理由で，その行動を禁止し，個人の自由を剥奪ないしは制約できるとする原理である。

侵害原理（harm principle）とは，個人の行動が他者の権利や利益を現実に侵害したか，あるいは，侵害するおそれがある場合に，その侵害もしくは侵害の危険に対処するため，その個人の自由を剥奪ないしは制約できるとする原理である。イギリスの社会思想家J・S・ミルがその著書『自由論』においてその原理に言及していることからミル原理（Mill's principle）と呼ばれることもある。また，警察規制の原理でもあることから，ポリス・パワーによる介入ともいわれる。

パターナリズム（paternalism）とは，個人の行動が他者の利益を侵害することがなくても，そのまま放置するとその個人自身の利益が侵害されるという理由で，その個人の自由を剥奪ないしは制約できるとする原理で，国親思想（parens patriea）とも呼ばれる。

猥褻図画の頒布を処罰するのは，性道徳に反すると考えるのがモラリズムの立場であり，他者の性的羞恥心を害すると考えるのが侵害原理，そして，そのような図画を配布者自身の徳性が害されないよう救済しなければならないと考えるのがパターナリズムである。精神保健福祉法29条1項の措置入院における「自身を傷つけ（自傷）」はパターナリズム，

薬物依存からの回復と市民的支援 | 177

「他人に害を及ぼす（他害）」は侵害原理による正当化の例である。

(2) 自己決定と同意

　国家の個人への介入が，当該個人の意志によって正当化されることもある。個人には自らに関する事柄（私事）については，自らが決める権利があるとして，これを自己決定権と呼ぶ。「患者の権利」論は，このような考え方の医療への応用であるといえよう。自己決定論については，その適用の範囲と限界，決定能力の存否，保障の条件などについて，具体的な議論がなされている。

　精神保健福祉法22条の3の任意入院は，同意による入院の典型である。同法33条の医療保護入院のように，本人に同意能力のない場合には，保護者の同意をもってこれに代えることもできる。

(3) 薬物乱用への適用

　薬物乱用は，快楽を追求するものであり，勤勉と節制を旨とする道徳規範に対する挑戦であるという考え方がある（モラリズム）。阿片戦争のように一国を滅ぼすために薬物が利用されたこともある。近代国家は，国民の勤労精神を養うため快楽を求めるための薬物の乱用を厳しく処罰している。このようにモラリズムは，個人よりも集団を重視する視点から，薬物問題を見ている。

　個人を重視する視点からは，他人の権利を侵害する場合に限って，国家は個人を処罰できる（侵害原理）。この立場では，薬物の自己使用が自らの健康を害するだけなら，処罰の対象とはならない。しかし，薬物の輸入や売買は，他人の健康を害するおそれがあるので処罰の対象となる。

　国家は，親が子を慈しみ，躾（しつけ）るように，その国民を保護しなければならないという考え方がある（パターナリズム）。この立場では，国家には，子どもである国民が，薬物を乱用し，みずからの健康を害しているのであれば，これに制裁を加えてでも，愚かなことをしないようにしてやる責務があることになる。

5 医療モデル ～「衛生」から「治療」へ，そして「福祉」～

(1) 精神科医療法制の変遷

1900年，入院と私宅監置の手続を整備する『精神病者監護法』が制定された。しかし，治療を伴わない監置は惨状を極めた。1919年，『精神病院法』が制定されたとはいえ，その状況に根本的変化はなかった(5)。

第二次世界大戦後の1950年，『精神衛生法』の施行により，本格的な精神医療が始まった。高度経済成長期を経て，精神科医療の制度的枠組みも一応整った。しかし，医療現場では，社会防衛的色彩の強い精神衛生法の枠組みのもとで措置入院が積極的に利用されていた。1964年のライシャワー事件が法改正を促し，翌年には，通報制度と措置入院制度を強化する「精神衛生法の一部改正」が行なわれた。1977年代には，「経済措置」と呼ばれる貧困者に対する措置入院の積極的利用が実務を支配した。「西高東低」と呼ばれる措置率の地域格差は，法の恣意的運用を象徴している(6)。

1970年代には権威的な医療体制に改革を求める運動が展開された。他方で，社会的弱者の権利を擁護するための運動が高揚し，精神病院にも注目が集まり，劣悪な治療環境が厳しく批判された。このような時代状況のもと，1973年，法制審議会において保安処分の導入が提案され，日本精神神経学会では激しい対立が生じた。この時代の精神科医療が，「イデオロギーに振り回された」という側面は否定できない。しかし，他方で，行政管理庁の改善勧告に見られるように，精神科医療の改善は焦眉の課題と認識されていた。

1982年，宇都宮病院事件の発覚が契機となって，1987年には患者の人権と社会復帰を明文化する『精神保健法』が制定された。これ以後，自傷他害のおそれのない患者に対する措置入院が回避されるようになった。医療におけるインフォームド・コンセントの定着は，精神科医療にも影響を与え，措置入院患者数は急速に減少していった(7)。

1993年，精神保健法の一部を改正する法律によって，地域生活支援事業が法制化された。1995年には，名称を『精神保健及び精神障害者の福

祉に関する法律（精神保健福祉法）』と改め，障害者の「自立と社会参加」を法律目的に加え，地域福祉の促進を政策の正面に据えた。1997年と99年には，「精神保健福祉法の一部改正」が行なわれ，一層の地域福祉化が進んでいる。

　基本法の名称が「精神病者監護」「精神病院」「精神衛生」「精神保健」「精神保健福祉」と変遷してきたことからも窺い知ることのできるように，精神障害者をめぐる政策の重点は，公衆衛生と社会防衛から入院治療へ，さらには地域福祉へと移行している。

(2) 薬物依存症への適用

　他の精神病以上に，薬物依存症の治療は，入院治療に限界がある。急性の中毒症状については，その解毒に数カ月の入院治療が必要であるが，その後は依存症から，どう回復していくかが主たる課題となる。多くの依存症者は，入院して薬物から遮蔽されている間は薬物を使わずにいられるが，退院すれば，薬物を使うというパターンを繰り返す[8]。

　日本では，薬物依存を本人の意思の弱さが原因であると捉える傾向が強い。しかし，本人の自由な意思で薬を使っているのであれば，それは単なる乱用であって依存ではない。乱用者に対しては，刑罰を用いてその行為を諫めることもできようが，依存者に対しては処罰は効果をもたない。取締りと処罰の強化を唱えるだけでは，薬物問題が解決しない原因はここにある。薬物依存は，「病（やまい）」なのである。

6　福祉モデル　〜第３のモデルの可能性〜

(1) 3つのモデル

　すべての人の行為は，行為者の自由意思に基づくものである。自らの意思で選択した行為なのであれば，そのもたらした結果に対しては責任をもつべきである。有害行為者は処罰するのが原則とされる。このような理念に基づいて作られた制度を「リーガル・モデル（司法モデル：LM）」と呼ぶことにする。精神の「異常」は病であり，治療の対象であるという理念に基づいて作られた制度を「メディカル・モデル（医療モ

〔表〕精神障害対策の3つのモデル

	司法モデル（LM）	治療モデル（MM）	福祉モデル（WM）
処遇の契機	犯罪	病気	依存症
介入の正当化	行為に対する責任	病気の治療	回復の意思
処分決定機関	国家機関	医療機関	福祉機関
処遇の場面	刑事施設	医療機関	治療共同体
判断の主体	刑事施設長	担当医師	依存症者
運営の原理	規律秩序の維持	治療の適切性	自己決定と自治
主たる関心事	処罰と保安	治療と保護	回復と支援
周囲の役割	非難と監視	憐憫と介護	分別ある隣人

デル：MM）」と呼ぶことにする。

　精神障害を処罰の対象と見るのか，それとも，治療の対象と見るのかをめぐって，法律家と医師は，論争を繰り返してきた。ところが，近年，第3のモデルとして，「ウェルフェアー・モデル（福祉モデル：WM）」が台頭してきている。このモデルは，「治療共同体（therapeutic community:TC）」(9) 構想に基づき，回復者自身の自己決定と自助集団のグループダイナミクスを重視する。社会には，彼らの回復を支援することが期待される。上の表は，3つのモデルのキーワードを整理したものである。

(2) 刑事政策の2つのパラダイム

　このような人間関係修復的なプログラムを司法に導入することは可能であろうか。伝統的な国家中心の刑事政策観のもとでは，対象者は国家の支配に服従する客体として位置づけられていた。被疑者，被告人，受刑者，保護観察対象者，刑余者などに便宜が提供されるとしても，それはあくまでも国家の恩恵的な措置にとどまっていた。いまや，処遇の主体は，彼ら自身であり，公的機関や地域社会の役割は，社会復帰を目指す人たちの支援であり，非政府組織（NGO）への期待がますます高まっている(10)。

　かつての刑事政策は，その実践活動の場が刑事司法機関であった。市民の参加といっても，限られた官製の市民活動や反権力の救済運動しか

存在しなかった。ところが，最近10年間に国際的なNGOと連動した国内のNPOの人権運動が広がっている(11)。

(3) 変化の兆し

現在，一部の矯正施設では，覚せい剤受刑者の処遇類型別指導のなかで，回復者を篤志面接委員として受け入れて，施設内でミーティングを開催している。保護観察所においても，シンナーや覚せい剤の依存症者にダルクを紹介し，社会内処遇に役立ててようと試みている。裁判所においては，アパリ（APARI）の企画するプログラムに参加することが保釈の条件とされたり，ダルクの回復者が執行猶予を求める際の情状証人に採用されることなどもある。弁護士会の薬物弁護マニュアルでは，自助グループへの参加を促している。精神保健福祉センターや教育関係機関の主催する薬物予防対策セミナーなどでは，ダルクのメンバーが引っ張りだこである。

たしかに，精神科医療の地域医療化の流れを背景として生じたこのような変化は，刮目すべきことである。しかし，これらの試みが，明確な治療プログラムとして，システマティックに提供されているかというと，それは疑問である。

最近，福岡県を中心に，医療機関，精神保健福祉センター，弁護士会，保護観察所，研究者などが協力して，薬物犯罪に関するダイバージョン・プログラムを作り，裁判所などへその利用を働きかけている(12)。アメリカでは，より積極的に自助グループが刑事施設の内外で，民間主導のプログラムを展開しており，日本でも，その活動が注目されている(13)。

アルコールなどの合法的な物質への依存症については，多くの自助グループが成功をおさめている。また，知的障害などについても，社会的支援が広まっている。近年は，精神病についても，共同作業所でピア・カウンセリングが行なわれるなど，自助への支援がプログラム化されている。ところが，非合法な物質への依存症，とりわけシンナーや覚せい剤については，その乱用や使用自体が違法行為であるために治療機関や自助グループにつながりにくい。そのために刑事司法と社会とを行き来していて，「底をつく」まで治療ができないというようなケースが少な

くない。特に公務員は，違法行為を発見した場合に捜査機関への通報義務があるため，非合法薬物の乱用者・依存症者の相談や治療に当たることができないという状況が生まれている。オランダ，スイス，イギリス，ドイツなどでは，非合法薬物の自己使用を正式に，あるいは事実上，非犯罪化して，イン・テイクの窓口を広げているところもある(14)。

日本では，いまだに自己使用を処罰の対象としているが，一定の条件の下で，公務員の捜査機関への通報義務を緩和し，医療機関への引き継ぎを優先させることができるような法整備を考えるべき時期に来ているように思われる。

むすびに代えて　～自己決定を基礎とした社会復帰と3つのテーゼ～

本稿においては，北九州における薬物依存からの回復への市民活動を体験的に検討した。その後に，薬物乱用や依存への社会の対応を司法モデル，医療モデルおよび福祉モデルの3つの視点から検討した。これらを踏まえて，薬物依存症の治療については，刑事司法的介入よりも，社会福祉的支援が有効であり，刑事政策において「治療共同体」を採用するとすれば，いかなる可能性があるかを考察した。結論として，医療においても，司法においても，福祉においても，自己決定を基盤とした支援システムの構築が焦眉の課題であり，犯罪や非行からの回復は，対象者自身の人間としての尊厳とその主体性の回復から始まることを確認した(15)。

最後に，私たちが，市民として，なすべき課題を3つのテーゼにまとめておくことにする。

〈第1テーゼ〉薬物問題は，わたしたち市民の問題であることを認めよう。
〈第2テーゼ〉薬物依存の人たちの自助的努力を援助する市民的ネットワークを広げよう。
〈第3テーゼ〉薬物依存を解決するための社会的援助システムを創ろう。

（1）内村英幸他『薬物依存・中毒者のアフターケアに関する研究・総合研究報告書（平成10年度〜平成12年度）』（2001年）のダルクに関する実証研究が参考になる。大阪ダルクのホームページ（http://www.yo.rim.or.jp/~addict/darc/）およびそのリンク集を参照。
（2）アルコール・アノニマス（AA），ナルコティック・アノニマス（NA），ギャンブリング・アノニマス（GA）などについては，上掲ホームページのリンク集を参照。
（3）拙稿「精神科医療と保安処分〜ドイツの場合と日本の場合〜」法学セミナー563号36〜40頁（2001年），同「触法精神障害者の処遇と社会復帰〜行為者の視点と被害者の視点〜」法律時報74巻2号36〜42頁（2002年）参照。
（4）澤登俊雄『少年法—基本理念から改正問題まで—』127頁以下〔132〜133頁〕（中公新書，1999年）参照。
（5）精神医療法制の歴史については，大谷實『精神保健福祉法講義』13〜20頁（成文堂，1996年）参照。日本精神科病院協会のホームページ（http://www.nisseikyo.or.jp/）も参照。
（6）地域格差については，山崎敏雄他「精神医療審査会の機能評価に関する研究（第一報）」厚生科学研究報告書『精神医療審査会の機能評価に関する研究報告書』3頁（1996年）参照。
（7）1970年に32.2％あった措置率は，1985年に9.0％，90年には3.6％，95年には1.7％になり，99年には1.0％に下がっている。精神保健福祉研究会監修『平成12年版・我が国の精神保健福祉—精神保健福祉ハンドブック』525頁（厚健出版，2001年）参照。
（8）ダルク編集委員会編『なぜ，わたしたちはダルクにいるのか（改訂版）』（ダルク，1996年）には，当事者による多くの体験が掲載されている。
（9）治療共同体については，永野潔「治療共同体の歴史と薬物依存症治療施設，DARCの現状とその役割」（ダルク編・前掲注（8）184〜197頁所収）参照。包括的な構想として，拙稿「犯罪者の社会復帰と自助グループの役割—国家的パラダイムから市民的パラダイムへ—」法学セミナー548号70〜75頁（2000年）参照。
（10）筆者は，すでに「市民の，市民による，市民のための刑事政策」構想において，刑事政策における2つのパラダイムの対比を試みた。詳細は，拙著『刑事政策のパラダイム転換』（現代人文社，1996年）のほか，拙稿「刑事政策のパラダイム転換—市民の，市民による，市民のための刑事政策—」刑法雑誌40巻3号299〜314頁（2001年），「刑事政策におけるパラダイム革命（再論）—国家的パラダイムから，市民的パラダイムへ—」龍谷法学34巻2号187〜215頁

（2001年），および拙稿・前掲注（9）を参照。
（11）2001年6月に最終意見書をまとめた，司法制度改革審議会も，「国民の司法参加」がこの改革の重要なテーマのひとつであることを認めている。司法制度改革と処遇の関係については，拙稿「司法制度改革と犯罪者の処遇」『別冊法律時報・司法制度改革』181〜184頁（日本評論社，2001年）参照。なお，拙稿「矯正保護審議会の提言と21世紀の社会復帰処遇〜矯正・保護課程の新たな四半世紀に向けて〜」矯正講座22号1〜2頁（2001年）も参照。
（12）前掲注（6）の厚生科学研究における内田博文グループの報告を参照。なお，このプログラムについては，大藪志保子「薬物自己使用少年のダイヴァージョンの試み―回復支援の整備に向けて―」矯正講座22号105〜121頁（2001年）参照。
（13）アミティについては，本書所収の南口＝石塚論文を参照。日本招聘委員会の活動については，ホームページ（http://www.egroups.co.jp/group/amity-japan/）を参照。
（14）ドイツの状況については，金尚均「ドイツの薬物政策の現状」矯正講座21号111〜126頁（2000年）。本書所収の金論文も参照。アメリカについては，平野哲郎「ドラッグ・コート―アメリカ合衆国におけるリハビリテーション・ジャスティス（社会復帰的司法）の試み―」判例時報1674号27〜39頁（1999年）など参照。
（15）佐藤岩夫「『公共性の空間を支える司法』，しかしいかなる『公共性の空間』なのか」法律時報73巻7号10〜15頁（2001年）は，孤立した個人に対する国家の統制のために作られた「操作的公共圏」と結社する個人による「市民的＝批判的公共圏」という2つの公共圏概念を対置させ，後者の担い手として，NGOなどの結社を形成することを通じて，法制度のリピート・プレイヤーとして自らの立場を強化していく新たな市民の像を提示している（14頁）。村井敏邦「監獄事情改良と『市民性』―NGOの役割」海渡雄一『監獄と人権』231〜251頁（明石書店，1995年）は，この分野におけるNGOの役割の重要性を指摘する。

(いしづか・しんいち／龍谷大学法学部教授)

アミティが市民運動に与えたインパクト
京都での取り組み

南口芙美＝石塚伸一

はじめに
1　アミティとは何か？
2　来日講演から，アミティ研究会・京都へ
3　再来日へ向けて
4　来日中止
5　再来日実現
おわりに

ナヤ・アービター講演
　アメリカの刑務所におけるアミティの実践　〜暴力の連鎖を断つために〜

はじめに

　1996年，NHK衛星第1放送で放映された『ジャーニー・オブ・ホープ〜死刑囚の家族と被害者遺族の2週間〜』は，死刑廃止や犯罪被害者の問題に取り組む人たちに大きな衝撃を与えた。その頃，世情は，いわゆる「オウム真理教」事件を契機に，「加害者」に対する被害者と市民の怒りがほとばしるような空気に満ちていた。ところが，「ジャーニー」の画面は，怒りを乗り越えようとする人たちと自らの罪業（つみ）の深さを自覚し，これを贖う道を探し苦しむ人たちのほとばしるような情動（エモーション）で満ち溢れていた。そこでは，犯罪の被害者と加害者の和解を求める市民的運動が，ひとつのかたちになっていた（坂上香『癒しと和解への旅——犯罪被害者と死刑囚の家族たち』〔岩波書店，

1999年］）。

　わたしたち龍谷大学刑事学ゼミでは，毎年，12月の補講期間に「死刑についてじっくり考える1日」を設け，朝9時から夕方の6時ころまで，死刑について学び，語り合う時間をもっている。1999年12月は，ゲストに「ジャーニー」の制作者である坂上香さんをお招きして，「ジャーニー」にいたる道程を伺うことにした。1999年12月21日，坂上さんには，わたしたちの申し入れを快くお引き受けいただき，まる1日，勉強会にお付き合いいただいた。

　「1日」の後，恒例のコンパの会場で，坂上さんから「来年4月に，アミティという犯罪者の社会復帰のために活動しているグループを呼ぶことになっています。京都でも講演会をしてみませんか」とお誘いがあった。その場で「京都・アミティ研究会」が発足し，アミティ招聘に協力することになった。当初は，「アミティとは何か」も分からなかった。

　そこで，テレビ・ドキュメンタリー『閉ざされた魂の叫び～アリス・ミラーが解く子ども時代～』と同じく『隠された過去への叫び～米・犯罪者更生施設からの報告～』の鑑賞会を開いた。とりわけ，「隠された過去への叫び」は，参加者に大きなショックを与えた。上映後，感想を語り合おうということになったのだが，予想もしなかったような激しい感情の表出に戸惑うばかりであった。参加者の多くは，自分の中に生じた変化の意味が理解できなかったのだと思う。その後，勉強会を重ね，「アリス・ミラーのパラダイム」や「12ステップ・プログラム」などについて知るようになった。

　2000年4月3日，アミティ・京都セミナー「犯罪者の社会復帰と自助グループ～アミティの実験～」が開催された。アミティとの出会いは，わたしたちが初めて感じる感情の揺れ，苦しさ，一筋の光，それらが混じりあい，溢れ出るものだった。あれから3年。様ざまな問題を抱えながらも，京都で芽生えたアミティへの想いは，消えることなくつながり続けている（当日の様子は，アミティ招へい実行委員会有志制作のビデオ『アミティ～魂と出会うたび～』で見ることができる。詳しくは，坂上香＝アミティを学ぶ会編『アミティ・「脱暴力」への挑戦』〔日本評論社，2002年〕参照。また，招へい委員会の活動については，

http://www.cain-j.org/Amity/も参照）。

1　アミティとは何か？

　石塚は，2000年3月アリゾナ州ツーソンとカリフォルニア州ロサンゼルスのアミティを訪問した。そのときの記録などをもとに，アミティについて紹介しておこう。

　「アミティ（AMITY）」とは，ラテン語で友情・友愛を意味し，米国・アリゾナ州を拠点とする犯罪者やあらゆる依存症者などさまざまな問題を抱える人々のための社会復帰を支援する非営利団体である。世界的に有名なアリス・ミラーの考え方に沿って，治療共同体（Therapeutic community）と呼ばれる心理療法的なアプローチで20年間ワークショップを行なってきた。その特徴は，参加者が今までの生き方を見直し，新しい価値観を育み，そして新たな人生に向かいあうところにある。カリフォルニア州ドノバン刑務所などではアミティが薬物依存症者のためのプログラムを実施している（詳しくは，アミティのホームページhttp://www.amityfoundation.com/参照）。

　アミティのプログラムは，アリゾナ州，カリフォルニア州およびニューメキシコ州を中心に展開されている。アリゾナ州ツーソン（Tucson）にある「サークル・トゥリー牧場（Circle Tree Ranch）」がアミティ発祥の地である。
　プログラムには，共同生活プログラム・刑事施設内プログラム・コミュニティプログラムがある。アリゾナ州・カリフォルニア州・ニューメキシコ州では，共同生活プログラムが中心になっている。カリフォルニア州「リチャード・J・ドノバン（Richard J. Donovan）刑務所」「ソレダド（Soledad）州立刑務所」「ロサンゼルス（Los Angeles）郡刑務所」，アイオワ州の「デザート・スター（Desert Star）州立刑務所」などでは刑事施設内プログラムを実施している。また，ニューメキシコ州のアミステッド（Amistad），フォート（Fort）の男子寮，エスパニューラ

（Española）の成人と少年のドラッグコート，ロサンゼルスの男子寮と女子寮，アリゾナ州ツーソンのパターソン・ハウス（Peterson House），ヴィスタ牧場（Vista Ranch）男子寮，サリナスのインサイト・ハウス（Insight House），インサイト牧場寮などでは，コミュニティプログラムを実施している。さらに，サークル・トゥリー牧場やニューメキシコには，アルコールや薬物の依存症者を親にもつ子どものための施設もある。サンディエゴのマックダニエル地域センター（McDaniel Community Center），ニューメキシコ，ロサンゼルス，ツーソン，サリナス，ヴィスタなどでは，家族のためのプログラムも提供されている。

　共同生活プログラムの年間予算は300万ドル。各種財団や政府機関からの助成金が主な財源である。さらに現場の活動をサポートする機関として，カリフォルニア州ポーターヴィル（Porterville）には，アミティ基金（Amity Foundation）があり，その支部がロサンゼルスとアリゾナに置かれている。また，マックダニエル地域センターやジュアン・カビラ訓練・再研修センター（Juan Chavira Training and Retreat Center）などには研修機関がある。

　プログラムの内容は，アミティが独自に運営する開放施設では，15ヶ月から18ヶ月の間，50名から150名で生活を共にする共同生活プログラムが実施されている。ここではグループワークを中心としたプログラムが組まれ，職場や学校に通うことや，家族や友人との面会も許されている。また，本人だけではなく家族への対応も行なっている。

　刑事施設内プログラムでは，薬物の問題を抱える受刑者を対象としたプログラムが組まれ，受刑体験のある者や終身刑で服役中の受刑者たちがスタッフになり，参加者に良い影響を与えている。

　コミュニティプログラムでは，地域に根ざしたプログラムが組まれている。施設内プログラムの修了者へのフォローアップ・ケアや訪問サービス，犯罪予防のためのアウトリーチ（訪問・通所）活動など，広範囲にわたる支援が行なわれている。また，ファミリーセラピーや子どもへのプレイセラピーなど，問題を抱える本人だけではなく，家族へのケアも充実している。また，ロサンゼルスの裁判所での聴き取り調査によれ

ば，ドラッグコートに対するプログラムの提供団体としても，信頼が厚いとのことだ。

　アミティでは，「観衆ではなく，参加者になること」「固定した役割ではなく，様々な役割を担うこと」「排除するのではなく，受け入れること」「制度やプログラムの見映えよりも，語りやすい安全な場所を作ること」「スタッフからの慰めよりも参加者同士の関係を大切にすること」「『治療』としてとらえるのではなく，『学ぶ』というとらえ方をすること」「部分的症状にとらわれず，一人の人間として全体をとらえること」「感情に振り回されるのではなく，自分の感情を使いこなす能力を身に付けること」が求められる。

　スタッフと参加者は対等なコミュニティの中で，それぞれが抱える問題を「子ども時代」にまで遡って解き明かしていくアプローチを通じて，生きなおしていくことになる。

　プログラムの参加者は，アルコールまたは薬物の乱用者・依存症者から，虐待の被害者，加害者であり被害者である人，社会に適応できないあらゆる問題を抱える人，他のプログラムで失敗してきた人など広範囲にわたる。裁判所の判断によって，刑務所などの矯正施設に拘禁されるかわりにアミティに送られてくるケースや，友人や親族によって連れてこられるケースなどもある。

　また，カリフォルニア州ドノバン刑務所では，アミティが薬物依存者のためのプログラムを実施している。そのアミティ施設での調査では，ケアを受けている人の平均年齢は31歳，逮捕歴の平均は27回，90％が少年時代から問題の兆候を示しており，そのほとんどが少年院などの施設で暮らした経験を持っている。「警察，裁判所，刑務所と，行く先々で『被害者にしたことを反省しろ』と言われ続けてきたけど，いったい何をどのようにして反省していいのかわからなかった」と彼らは口にする。アミティでは，彼らの多くが子供時代に何らかの虐待を受けており，その記憶を抑圧することによって他人への共感や反省が生まれにくい状況が作り出され，犯罪や自傷行為に至っているのだと考える。

アミティのスタッフの多くは，かつての受刑者や薬物依存症者，すなわち「リカバリースタッフ」である。アミティのプログラムを受けたあと，専門的なトレーニングを受け，カウンセラーの資格を取り，インターンを務めたあと，ようやくスタッフとして認められる。彼らもまた，子ども時代に深刻な虐待を受けた被害者であることが多い。

プログラムの効果としては，再犯率の低さが挙げられる。ドノバン刑務所では，一般の受刑者の再犯率が63％のところ，刑務所内のアミティ体験者の再犯率は26％。半分以下にとどまっている。また，再び犯罪を犯したとしても，犯罪の内容が軽くなる傾向にある。社会復帰後も麻薬に手を出したり，問題行動に走ったりしないように，継続的なサポートを行っている。

2　来日講演から，アミティ研究会・京都へ

第1回の来日講演は，2000年4月。研究会発足からわずか4ヵ月後のことである。その間，集中的に研究会や準備会を重ね，広報のためにビラ配りも行った。多くの協力者を得て，なんとか当日を迎えた。スタッフの心配をよそに，当日は，関西圏のみならず長崎や愛媛からの参加もあり，120名以上の人たちに集っていただいた。

講演は大きな感動を巻き起こした。この感動と，講演によって感情を揺さぶられた人たちからの，「アミティを知りたい」というメッセージは，講演会の実行委員として集まっただけだった私たちに，何かしなければとの思いを抱かせた。

講演者のナヤさんたちの呼びかけに共鳴した播悦子さんの熱意が発端となり，6月，とにかく何かはじめようと，講演会に参加していただいた方々にお知らせを送り，『アミティ～魂と出会うたび～』の鑑賞，ディスカッションを行なった。来日講演を期に，「アミティ」に何かを感じた人々が集い，その何かを求め続けるスタートの日であった。

その後，8月まで合計3回研究会を行なった。研究会には研究者・実務家・学生・一般参加者と様々な人が参加しており，報告を聞いて揺さ

ぶられる感情の揺れや幅，その受け止め方も，人それぞれであった。「アミティ」を知りたい思いと，「アミティ」を求める想いが混在し，ときにはぶつかり合うこともあった。参加者が増えれば増えるほど，関心は多様化し，どうすれば，当事者として関わっていきたい人，サポーターとして活動していきたい人，学問的関心で関わっている人などの，すべての人たちの期待に応えられるのかが大きな課題となっていった。

9月には，これら課題を検討する会をもち，「アミティ」を知るために研究を行なう場と，エモーショナル・リテラシー（情動の表現技術の学習）のための場をわけることになった。アミティ研究会・京都と自助グループ「アミティ」の始まりだった。

その後，自助グループ「アミティ」は，手探りでミーティングを続け，再来日ワークショップ実行委員会へつながり，アミティ研究会・京都は，ルイス・ヤブロンスキー（Lewis Yablonsky）の『治療共同体（The therapeutic community）』の講読の後，再来日実行委員会へつながることになる。

3　再来日へ向けて

2000年末には，再来日の企画が知らされた。そこから，月に一度のミーティングで再来日に向けての準備が始まった。一過性のイベントにしないため，プレ企画を組み，新しい出会いを広げていくことを目指すことになった。

どのようなプレ企画を組むかについてのミーティングは，それぞれの想いと，活動可能な範囲がぶつかり，なかなか進まなかったが，これからの研究会の進み方をも視野に入れたものであった。プレ企画の内容については，企画は数多く出されたが，アミティに直接つながるもので，実現可能なものを，ということで，ビデオ上映を軸とした会を3回，坂上香さんの講演会を1回，アミティに関心を持つ人たちに出会いの場を提供する会を1回となった。

これと同時に，本番の企画である講演会・ワークショップについても話し合われた。特にワークショップについては，その対象者・場の持ち

方や，そのワークショップを行なう前提としてのスタッフのあり方など，議題は多岐にわたり，限られた時間の中ではなかなか議論は進まず，自助グループ「アミティ」のメンバーを中心に，別途ワークショップ実行委員会が持たれることになった。

　また，ミーティングを重ねる中で「アミティ研究会・京都」という名称について，実際の参加者は大阪，神戸と広範囲に広がっており，大阪でのプレ企画もあることから，「アミティ研究会・関西」と変更することになった。

　4月には，プレ企画のあり方を探るヒントになればと，神戸の交通遺児支援グループ，レインボーハウスを訪問した。直接プレ企画にはつながらなかったが，感情表現の重要性と，感情を表出する場のあり方を知るうえで，とても貴重な訪問となった。

　6月から7月にかけて，3度のビデオ上映，9月には講演会と出会いの会を行ない，これらの反響から，再来日への期待の大きさを実感した。

4　来日中止

　2002年10月16日に予定していた「アミティ再来日講演会 in 京都・心の叫びに耳をすまして～あらゆる暴力から自由になるために～」は，9月11日のテロのため，アミティのスタッフが来日できなくなり，中止せざるをえなくなった。わたしたちは，「逆説的ではありますが，アミティ（友愛）の本当の意味をじっくりと考えるよい機会なのかもしれません。テロ（暴力）は，人々が積み上げた善意を一瞬にしてかき消してしまいます。怒りは，際限のない報復を呼び起こすものです。わたしたちは，いま感じている挫折感にくじけることなく，いまこそ『アミティ（友愛）』の呼びかけを再確認しましょう」との呼びかけで，代替プログラムを行なうことにした。

　テーマは，「テロ（暴力）とアミティ（友愛）～暴力と報復の連鎖からの回復を目指して～」。『アミティ～魂と出会うたび～』を上映し，坂上香さん，近藤恒夫さん（日本ダルク代表），野田正人さん（立命館大学）にお話していただいた。多くの参加があり，アミティに対する期待

の大きさを改めて感じることができ，それと同時に，いまだからこそ，アミティのメッセージを大切に伝えたいと強く願った。

　アミティの創設者の一人で，現在理事を務めるロッド・ムレンさんが，今回のテロ攻撃に関して，各地のアミティの施設で働くスタッフに，次のようなメッセージを送っている。

　〈ロッドさんからのメッセージ〉
　　今回の惨劇を自分の問題として捉え，議論し，可能な限り理解をするようにつとめる努力をしましょう。今回の事件を単なる事件として，自分と切り離し，日常生活に埋没させてしまうことはたやすいことです。特に刑務所に服役している受刑者はそうなりがちです。しかし，一人ひとりが社会で生き直していくためにも，このプロセスはまさに今，開始する必要があるのです。
　　この酷い犯罪を犯した加害者は，責任をとるべきだということ，そして，これ以上罪のない人々を攻撃から防ぎ，守らなければならないことは，私たちの誰もが認識していることです。しかし，攻撃と反撃の連鎖を繰り返すことによって，中東諸国を荒廃させたくはないはずです。近年バルカン諸国で起こってきたことを繰り返したくはありません。「目には目を，歯には歯を」という旧約聖書の言葉が，世界を盲目にし，歯をなくしてしまう，ということは事実だと思います。
　　テロリズムを止めるためには，その行為を理解する必要があります。それは，反撃することよりも，困難な課題です。
　　薬物乱用から回復するためには，処罰のみでは効果がないということを私たちは体験から知っています。であるとすれば，テロリズムを止めるために，攻撃することが効果的でないことは明白なはずです。テロリズムを理解することが必要とされているのです。より安全な世界で暮らしていくためにも，テロリズムがなぜ起こるのかという根本的な原因をみつめ，対応する必要があるでしょう。これは私たちにとって，大きな挑戦といえるでしょう。
　　この悲劇に対して，私たちは，問題を解決し，勇気を示すだけでなく，人間性や寛大さそして公平さをも示さねばなりません。攻撃を激化させ，憎しみを生みだす状況そのものを変えるプロセスを，始めようではありませんか。また，世界のあちこちで無視され続けてきた状況にも，目を向けましょう。
　　暴力が暴力しか生みださず，言語化できない時，暴力が言葉になり代わってしまうことを私たちは体感してきたはずです。
　　皆さんが，それぞれの地域で行われているコミュニティのイベントに参加す

ることを願っています。教会，市民集会，資金集めの活動，献血，その他のイベントに参加し，アミティの活動にも，そこでの体験を還元してください。朝礼，コミュニティ・サークル，そしてその他のアミティのプログラムで，私たちの問題意識を参加者と共有してください。
　今回の惨劇の結果，私たちはより人間的になるべきだということを忘れないでください。

5　再来日実現

　2002年2月9日から14日，多くの障害を乗り越えて，アミティ・スタッフの再来日が実現した。「アミティを学ぶ会」代表の山下英三郎さんは，「ナヤとベティは，まさに疾風のごとく私たちの前に現れ，そして去っていきました。でも彼女らの存在感は，物理的な滞在時間の短さをものともせず，出会った者たちの心を虜にしたと思います。ふたりの言葉は，アメリカがより鮮明にしている強者の論調とは異なり，憎悪や敵愾心を超えて人々が調和的に共存することへの願いに満ちていました。9．11とそれに続くさまざまな出来事は，彼女らの思いをさらにひとまわりも，ふたまわりも大きく膨らませたような気がしています」と述べている。今回は，「Larger Story（より大きな物語に向けて）」という言葉がキーワードとして語られた。山下さんは，これを「転生」というイメージで表現している。これには，「個人の傷みや苦しみにも転生の時が訪れることを信じよう。国家や民族レベルの対立にも双方が和解し共に生きる転生の物語を紡ぎ出そう」という力強いメッセージが込められているという。
　東京では，「子どもと暴力」をテーマに講演会やワークショップが開催された。名古屋や岡山でも講演会が開催され，京都ではワークショップが開催された。

おわりに

　しばらくの休息の後，2002年5月ころから，活動を再開した。アミテ

ィのようなフォローの場がない現実の中で、様ざまなニーズに応えることの難しさを実感し、それでも何かを求める想いは消えることはなかった。いまは、「京都でアミティを学ぶ会」として、2ヶ月に1回程度のペースで勉強会を行なっている。この会はアミティとの出会いを何らかの形にしたい人々のつながりの場であり続けている。

初めて「アミティ」を知ったとき、ビデオの中で笑う、「凶悪犯罪者」といわれた人々の明るい顔に驚いた。人は変わることができるというメッセージが大波となって打ち寄せてきた。私にとってそれは、突然目の前が明るくなったような感覚だった。それにもまして、初来日の際の参加者の反応は、大きく、強いものだった。

何かしたい、アミティが必要だ、その想いが渦となっていく様が目に見えるようだった。そのときの感動を伝えるアミティの伝道者たちが生まれた。3年が過ぎた今も、人々のアミティを求める想いは変わらない。私も、「隠された過去への叫び」を観るたびに激しく揺さぶられる感情と色あせない感動、「アミティ」を学ぶときの、希望が見えると信じることのできる感覚は消えることはなく、何かを求め続けている。

アミティが万能だとは思わないが、子ども時代に目を向け、過去をみつめ、それぞれの傷を受け止めることによって、新しい人生を生きなおすというアプローチは、既存のセラピーや自助グループなどでは自身の問題を解決できなかった人々にとって、大きなヒントになるものではないだろうか。「回復のプロセスは、リハビリテーション（もとの安定した状態に戻ること）ではなく、ハビリテーション（はじめて生きること）である」ということばは、様ざまな場所で新しい一歩を踏み出すためのキーワードになると思っている。

『アミティ～魂と出会うたび～』の最後に流れる、「人生の春」を迎えた人々の笑顔が溢れる映像「FACE」からは、希望が溢れてきているような気がする。これを見るたびに、その場にいる人びとと涙と感動を共有することができる。厳罰化の進む日本で、今ほんとうに必要なものは何なのか、一つの答えがその感動の中にあると信じている。

以下に、2002年2月の来日に際して、ナヤさんとベティさんが用意し

てくれたスピーチと質疑応答をここに訳出することにした。この講演録は，「アミティを学ぶ会」の同意を得て，転載させていただいたものである。

(みなみぐち・ふみ／龍谷大学大学院法学研究科修士課程
＝いしづか・しんいち／龍谷大学法学部教授)

ナヤ・アービター講演
アメリカの刑務所におけるアミティの実践
〜暴力の連鎖を断つために〜

講演　ナヤ・アービター
翻訳　坂上　香

1　講演　暴力の連鎖を断つために

　本日，この場でお話しする機会をいただけたことを，たいへん嬉しく思います。そして，2001年10月に来日が果せなかったことに対して，心からお詫びを申し上げたいと思います。9月11日の「あの出来事」によって，私たちの友人の多くが直接被害を受けました。また，私たちは刑務所内でもプログラムを行なっていますが，極度に不安定な状態にある受刑者たちを置いて，日本に来ることは出来なかったのです。来日をキャンセルしてしまったことに対して謝罪するとともに，今ここに居られることに感謝しています。
　ユダヤ系の作家エリ・ヴィーゼルは，1986年にノーベル平和賞を受賞しました。彼は第2次世界大戦中に思春期を過ごし，4ヶ所の強制収容所に収容されていました。その体験から，彼は人間としての権利を剥奪された人々の支援を行なうようになったのです。ヴィーゼルは言います。
　「言葉で問題を解決できないとき，暴力が言葉に成り代わる」。

　話しあう努力を怠ったとき，暴力がコミュニケーションの方法となってしまうのです。まさに今，この時こそ，ヴィーゼルのこの言葉が，私たちの世界に必要なのかもしれません。
　アメリカ社会から疎外され，まるで悪魔であるかのような扱いを受けている人々に向き合うこと。それが，私とベティの仕事です。私たちは，

多くの暴力的な男性，女性，そして少年たちに出会ってきました。刑務所で服役中の受刑者や思春期の少年たち，そしてギャングメンバーなどと接してきました。私たちのもとに送られてきた援助を必要とする人たちの多くは，薬物の問題を抱えています。彼らが暴力に囲まれて生きてきたこと，それも，被害者と加害者両者の立場であるということを見逃すわけにはいきません。

　ヒューマンサービスワーカー[1]に共通する問題は，過度な細分化だといえます。社会福祉に関連するそれぞれの専門分野が，バラバラに分裂してしまっているのです。人間を対象とする制度は，テクノロジーのシステムをそっくりそのまま真似るわけにはいかないのです。薬物回復プログラムを実践しながら，性的虐待の問題に目をそむけることはできないのです。性的虐待の問題に対応するには，家族が抱えるアルコール依存症に目をつむるわけにはいかないのです。人間の成長というものは，産業が発展していくことと反比例する農業のようなものといえます。私たちはみな，様ざまな専門分野からのサービスを提供しています。保護観察官や保護司であったり，教えることであったり，家族へのカウンセリングであったり，グループの運営であったり。しかしどんな専門分野であっても，暴力の連鎖を断ちたいと願うのなら，専門分野の細分化や分裂を止める方法を見つけださねばならないでしょう。そして，全人格的な教育や癒しのプロセスを始める必要があるでしょう。いくつかの例をあげてみます。

　　◇　カーティスは，自立支援施設に暮す男の子です。彼の状態が落ち着いてきたかと思うと，突然，彼の心をかき乱すような手紙が母親から届き，そして彼の素行がまた再び荒れ始めるのです。母親から手紙が来るたびに彼は自傷行為（自分で自分を傷つける行為）をします。母親自身，罪を犯し，仮釈放中の身です。母親の保護司と少年の暮らす自立支援施設の職員は，連携した対応をすることがありません。母親が面会に来るたびに少年は自分の指を傷つけ，そして母親が面会に来たある夜，少年は施設の職員を殺しました。そして，たった15歳で終身刑を言い渡されたのです。

◇　トムは薬物回復プログラムに参加しています。彼にとって，人生で一番大切なのは弟です。しかし，スタンという名のその弟も，薬物に染まってしまっています。スタンは捕まり，少年院にいます。そこでは少年用の薬物回復プログラムが行なわれていません。スタンが少年院から出た後，兄であるトムは薬物回復プログラムを去り，弟の面倒を見ようとします。そして2人とも元の状態に戻ってしまい，結局捕まってしまう羽目になります。

　◇　コロンバイン高校で生徒たちを射殺した男の子たちはみな，この事件以前から問題児として扱われていました。少なくともそのうちの1人は抗うつ剤を長期間飲んでいました。この射殺事件は，果たして防げなかったのでしょうか。

　このようなバラバラに分裂した専門的ケアではなく，私たちは全人格的な統合された教育を必要としているのです。これが効果的な治療共同体の基本であり，アミティの基本です。初期の治療共同体であるシナノンの創設者は次のように言っています。
　「資格を持った専門家は誰一人として，薬物依存者の回復を図ることはできませんでした。人間を丸ごと見ないからです。薬剤師や研究者は薬物依存を，薬の問題として扱います。内科医は，薬物をやめるようにアドバイスします。心理学者は精神的および心理的能力として問題の深刻さを計る傾向にあります。精神科医は薬物依存に至ったトラウマを解決しようとします。人類学者は文化的な要素を研究します。そして，社会学者は回復に貢献しそうな社会的環境を探求しようとするのです。私たちは，新しいものを提供します。それは統合的なプログラムです。すべての人が，人生は贈り物であって無駄ではない，というビジョンを持てるようにするためです」。
　もし，暴力のない社会にしたいと願うのであれば，1人の人間の全体を見ようとしなくてはなりません。私たちは20年前に刑務所での仕事を始めました。カリフォルニア州の刑務所でそのプログラムを開始したと

き，私たちのもとに送られてきた男性たちの何人かは，単なる薬物使用以上の深刻な問題を抱えていることはすぐわかりました。彼らがどんな問題を抱えた男性たちだったか，そしてプログラムを終えた後，彼らがどうなったかをお見せします。

スイスの元精神分析医であるアリス・ミラーは，子ども時代と暴力の関係についての多くの著書があり，アミティではその本のなかからいくつかのパターンを取り出し「アリス・ミラーのパラダイム」を考え出しました。

◆　アリス・ミラーのパラダイム（Alice Miller's Paradigm）
・小さな子どものときに傷つけられたが，そのことを誰にも知られたくない。
・そうした被害を受けたことに対して怒りをぶつけることができなかった。
・傷つけられたことが相手の善意だとして，むしろ感謝で応えようとしてしまう。
・すべてを忘れてしまう。
・大人になってから，内にためた怒りを他人や自分自身に向けて吐き出してしまう。

アミティの役割とは，アリス・ミラーのパラダイムを認識し，そのすべてを逆の方向にすること，つまり，次のようなことです。
① 自分自身や他人に対しての怒りを，あたり構わずまき散らすことをやめる。
② 抑圧してきた体験を思い出し，現実にあったこととして認める。
③ 和解する，過去との折り合いをつけるということを理解し，子ども時代の体験を認識する。
④ 安全な場で，適切な方法で，怒りを表現する。
⑤ 同じような体験をした人々とグループで語り合い，加害者もかつては被害者であったことを認識する。

だからといって，犯罪などのあやまった行為に対する言い訳にはなりません。なぜそういう行為に至ったのかを説明することができるだけです。あたり構わず怒りをまき散らすことをやめるようになって初めて，彼らは，「加害者」として自分で自分の責任を取れるようになるのです。
　あやまちの責任をとらせるために，いくら人を罰しても効果はありません。
　私たちがケアの対象としている暴力的な人たちには，捕まってしまったことを後悔するのではなく，自分自身がまちがったことをしたと，心からわかって欲しいのです。
　精神科医や刑務所や様々なプログラムをたらい回しにされて来た人々，自らを拒絶してきた人々が陥っている，拒絶されてきた人々特有の文化は，私たちの社会に特別な意味を持っています。もし，そのこと自体に目を向ける勇気があるなら，私たちの心に存在するもっとも醜くて不愉快な部分に遭遇することになるでしょう。私たち自身が認めたがらず，うんざりしてしまうような側面にです。
　現在，私たちは5つの刑務所において1,500人の男女を対象にプログラムを行なっています。そのほとんどの人々が，暴力に囲まれて暮してきています。暴力的な行動を変えるために，彼らはどのようなプロセスを送っているのでしょうか。
　変えるためにはどのような環境を作り出す必要があるのでしょうか？

(1) **信頼できるスタッフ**（Credible Staff）
　ヒューマンサービスに従事するスタッフたちは，参加者に信頼される必要があります。彼らの自滅的な態度に満ち満ちた冬の時代がいかに長かったとしても，それぞれが生き抜くための強さを持っているんだということを，知らせる必要があるでしょう。スタッフは，参加者たちが自分の感情を理解できるように促さねばなりません。彼らが被害者であったと同時に，加害者でもあったのだということに，直面させる支援をする必要があります。生き延びてきたことは春を意味し，花が咲く可能性を意味します。しかしながら，ときにスタッフたちは，参加者たちの体

験を恐れ，彼らに対してほとんど期待せず，彼らが体得してきてしまった無力感を無意識のうちに助長させてしまったりします。これらは単なる同情による副作用といえるでしょう。乗り越えるべき問題について，語り合おうという姿勢をもったメンター（先輩）が必要です。それは痛みについて耳を傾けることを恐れず，仲介役を買って出ることができ，また，内部からわきあがってくる声や日々生活している感覚を参加者に感じさせてあげられる人です。

これは，いわゆる「知識」よりも，「感じる力」に重点を置いているということを意味します。暴力的な犯罪者は，暴力という行動に訴えるのではなく，感情を表現する他の言語を新しく学ぶ必要があるのです。

社会や自分自身に対して危害を加えるのではなく，まずグループのなかで語ることをすすめます。グループには，問題を乗り越えてきた人々もかならず含めます。自分とは異なる体験をしてきた人たちが同じグループに参加することはお互いにとって役立つのです。たとえば私は10代の頃，ギャングに属しており，何度も少年院や刑務所に入れられましたが，ベティの体験は違っていました。違う体験をした私たちがペアになって仕事をすることには意味があります。

刑務所でプログラムを実践する場合，暴力的な犯罪をおかした終身刑の受刑者たちのなかから数名を選び，数年間トレーニングを受けさせるために，所長から許可をもらう必要があります。重大な暴力的犯罪を犯したことで，受刑者たちは彼らに敬意を払っています。ですから，彼ら自身が変化し，暴力ではない表現方法を身に付けると，周りは彼らに耳を傾けるようになるのです。実際今までにも何度か，彼らは命がけで刑務所内の暴力沙汰を解決してきました。ロドニー・キング事件[2]の後，彼らのおかげでこの刑務所では，人種差別による暴力事件は起こらなくなりました。

(2) **安全な場を創る：感情と物理的な環境を整える**
　　（Creating Sanctuary: Emotional Climate and Physical Environment）
時を重ねた文化には，安全な場を象徴する場やセレモニー（儀式）があります。物事の展望，祝いごと，変化や癒しが起こるための前提条件

のひとつです。

　高度に産業化された国々では，人は現実から遊離した妄想によって安全を得ようとしたり，ドラッグによって安心を得ようとしたり，極度の不安をセラピーや，メディテーションやヨガのみで解決しようとしたりしています。

　いわゆる「グローバルな発展」というものは，安全な場の大切さを低く評価したり，無視したりしてきました。そしてこのことが，私たちの時代の「傷ついた感情」を生みだしてきたといえます。私たちの所に助けを求めてやってくる女性は，安全な場を求め，アルコールや薬やたばこにそれを見出したような気になっています。私たちは，本当の意味での安全な場にどうしたら行き着くことができるのかを知らせる必要があります。

　安全な場は，はっきりと目に見えるものではありません。物理的にも整えられた環境によって支えられている，心理的なスペースといえるでしょう。安心感（＝スピリチュアルなもの）を感じ始めることは，変化の始まりでもあります。自分自身を知ることでもあります。長くて辛い旅の後，自分の心にもどってくることこそ，安心感だといえるでしょう。

　安全な場という言葉をより深めるためには，私たち自身から始めなくてはなりません。子どもの頃，思春期，成人してから，それぞれの時代で，自分にとって安全な場はどんなところであったかを考える必要があります。安全だと感じるために何か大切なことを打ち明けられるのは，どんな条件においてでしょうか。治療共同体では安全な場の雰囲気づくりは，実務家（スタッフ）から始めます。というのも，スタッフ同士で安全な場が持てなければ真のコミュニティなど築けないからです。スタッフは，ゴシップや嫌がらせやねたみといった不安定な感情の場にひたっていてはなりません。治療共同体にやってくる女性には物理面でも心理面でも，彼女自身がやってきた外の世界とは明確な違いを見せる必要があります。彼女自身が体験したことが何であったのかを理解するために体験を名付けられるだけ十分に安全でなくてはなりません。彼女自身が誰であるかを見出し，また彼女自身が望むのであれば恥を感じずに性的嗜好を変えることもでき，彼女自身について全て語れるだけの，十分

に安全な場である必要があります。物理的な環境は，表現や，創造性や，安心感を創りだします。

　プログラムでの暮らし方を彼らに私たちが教え込むのではありません。むしろ，世界のなかで生きていくために，そして，彼ら自身や愛する人のための独自の世界を創るために，私たちはある種のロールモデルの役割を果すべきでしょう。

(3) 固定観念にとらわれずに，ジェンダーへの責任をとる　（Accountability to Gender）

「アカウンタビリティ（説明責任を果す，責任を取るということ）」。これは，どんなプログラムでも重要視され，実務家達は細かい罰則などを設定することによって，いかにも責任を果したかのような気になっています。しかし，それぞれのアカウンタビリティの制度は，時に，実践者として本当の責任を果すことを妨げてしまい，魂を傷つけてしまうはめになります。

　では，私たちはどれだけジェンダーに対する固定観念にとらわれずに，それぞれの責任を果たしているといえるでしょうか？　男性も女性も，自分たちにとって何が真実かを知るチャンスが必要です。暴力を断ちたいのであれば，男女が向き合う場が必要です。男性も女性も，単に世間的に正しいことだからということではなく，彼らにとっての真実を語りあえるだけの開かれた場が必要なのです。エメットやハナ（番組「隠された過去への叫び」に登場した参加者）は，世間の目を気にして正しいことをしようとしたのではありません。2人とも被害者であり，加害者であり，そのことに向き合おうとしていたのです。

(4) 「子ども時代を奪われた人々の文化」を認識する　（Acknowledging a Culture of Degradation）

　暴力にさらされて暮らしていたり，暴力を擁護したりする人たちは，民族の違いを超えて，「子ども時代を奪われた人々の文化」を共有しているといえるでしょう。それは，人間関係抜きの性的文化ともいえます。また，愛情が欠落した親との関係からくるものであったり，友情が欠落

した単なるつきあいからだったり，誰からも望まれていない誕生からだったり，レイプや医療ミスからくるものであったりします。それは，人に利用され，また人を利用するといった人を操る文化でもあります。それは絶望の連鎖でもあります。

　被害者も加害者も，尊厳を奪われた，という意味においては，似たような状態にあるのです。

　社会的・経済的な背景にかかわらず，性的虐待は起こります。そしてこの文化の種はそれぞれの社会で，増殖されていくのです。それは，「搾取された子どもたちの文化」です。夢も持てないような現実，極度に近代化された子育ての現場，そして親に捨てられた子どもが暮す施設における危機的状況です。

　暴力に関連する体験に名前を付ける際，女性の役割を忘れがちです。女性に対して行なわれる暴力というのは，まだまだ隠されていて明るみに出ていません。

　女性は，感情や心の守護神のようなものだと思います。女性の体験に価値を見いだすことは，つながり，感情，そして直感などに価値を見いだすことと同じです。女性のサークルは，あまり大きくないほうがいいでしょう。体験を十分に名付けたり，異なった役割をお互いに学びあったり，今までの人間関係を改めたり，哀しんだり，笑ったり，回復や更生を超えて長く続く関係を持てるようになれるためにも，ある程度少人数でグループを組むことが望ましいでしょう。

(5) **体験を名付け，認め，そして生かす**
　　　(Naming, Claiming and Using Experience)

　自分が体験したことに名前を付けることができなければ，その体験が実際にあったということを認めることさえできない。認めることができなければ，その体験を生かすこともできない。女性たちは，自らの体験に名前を付ける必要があるのです。そうでなければ，自分がどのように反応したか理解することができないでしょう。また，物事に対処するスキルを得ることも，自分が変るために自らの体験を生かすこともできないでしょう。それぞれの女性が，自らのストーリーがいかに大切である

かを見つける必要があるのです。彼女自身が，どのように問題を乗り越え，旅してきたかを。ひとつの傷は種のようなものです。それは，その人自身が今よりさらに大きく育つための種です。彼女が自分の傷に名前を付けるチャンスが与えられなければ，傷は悪化してしまうでしょう。

　これは，被害者にも加害者にも，あてはまることです。

(6)　セレモニー（Ceremony）
　生きる喜びを失った時，その失ったものや尊厳を再び取り戻すために，セレモニーを行なう必要があります。セレモニーは，私たちの人生がいかに素晴らしいかを教えてくれる場を作りだすものです。儀式，話，シェアリング（分かち合うこと），ダンス，書くこと，贈り物をすることなどによって，感謝の気持ちを表し，人生におけるつながりを認識し，敬意を払う方法です。またセレモニーは，女性にとって，哀しみや喜びや変化の記念を確認することにもなります。グループをオープンにしたり，クローズドにしたり，様々な形態をとることが可能です。真の友情を作り出し，愛する人の死を十分に哀しんだり，失った子どもの誕生日をお祝いしたり，HIVに感染したことを告知したり，子どもとの再会を祝ったり，長く待ち望んでいた離婚が成立したことや正しい道を歩むために告白する勇気を持ったことを確認するためなどです。それぞれの人生で起こっている出来事を認めたり，前向きに捉えるために時間をかけることによって，人生の喜びを回復したり，偽りのプライドから本当の人間の尊厳が生まれたりするのではないでしょうか。

(7)　自らの物語をより広く，より普遍的に捉える（The larger story）
　社会から拒絶されてきた人が，実は社会にとって大きな助けとなり，新しい社会の基盤を創るための要になる，と気がついたとき，ストーリー（物語）は広がりをみせます。恥を作り出すことに加担することをやめ，壊したものを再び立て直し，引きちぎったものを縫い合わせ，燃やした所に植物を植え，バカにしあってきたことに対して支え合う，といったことに再び目を向け，互いを抱きしめあうことが必要です。愛情は，真のコミュニティを形づくるのに不可欠です。今日の世界にとって，コ

ミュニティは欠かせません。世間的にどう見られようが，愛し合おうとする人々，誰も気づかない時に犠牲を払う人，そういう人が形づくるコミュニティが必要です。私たち自身のほうからそばに歩み寄り，感情面でのリスクを負うことによってしか，暴力の連鎖は断ちきれないでしょう。

(8) 彼らのストーリーは，何を物語っているでしょうか？
（What was the larger story ?）

◇　10年間虐待され続け，売春のために全部の歯を抜かれ，男性パートナーの罪をかぶって7年間の服役を強いられた女性がいます。彼女は，3人の子どもの親権を奪われた揚げ句に，ニューヨークシティのごみ箱に捨てられていました。この女性が物語っているものとは何でしょう。

◇　ある男性は，4歳の頃，ギャングのメンバーだった父親が，仲間の仕返しのために，車のなかにいる3人を焼き殺すところを目撃しました。彼自身，成長して殺人を犯し，「28年以上の無期刑」という重罰を科せられました。彼の人生は何を表しているのでしょう。

◇　養父にレイプされる間，母親に羽交いじめにされた少女がいます。彼女は家出し，赤ん坊を産み落としました。ある男性からヘロイン中毒にさせられ，暴力をふるわれ，揚げ句の果てに，子どもを殺そうとされ，それに対して抵抗したことで何年も刑務所に収容されました。そしてもう2人子どもを産みましたが，その子達も失ってしまいました。この女性が物語っているものとは何でしょう。
　銃弾のつまった銃を頭につきつけられながら，ヘロインを打たれて，「気持ちいいだろう？」と言われていました。この女性が意味するものとは？

◇　25回以上逮捕され，18年もの間，刑務所や拘置所を出たり入っ

ナヤ・アービター講演　**209**

たりした黒人の男性。彼は，息子を犯罪のパートナーにしたてた揚げ句，その息子は殺されてしまいました。彼の人生は何を物語っているのでしょうか。

◇　残酷にレイプされたある女性は，加害者側に犯罪歴がなく，被害者側である女性に犯罪歴があったことで，警察から傷害罪で逮捕されてしまいました。加害者は釈放。この女性のストーリーは，何を物語っているでしょう。

◇　ある女性は，性的初体験が医者によるレイプでした。彼女はホームレスとして何年もストリートで暮らし，エレベーターや地下鉄の駅に隠れて冬の寒さをしのぎ，公衆便所のなかで汚れた針でドラッグを打ってきました。この女性の人生は，何を物語っていますか？

　ここにあげた女性の1人は，アメリカでも暴力的なことで知られる男性刑務所内の治療共同体で，現在ディレクターをつとめています。彼女の仕事ぶりは，とても高く評価されています。またある男性は，終身刑を科せられていますが，若者たちを救うために，刑務所のプログラムでスタッフをしています。もう1人の女性は，博士号を取得し，その分野では著名な専門家として知られるようになりました。彼女は，3人の子どもを愛する母親でもあります。ある男性は，450人の受刑者を対象に，「薬物依存からの回復および暴力をなくすためのプログラム」で活躍しています。また，ある女性は，何枚もアルバムを発表して成功をおさめているミュージシャンです。またある人は，家族関係の再構築に関する専門家として，数百に及ぶ家族を救ってきました。一度失った子どもの親権を取り戻し，子ども全員を大学に進学させた女性もいます。そして，このうちの1人は，今皆さんに語りかけている私自身です。

2　質疑応答

Q　更生途上にある人々の施設で，トラブルはないのですか？　施設内

の安全はどのように保障されているのでしょうか？

A　問題だらけです。今この時間にも問題が起こっているでしょう。帰ったらものすごい量のEメールがたまっているに違いありません（笑）。まず一番大切なのは，新しい人が来たときにどのように面接をするかです。最初にいろいろ施設の説明をしたりするのですが，その時に，スタッフだけでなくそこに暮らしている参加者達も，自分達はこういうことをしているんだという姿勢も含めて，どのように暮らしているかを示します。ただ単にそこで暮らすということだけではなく，最初にやってくる時の面接のあり方が非常に大切だと考えます。

Q　ドメスティックバイオレンスで苦しんでいる者ですが，適切なプログラムを受けることで彼が変わってくれるなら希望が持てます。ただし今は2つの選択肢しかありません。1つは彼から離れるか，もう1つは彼のもとで耐えるか。他の選択肢がありますか？

A　ドメスティックバイオレンスの場合，耐え過ぎると死んでしまう場合がありますね。いくら愛しているからといってなんでもいいわけではなくて，まず自分の身の安全を考える必要があるでしょう。まず，自分自身がその状況から抜け出そうとするということも必要でしょう。次にできることは，問題を抱えている人が支援してもらえる，助けてもらえるような場所に連れて行ってもらうことです。まるで問題がないかのように振る舞うのではなくて，まず，問題が起こっていることをちゃんと認めて，勇気を持つことです。

Q　感情の筋肉を高めるということはどういう意味なのですか？

A　わたしたちの社会というのは，いわゆるアカデミックなリテラシー，つまり学術的な知識，たとえば数学であるとか，国語であるとか，地理であるとか，そういうものに重点をおきがちです。私達ももちろんアカデミックな面での知識を得るということも念頭においています。しかし，たとえば，スタッフにはエモーショナル・リテラシー[3] を高めるため，1ヶ月間誰でもいいから毎日アファメーション（肯定的にとらえてあげるということ）の練習を続けてごらんなさいとすすめたりします。スタッフも，同じようなワークショップに参加します。そこで自分たちが持っている希望であるとか，体験に名前を付けるだ

とか，恐れているものは何かとか，スタッフ自身も経験します。それぞれが，それぞれちがう体験をして生きているわけですから，そういう体験をみんなでシェアするということをスタッフも行ないます。

Q　信じられるスタッフはどうやって形作っていったのですか？

A　たとえば，アミティのプログラムを経てスタッフになる，薬物依存者もいます。スタッフになる人の背景もいろいろですけれども，面接をするとき，「なぜ，あなたはスタッフになりたいのですか？」という質問を必ずします。単にこういった仕事をしたいという人では困ります。仕事でがんばっても，うちに帰ってきてから奥さんをぼこぼこに殴るようでは問題ですから，本当に心から，熱意を持ってやりたいという人を選びます。人生の体験というものを，本当に心からみんなとシェアするには，非常にセンシティブ（敏感）でなければいけません。プログラムをやっているときに，心から本当のことを話せているかということは，周りの人達も見ていてわかるわけです。

Q　たとえば治療共同体参加者のなかに，自分を改善させたいという意欲のない人，また参加を拒否する人がいる場合どう対処しますか？

A　そういうことこそ私は得意としています。やる気のない人にやる気を起こさせるということほど，私たちにとって大きな挑戦はありません。何か同意する，同じように感じるということが見つかれば，それをきっかけにしてつながりを見つけます。刑務所で，ある時，こういうことがありました。グループの全員が，もういやだ，絶対いやだ，もうやめたい，参加したくない，というのです。結局，1時間くらい話し合っても何も合意を得られないという状態が続きました。そこで私が，「このなかの何人がお父さんですか？」と尋ねると，全員がお父さんでした。次に，「子どもを刑務所に送りたくない人」と尋ねると，全員合意しました。この2つの質問に関しては，全員が合意したわけです。それは，本当にドアに小さな小さな穴をあけたに過ぎないんですが，結局は，その小さな穴を開けていくことの積み重ねでしかないわけです。上に述べた2つのことについて2～3週間，私たちは話し合いをして，そのテーマのなかから新しいことを見出していきました。「話したくない」とか，「参加したくない」とかいう人の多くが

希望がない状態にある人たちです。ですからそういう人たちに，自分は変われるんだ，未来は違うものになるんだというビジョンを得てもらうことが大切なんです。絶対，てこでも動かないような人たちがいる場合，私はとにかくその人達を観察します。そして，何が彼らにとって大切なのか，そして彼らは何を欲しているのか，どうしたいかということを必ず聞きます。

　たとえば，16歳のネイティブアメリカンの少年が，かつていました。その少年は非常に怒りに満ちた子でした。お父さんは刑務所で服役中で，お父さんに会いたいというので彼を連れて，面会に刑務所に行ったことがあります。その後にお父さんが16歳の男の子に手紙を書いてきたことがありました。誰かにやる気を起こさせるときには，本当に小さなジェスチャーでもいいから，その何かをこちらが見つけてあげることが大切です。たとえば，ある人は刑務所から仮釈放で出てきました。その人に何が欲しいかと聞いたら，「うーん，イチゴアイス」と言ったそうです。別の人にとってはそれが靴下かもしれないんです。状況によっても違うわけですから，アイスクリームを食べさせてあげるとか，靴下をプレゼントするとか，そういう小さなジェスチャーから相手は変わっていくことが可能なのです。

Q　参加者の悲惨な過去を聞くことによって，スタッフ自身が精神的にダメージを受けることはないんですか？　その場合どんなケアをしますか？

A　普通の生活を送っていても，私たちは皆いろいろなダメージを受けるわけです。ダメージを受けたら，それは当然何らかの形で現れますね。ですからいろんな機関や施設を転々とするスタッフもいます。あまりにも刑務所のプログラムに長くいて疲れてしまったり，バーンアウト（燃え尽き）してしまったりした場合は，ちょっと違うプログラムに送るなど，なかでの入れ替えも行なっています。

Q　ジェンダーに責任をとるということがよくわからないんですが，補足していただけませんか？

A　たとえばアメリカでは，男女を非常にステレオタイプ化しがちです。女性だったら被害者，男性だったら加害者という風に。そういうこと

もありますが，実際には女性が非常に暴力的で，男性が被害者になることもあるわけです。ですから私たちは，ジェンダーで，男性だから，女性だからということでラベルを貼るということをやめるべきだと考えます。言ってみれば外見的なジェンダーだけで，ステレオタイプ化して立場を決め付けてしまうということから離れる必要があるでしょう。これはジェンダーに限りません。たとえば，おばあさんが麻薬を売買している売人だったとします。周りから見れば，普通はおばあさんというのは薬物なんかを売買するはずがない，子どもの面倒を見るものだ，とレッテルを貼るわけですが，別におばあさんだからといって皆が子どもの面倒を見るわけではありません。その立場だからといってすぐに決めつけてしまわないということが大切だと思うのです。すべての問題やテーマについて，男女両方の視点を含むわけです。男性から見たらどうか，女性から見たらどうか。たとえばその方法として，男女が両方一緒の場所にいて，向き合って話し合うという，そういうことも必要でしょう。

Q　アミティのスタッフの方々はほとんどが犯罪歴を持つと聞きましたが，同じような経験を持っていなければわかり合えないのでしょうか？　すべての人と同じ体験ができるわけがないので，どうやったら理解できるのでしょうか？

A　たとえば，私は長期間に渡る薬物依存者ではありません。薬物の乱用をある一定の期間やりましたが，それは，長期の依存ではありませんでした。でも，私はこうやってアミティをやっています。もちろん私たちのスタッフのなかには，「元」薬物依存者とか，「元」受刑者という立場の人もいます。新しくアミティにやってきた人たちが，最初に一番信じられるのはやはり，そういう人たちであることは認めます。問題や偏見といったものを乗り越えてきた人たちがそこにいて，それだけではなく，様々な人たちがチームのなかで協力し合っているのを見る，まのあたりにするということが非常に重要なんですよ。たとえば何かをやる時，どこかに行く時，必ず私と違う立場の人を連れて行くようにしています。たとえばニューメキシコ州の刑務所に行くときには，同州で受刑体験のある人を連れて行ったりします。私自身もア

ミティでは，ある種の生徒でもあるんです。いろいろなグループのなかに私自身も座り，いろいろな人の詳細にわたる依存の体験や暴力の体験を聞くことによって学ぼうとします。学ぶことによって，薬物依存者や受刑体験者でなくとも，そのギャップを埋めることが可能になるのだと思います。もちろん私には，でき得ないこともあるわけです。当事者でなければできないことがあることももちろん認めます。ですから犯罪者であるとか，薬物依存の問題であるとかいうことはすごく表面的であって，もっと大切なのは，どういうふうにその人を見るかとか，対応するかとか，考えるかというハートの問題です。その人がどういう人間であって，どういうプロセスをふんできたのか，というような人間性のほうが結局は問われるんではないでしょうか。

Q　犯罪歴のある人がスタッフにいるということですが，そういった体験はプログラムのなかで実際話したりするのですか？

A　スタッフ本人が過去の経験を話すことにこだわりがなく，かつ相手に役にたつのであれば話します。たとえば目の前に自分と同じようなレイプや虐待などのひどい体験をした少女がいるとします。「こんなむちゃくちゃだったんだから，私の人生お先真っ暗よ」と言っている少女に対して，「たしかに，あなたの人生ひどいことが多かった。ひどく傷ついてるし，辛いのはわかる。けれど，それでも回復できるし，この状況を乗り越えることができる」ということがあります。このように1つのお手本，1つのパターン，1つのプロセスを見せるという意味で自分の話をすることはあります。

Q　過去の話の利便性，つまり何か良いことはあるのですか？

A　世のなかというのはいろいろな人で構成されています。専門家だけであったりとかひどい体験をした人だけで構成されるのではありません。外の世界に出た時にいろんな人と関係が作れるように，その人にあった関係が作れるようになるために，つまり，アミティもいろいろな人で構成されているんだということをわかってもらうために，過去の自分の体験を話すことがあります。

Q　刑務所でのプログラムを始めるにあたって，一番強い人にアピールするということだがその姿勢を聞かせて下さい。

A　私たちがある刑務所でプログラムを開始するときには，刑務所というものを「新しいお隣さん」，「ご近所」，「新しいコミュニティ」と考えています。皆さんがお引っ越しをしたときにご近所回りをするのと同じような感じで，そこの責任者とか管理人にまずご挨拶をして，プログラムを紹介します。と同時に，私たちはあなた達の職場を妨害するつもりはないというふうに仁義を切る。刑務所にいる受刑者は1日24時間，1週間毎日そこにずっといるわけですから，その彼らに新しいご近所さんとして尊敬の念を表すことは非常に大切なことだと思います。相手が受刑者であってもなくても，そういった尊敬の念を示せば，彼らとのコミュニケーション，信頼関係，情報の交換などが生まれる可能性が高まると考えているからです。受刑者に対する挨拶は，こういうことをしてくださいとお願いするのではありません。「これから私たちはこんなプログラムをします。何か質問があればいつでも聞きにきてくだい。プログラムに興味があればお知らせください。アレンジできますから」と情報を開示するのです。受刑者の多くにとってそういった尊敬の念を示されることは，これまでの扱いではなかったことなのです。こちらが敬意をもって接すれば，向こうも同じように扱ってくれるのではないかと私達は期待しています。そういった可能性が高まるはずです。

〈参考資料〉
●単行本
　　坂上香『癒しと和解への旅──犯罪被害者と死刑囚の家族たち』(岩波書店，1999年)
　　坂上香「被害と加害の連鎖を断ち切るために──治療共同体『アミティ』の試みから」藤森和美編『被害者のトラウマとその支援』(誠信書房，2001年)
　　坂上香＝アミティを学ぶ会編『アミティ・「脱暴力」への挑戦』(日本評論社，2002年)
●テレビ番組
　　『閉ざされた魂の叫び～アリス・ミラーが解く子ども時代～』(NHK衛星第2・BSスペシャル，1996年)
　　『隠された過去への叫び～米・犯罪者更生施設からの報告～』(NHK衛星第1・日曜スペシャル，1998年)

●ビデオ
　『アミティ〜魂と出会うたび〜』（アミティ招へい実行委員会有志製作，2000年4月）
●インターネット
　「アミティを学ぶ会」のホームページ（日本語）http://www.cain-j.org/Amity/
　「Amity」（カリフォルニア）のホームページ（英語）http://www.amityfoundation.com/

〈訳注〉
（1）矯正・更生，教育，心理，精神医療，福祉，自助グループ等，人間のウェルビーイングを目指す分野に従事する人々のこと。
（2）1992年にロサンゼルスで起きた暴動。スピード違反の容疑者だった黒人のロドニー・キング氏に対する警察官の暴行から，人種問題へと発展し，米国を大きく揺るがす事件となった。
（3）感情をありのままに感じ，受けとめ，理解し，言語で表現する能力のこと。

（講演：なや・あーびたー／アミティ）

（翻訳：さかがみ・かおり／アミティを学ぶ会）

ドイツの薬物政策

金　尚均

1　ドイツにおける薬物犯罪対策の現状
2　ドイツの各地での取り組み
3　フランクフルト市の薬物問題に関する研究報告
4　小括

1　ドイツにおける薬物犯罪対策の現状

　(1) 1999年度旧大蔵省の発表によると，1月から8月（1999年）までの間，覚せい剤などの不正薬物の密輸入に対して摘発され，押収された量は1.4トンを超えた。これは，過去最悪と言われた1998年度の年間押収量863kgを上回るものだ。この背景には，大型の密輸入事件の続発と外国人による関与が顕著だとされ，またこれと関連して，不正薬物の大量輸入のもう一つの背景には，現在，我々の社会が第3次覚せい剤乱用期の真っ只中にあるという事情がある。かつて，日本社会は，第1次乱用期（1940年代後半以降）そして第2次乱用期（1970年代後半以降）を経験した。第2次乱用期において，覚せい剤事犯の検挙者は2万人を越えていたのである。それ以降は減少傾向を示していた。しかし，1995年あたりから再び増加に転じる傾向にあり，1997年には，検挙者が19,937人とほぼ2万人に達した。そこではとりわけ中学生・高校生など，若年層の検挙者が倍増したことが大きな特徴とされている。
　現在，我々の直面している第3次覚せい剤乱用期は，薬物の種類，取引・取得態様，供給主体の変化，需要主体の変化，薬物使用者の年齢層の変化，特に若年層における薬物に対するイメージの変化などに照らして，以前の乱用期とはかなり異なる特徴を有しているように思われる。
　とりわけ，今日問題となっている第3次乱用期の重要問題の一つとして，青少年による薬物の乱用がある。特に，これは，中学・高校生そし

てさらに低年齢化する可能性ないし傾向をもつと言われている。従来，中学・高校生時期にあっては，不正な「タバコ」の使用と更にはシンナーの使用が薬物の不正使用の典型的モデルであった。これに対して，今日では，タバコやシンナーを越えて，マリファナなどのソフト・ドラッグ，覚せい剤，そしてデザイン・ドラッグとかパーティ・ドラッグと呼ばれるエクスタシーなど，使用に際して抵抗感を感じさせない錠剤ドラッグの不正使用が目立っている。第3次乱用期においては，使用する薬物の種類と効果も変化してきており，また精神や身体――いわゆる精神依存・身体依存――に与える影響も程度・強度もまた同じだと言っても過言ではない。ここで注目すべきは，青少年の薬物乱用の背景に，薬物に対する警戒感，抵抗感そして犯罪意識と並んで，「他人に迷惑をかけていないから，薬物の使用は個人の勝手・自由」，という文句に表わされるように，いわゆる「自己決定権」思想を使用者自身が有しているところだ。このことは，一面において，日本社会において権利意識や権利の享受の問題に関して市民一般そして少年層にも問題意識が広まり，向上していることを意味する。しかし，他面において，中学・高校生などの若年層のなかで規範意識の低下も指摘される。特に，現象として若年層に見られる享楽的，しらけ的風潮と「自己決定権」の意識が渾然一体となって若年層の薬物使用の特徴を形成している。ここには，もちろんバブル経済の最中と崩壊以後の日本社会のなかでの社会的雰囲気が影響しているように思われる。つまり，「経済第一」志向が勢いを増すなかで，社会と市民の価値基準は相当に変化，動揺したのであり，これにより，モラルや倫理を含めたところの市民の規範意識も確実に影響を受けた。つまり，個人主義だけでなく，「孤人」主義も蔓延している。このことは，また，若年層のメンタリティーにも影響を及ぼした。少子化とこれにともなう就業人口の低下は，将来，日本社会が確実に抱える課題と言える。その意味で，少年問題の改善・解決は，社会のなかで今後ますます重要視されてくるのは明白であり，このような視点から今後の薬物対策がいかにあるべきかを検討することが重要である。

(2) 諸国の事情に目を向けると，薬物対策は今や国際的な問題である

ことは周知の事実であり，そのためにグローバルな協調が必要とされる。そもそも薬物対策は，薬物犯罪対策，薬物に対する社会対策，薬物中毒者のための対策に区分されるが，各国において，とりわけ従来から薬物犯罪対策の側面が強調され（War on drug），そこでは，刑罰による抑止的対応が主流を占めてきた。これにより麻薬問題を「撲滅」することを各国の実務担当者が意図してきたようである。これは，ここで取り上げるドイツの薬物問題についても事情は同じである。

　ドイツにおいても大まかに言えば，かつては一辺倒な抑止的対応で薬物問題を扱ってきたのであるが，本来意図した薬物問題の解決にはほど遠い現実が支配していた。違法薬物の所持等への刑罰的対応とそのための警察力の投入によって問題が解決ないし解消の方向に向かうどころか，逆にブラックマーケットが繁栄し，薬物依存者の側では，医療的サービスを受けることができずに悲惨な状態に陥り，薬物を得るために窃盗・強盗などの財産犯や売春などの調達犯罪が横行し，しかも衛生的に問題のある環境での薬物使用により肝炎やエイズに感染するといった事態が日々生じている。こうして抑止的対応により問題はより深刻化するに至ってしまった。これに対して，近年では，薬物問題に対する容認政策（Akzeptanzpolitik）という新たなパースペクティブを取り入れる試みが行なわれるに至っている。ここで注意すべきは，容認政策は，抑止政策に変わるオルターナティブとして理解されているわけではなく，従来の抑止政策を補充するものとして位置づけられていることだ。したがって，容認政策を採用するオランダなどの薬物政策を薬物の「自由化」と称する向きもあるが，そのような理解には問題があるように思われる。

　(3)　ドイツの薬物および中毒者対策を検討する前に，まず，ドイツの薬物犯罪状況を知る必要がある。

　ドイツ全体で薬物中毒者は，概略的には，アルコール中毒者：250万人，アルコールによる死者：4万人，タバコ喫煙者：4,700万人，タバコによる死者：11万人，カンナビス使用者：300万～400万人，うち50万人の若者が週1回程度使用，25万人が常時使用者となっている。

　日本と同様，ドイツでも中毒問題の最高位はアルコールによるもので，

つぎに違法な薬物の使用が位置づけられる。マリファナやハッシッシなどのソフト・ドラッグは，ドイツの14〜18才までの少年で，25〜30％が経験者と言われている。さらに50％の少年が経験者であるとの指摘もある。最も一般的に消費される違法薬物はカンナビスで，違法薬物押収量の2/3を占め，その出所国はオランダである（マリファナ：87.1％，ハッシッシ：83.1％）。

ドイツでは，他の西欧諸国がそうであるように1960年代後半に違法薬物の氾濫が始まったと言われている。その原因としては，70年代に特徴的と言えるが，主として，ヒッピー文化の流行，学生運動期，「自由化」の波の中での学生間の普及，そしてベトナム戦争を経験した兵士がドイツの基地に駐在，歓楽街でまき散らしたことなどがあげられる。80年代後半から90年代初頭にかけて状況は深刻度を増したと言われる（薬物中毒死者数は，1,624人〔1994年〕，1,565人〔1995年〕，1,712人〔1996年〕，1,501人〔1997年〕，1,674人〔1998年〕，1,812人〔1999年〕，2,030人〔2000年〕，1,835人〔2001年〕）。ハード・ドラッグの初犯者数（＝ハード・ドラッグの乱用との関係で初めて警察または税関によって認知された者）は，20,943人（1998年），20,573人（1999年），22,584人（2000年），22,551人（2001年）である。2001年の統計を例にして内訳を見ると，ヘロイン：7,868人（34.9％）・コカイン：4,872人（21.6％）・アンフェタミン：6,229人（27.6.％）・エクスタシー：6,097人（27.0％）となっている（データは，いずれもドイツ連邦警察庁『薬物犯罪年次報告〔2001年度〕』による）。

日本での主要ハード・ドラッグはアンフェタミンであるが，アンフェタミンにまつわる事件およびその押収量の増加がドイツでも目立つとされている（認知件数＝26,118件，押収量＝アンフェタミン：271kg，エクスタシー：1,634,683錠〔2000年〕，認知件数＝28,988件，押収量＝アンフェタミン：263kg，エクスタシー：4,576,504錠〔2001年〕）。その出所国は，伝統的にオランダであり，覚せい剤が発見されるのはドイツ−オランダ国境付近である。他の薬物とは異なり，覚せい剤，エクスタシー，そして，LSDの取引・密輸は主としてドイツ人によって行なわれている。

従来，ドイツにおける違法な問題薬物の中心は，ヘロインとそのつぎにコカインであると言われてきた。問題薬物の出所国は，トルコ，コロンビア，アフガニスタン，パキスタン，モロッコ，そしてオランダとされている。このことは一定している。マリファナについては，南アジアおよびアフリカからの密輸が極度に減少したのに対して，アルバニアからの密輸が際だつとされている。その精神的・身体的症状の点から最も問題なのはヘロインであり，これにまつわる事件の認知件数は45,376件（2001年）で押収量は796kg（2001年），ついでコカインの事件数は22,475件，押収量は1,288kgである。
　ヘロインやコカインがドイツにおける主要薬物であることで日本と決定的に異なり，薬物対策ならびに薬物中毒者に対するケアのあり方を考える際に注意を要するとされてきたが，上述のように，アンフェタミンやエクスタシーなど日本の主要な違法薬物がドイツをはじめとしてヨーロッパ諸国でも氾濫しはじめている点で，そこでの薬物対策はきわめて参考になると言えよう。

　(4)　ドイツでは，1982年以降，キリスト教民主同盟と自由民主党の連立によって長期政権が築かれてきたが，1998年の選挙で，新たに社会民主党と緑の党の連立政権が誕生した。このことは，ドイツの薬物対策に大きな意味と影響力をもっている。新政権のもとでは，まず，薬物中毒は，「犯罪」ではなく「病気」であるとの認識を基礎として，薬物使用者を犯罪者として，その犯罪に対する「抑止」のために「刑罰」威嚇・賦課で対応するのではなく，薬物使用者を援助を必要とする「患者」として理解し，「福祉」による予防に重点を置いた政策を連立政権政策協議のなかで決定し，これに従い薬物政策を実施している。そこでは，薬物の危険に対する問題意識を発展させるために，権威的でないやり方で強力に啓蒙することが重要課題として挙げられている。ここには，中毒予防のための構造的な条件を改善するために家族政策および社会政策の促進も含まれる。
　薬物対策のもう1つの柱は，薬物使用者が依存になることを回避すると同時に，薬物依存者を援助し，そして依存症を克服することだ。全く

薬物から自由な社会を構築することは不可能であり，ただ，薬物使用の危険をできる限り小さくすることが必要であり，このことは，アルコールやニコチンなどの合法薬物にも当てはまる。
　したがって，中毒者に対しては適切な援助が与えられるべきで，さらなる健康の悪化ならびに社会的な疎外が回避されなければならない。しかし，抑止と処罰によって薬物問題を解決することには限界があり，しかも，薬物問題が「病気」としての性格をもつことが明らかになった現状においては，処罰によっては薬物中毒者・薬物依存者が抱える病気をも癒すことはできない。
　メタドンまたはコデイン等の代替物質措置は，中毒死の減少，健康悪化の減少，違法なヘロイン使用の減少，中期間的な薬物使用からの離脱の目的のために，継続されかつその措置方法については改善されるべきだとされる。とりわけ，メタドン代替措置について多くの問題を抱えていることから，医師の中毒者に対する治療能力の向上も含め，その医学的な「質」の向上が必要だと言われている。
　注目すべきなのは，現政権が次のような法案を連邦議会に提出し，ドイツ連邦議会を通過したことである。すなわち，衛生的な条件のもとで違法な薬物を使用するを許容する「保健室」を合法化すること。2002年より諸都市（フランクフルト，ハンブルク，ハノーファー，カールスルーエ，ケルン，ミュンヘン，ボン）で，長期にわたるかつ重度のヘロイン中毒者に対して医師が医学的に調合したヘロインを交付し，これによって中毒者の健康および精神的状態を改善することができるかを実験する研究を行うことである。重度のヘロイン中毒者に対して，全面的に薬物の使用を禁止したり，禁絶療法を施すことは，彼の健康状態にとって逆効果であり，むしろ悪化させる危険がある。
　これに対して，純度の確定した，一定量の使用を当該ヘロイン依存者に対して確保する。ドイツの立法政策の見地からして，このことはヘロインの限定的な自由化を意味するのではなく，医師による当該薬物依存者に対する交付により，そのことで，漸次的に薬物依存者の健康状態を回復させていく。より実際的には危機を回避することに意図がある。
　クスリをやめられない者に対して無理矢理やめさせることは，国家に

よる一方的な自由制限にすぎず、そこから得られる利益は、薬物依存者がある薬物に「依存」している現状態においてはない。せいぜいのところ、薬物依存者自身ではく、「国民の健康」という抽象的な利益を見いだすことができるにすぎない。しかし、たとえば、具体的に他者を危険にさらすことなく、ひとり密かに個人的に薬物を使用した場合、この個人の自由にかかわる行為に対して、なぜ刑罰というきわめて峻厳な制裁を科す必要があるのであろうか、なぜ過去から現在に至るまで刑罰威嚇・賦課による抑止的対応でもって介入してきたのであろうか。とりわけ、刑法的介入による問題解決には自ずと限界があり、やはり別の介入アプローチが求められているのではなかろうか。

(5) 具体的な事案処理の問題に視点を移すと、現在ドイツでは、少量の自己使用のための違法薬物の所得や所持について裁判官による処罰の免除や検察官による手続の打ち切りが行なわれている。これら実務での処理は、実務慣行によるのではなく、ドイツ麻薬剤法において明確に規定されている。

まず、裁判官による処罰の免除について、ドイツ麻薬剤法第29条5項「裁判所は、行為者が薬物を単に自己使用のために、少量を、栽培、製造、輸入、輸出、通過輸入、取得、その他のやり方で調達または所持した場合、同条1項、2項および4項に基づく処罰を科さないことができる」。これは任意的不処罰規定ではあるが、少量の自己使用について非刑罰化の可能性を示している。

次に、より重要なのは麻薬剤法第31条a1項である。

「手続が麻薬剤法第29条1項、2項または4項を対象とする場合、行為者の責任を軽微と見なすべきで、刑事訴追の公的利益が何ら存在せず、しかも薬物をもっぱら少量の自己使用のために栽培、製造、輸入、輸出、通過輸入、取得、その他のやり方での調達または所持した場合、検察官は訴追を免除することができる。行為者が麻薬剤法第10条aに基づいて甘受されうる薬物使用室において単に自己使用のために、取得のための書面による許可を所持せずに少量の薬物を所持した場合、刑事訴追を免除するべきである」。

ドイツにおいて，現実の刑事手続実務においては，麻薬剤法第29条5項よりも麻薬剤法第31条aの適用が圧倒的に多い。しかし，ここで麻薬剤法第31条aの適用ならびに「少量」の解釈について興味深い問題がある。とりわけ，本規定の「少量」の解釈についてはドイツ全土の統一的な見解はない。このような事情に照らして，ドイツのほとんどの州は麻薬剤法第31条aに関する独自のガイドラインを定めており，管轄する検察官はこれにしたがって，「少量」に基づく手続打ち切りの是非を検討・決定する。

　たとえば，自己使用のための麻薬所持に関する検察官による訴訟手続打ち切りに関して，次のようなガイドラインを各州はもっている。

　〔ベルリン〕検察庁は，カンナビス製品に関して3回分までの使用について手続を打ち切る。ハード・ドラッグに関しては例外的な場合のみ手続を打ち切る。

　〔バーデン＝ヴュルテンベルク州〕量に関する条件なし。少量のソフト・ドラッグに関して手続打ち切りが可能。検察官によれば，量の上限は3〜6gである。

　〔ザクセン州〕2〜3回分のカンナビス製品について手続の打ち切りが可能である。

　〔メクレンブルク＝フォアポンメルン州〕5g以下のハッシッシに関して手続打ち切りが可能である。

　〔テューリンゲン州〕原則的に常に捜査手続を行なう。

　〔バイエルン州〕少量の麻薬に関して手続打ち切りが可能。少量とは，2g毎の3回の消費，つまり6gのカンナビス（マリファナ・ハッシッシ）の消費である。

　〔ブランデンブルク州〕ソフト・ドラッグに関して，約3回分の消費にあたる量以下であれば，手続を打ち切る。

　〔ブレーメン〕検察官は，10g以下のカンナビス製品であれば手続を打ち切る。

　〔ヘッセン州〕検事長の勧告に基づいて，30g以下のカンナビス製品または1g以下のヘロイン，コカイン，アンフェタミンに関しては，原則的に手続を打ち切る。

〔ハンブルク州〕ハッシッシについては20ｇ以下，コカイン，ヘロインについては8セットまで——ただし，最高1ｇ——のであれば，原則的に刑事訴追をしない。

〔ノルトライン＝ヴェストファーレン州〕10ｇ以下のハッシッシまたは0.5ｇ以下のヘロインについては手続打ち切りが可能とされる。

〔ラインラント＝プァルツ州〕10ｇ以下のマリファナやハッシッシに関しては，刑事訴追をしない。

〔サールラント州〕カンナビスについて，3～6ｇ以下，個別の場合に10ｇ以下の場合には，検察官は手続を打ち切る。

〔ニーダーザクセン州〕6ｇ以下のカンナビス製品については手続を打ち切らなければならない。6～15ｇまでの場合または1ｇ以下のヘロイン，コカインについては手続を打ち切ることができる。

〔ザクセン＝アンハルト州〕3回分までの（最大6ｇ）カンナビス製品について手続を打ち切ることができる。

〔シュレスヴィッヒ＝ホルスタイン州〕30ｇ以下のカンナビス製品，5ｇ以下のコカインおよびアンフェタミン，1ｇ以下のヘロインに関して刑事訴追をしない。

2　ドイツの各地での取り組み

（1）　フランクフルト市（人口：64万3,500人）は，ドイツのなかでも薬物問題が深刻であることはドイツ内外で知れ渡っている。その反面，1994年以降，新たな薬物対策の取り組みが行なわれていることでも知られている。上述したように，それは一般的には「容認政策」と言われることがあるが，具体的には，"Push and Pull"を基本とする政策である。警察は，抑止的見地から，薬物中毒者を発見し次第，起訴するか，または薬物中毒者救済センターに連絡をとる。1994年以前，フランクフルト中央駅付近では，相当数の薬物中毒者がたむろし，街角や通りで白昼公然と薬物を使用する光景が多々見られたが，今日ではそのような光景を見ることは以前よりも少なくなった。これは，1994年以降，警察力の強化と州の治安立法の制定（駅構内ならびに駅周辺50メートル以内での集

団形成および売春の禁止）によるものとされる（Push）。これに対して，起訴されなかった者については警察が施設に行くことを勧め，それ以外の中毒者に対しても中毒者救済施設が社会保障的・医療的ケアを施す（Pull）。中毒者が集まりやすく，宿泊の場となりがちな中央駅の近くに施設を設けることで，このような政策の実行を可能にする。ここでは，容認政策といわれる政策は，薬物依存者，ましてや薬物使用者を放任することを企図するのではなく，警察的ないし刑罰的アプローチとは異なり，個人的自由を尊重しながら，福祉的アプローチで「関与」していくことを意図するのであり，しかもこれは従来の抑止的政策を排除するのではなく，補充するのである。

　ヘッセン州，とりわけ，フランクフルト市では，週1度（月曜日），警察省，救済センター，健康省，少年省，検察省の代表が集まって会合を開き，薬物に関連する諸問題について情報交換を行なっている。このような会合の常設化は，ドイツではフランクフルト市だけでの試みである。

　伝統的にヘッセン州では社会民主党の影響力が強く，近年これに緑の党などの運動圏勢力が加わるという勢力図になっていたのであるが，1999年の州選挙で保守系のキリスト教民主同盟が勝利したのを機に，薬物政策の変更が一部で危惧されていた。しかし，新たな政策協議のなかで，薬物問題については緑の党を中心に従来の政策を継続することになり，基本的に変化はないと言われている。

　現在，フランクフルト市には，寝場所のない人のためのベッドの提供，喫茶，医療診断，路上作業，シャワー，洗濯，トルコ人のための相談，合成物質の提供，注射針・コンドームの提供，食事，法律相談，緊急電話，衣服の提供，メタドン交付，家族相談，就職計画，保健室などのサービスを提供する施設が14施設ある。これらのサービスの享受は基本的に無料で，施設の財政は市と州（環境省，エネルギー省，少年省，家族省，健康省の所管とされる）がそれぞれ50％ずつ負担している。

　たとえば，「ブライヒ通り中毒者救済センター」は，「社団法人少年相談および少年救済」（33施設，予算1,000万4,380DM〔1997年〕）の傘下にある施設で，1987年に設立された。ここには，専属の所員がおり，メ

タドン交付（場合によって，コデインも含まれる。コンピューターで患者のメタドンの適量を管理する），外来のリハビリテーション，コカイン・クラック中毒者のための治療，薬物中毒者のためのAIDS診断，薬物中毒者のための債務相談，中毒者の家族のための相談，連邦モデルプログラム「中毒緊急事態予防」の管理・運営，連邦モデルプログラム「農場作業による治療」の管理・運営などを行なっている。この施設は，主として長期的治療（外来セラピー，代替物質治療，農場作業療法，入院治療）を施しているが，内容は，薬物による健康侵害，中毒・依存，禁絶状態の安定化（90％），家族の相談（8％），社会心理治療（2％）である。これらは原則的に無料である。

　もう一つの施設は，「薬物使用室（Druckraum）」で，ここでは，20席の使用席，薬物使用のための道具一式（水，注射針，スプーン，フィルター，綿，アスコルビン，食塩水，）の提供，救急事態の初期治療，危機状態への介入，コンドームの提供，注射道具の販売，情報提供，飲料水の販売等を行なっている（使用のための来訪者：10万0,863人〔女性：2万4,422人〕，初来訪者：1,479人，注射器交付数：655万5,404本，注射針交付数：96万9,700本，緊急事態発生数：424件。統合的薬物援助団体2001年度年次報告）。

　利用者は，あらかじめ施設の受付で，次のような合意書に署名しなければならない。

ニッダ通り49番地保健室の利用に関する
社団法人統合的中毒者救済センターと署名者との合意書

　　私は，もっぱら，この部屋を薬物使用の目的のために利用し，施設規則を守り，所員の指示に従うことを保証します。

　　私は，自己使用のために薬物を持ち合わせることのみが許され，取引，回し打ち，他人への投与が禁止されていることを承知しています。

　　私は，18歳以上であり，代替物質治療を受けていないことを保証します。所轄の事務員は，身分証明書の提示を求めることができます。

　　　　　　　　署名—————————————

この合意書に利用者が自分の住所と氏名を記載することで，次に，薬物使用のための道具一式が乗せられた皿を受け取り，事務員（3人。医師はいない。しかし，緊急時には救急車が来るまでの応急措置をする訓練を受けている）の管理のもと薬物を使用することができる。

　(2)　ハンブルク州（人口：170万4,700人）もヘッセン州と同様，容認政策を実施している。ハンブルクは港町でもあることから薬物の流入および流出地であり，そのため中毒者も多く，問題も深刻と言われている。ハンブルク市内には，接触および診療施設が3ヶ所（保健室〔1日当たり約500～600人が利用〕，メタドン治療施設が1ヶ所〔1日当たり約160～180人が来所〕を含む），解毒施設が1ヶ所，移行的施設・住居施設が6ヶ所，社会診療施設が1ヶ所，入院治療施設が1ヶ所，「保健室」が7カ所ある。これらの施設の予算は州の予算で全て運営されている。
　現在，ハンブルク市では，フランクフルトで行なわれているような各省庁間の会合は行なわれていない。ハンブルクでも，フランクフルトと同様に，駅周辺でたむろする麻薬ないしアルコール中毒患者に対して規制をくわえたり，駅周辺での売春を禁止している。したがって，"Junkie"と呼ばれる麻薬中毒患者たちは，中央駅から5分ほど歩いたところのクルト＝シューマッヒャー通り42番地に建てられた5～6個のコンテナから成る施設 "DROB IN" に集っている（1日当たり500～600人）。このような施設が駅周辺にあるのは，中毒者が駅にたむろしないようにすることにも目的があるようである。警察はたむろしている麻薬中毒者に対して，"DROB IN" に行くよう促す。
　この "DROB IN" では，消毒済み注射針・コンドーム・衣服の提供，医師による診療がなされ，緊急治療室，2つの保健室，シャワー，喫茶等の設備があり，原則的に無料である。食事の提供もあるが，これはきわめて安価ながら有料である。また，就寝場所については2ヶ所ある。その一つが，"DROB IN" から数分歩いたところのキルヒェン通りにある "Projekt NOX" である。ここには，2～3人部屋で14部屋あり，最高2ヶ月間宿泊できる。これは原則的に無料である。ここでもまた，注射針の提供および医師の診療を受けることができる。"Projekt NOX"

に宿泊する条件として，18歳以上であること，違法な薬物使用者であること（したがって，アルコール中毒者は不可），住居がないか，あっても，そこに居ることのできない人であることなどを満たさなければならない。

メタドン・ポラミドンの交付について，ハンブルク州では，一般的モデルであるメタドンを交付する施設もあれば，また，医師の処方箋をもとに患者が薬局で使用する場合もある。しかし，一般の薬局で使用するモデルはハンブルクだけのものであることに注意を要する。

ハンブルクで現在の政策がとられるようになった背景には，都市の治安の悪化，抑止政策の失敗があると言われている。ここから「刑罰に代わって治療を」をスローガンとする容認政策が生まれ，1993年以降，政策の転換が図られた。まず，メタドン・ポラミドンの交付，路上での注射針の交付，中毒者のためのサービスと諸施設，そして最後に保健室の設置が行なわれるようになった。またもう一つの背景に，抑止政策を支えるための財政負担の増大があり，容認政策は抑制政策よりもきわめて安価でしかも合理的であると言われることも現実としてある。

(3) ブレーメン市診療所"META"では，主として，メタドン交付を目的としているが，それ以外に，診療，喫茶室，調理場，集団療法のための庭がある。財政は，ブレーメン市，女性省，少年省，健康省，社会省，環境省によって支えられている。

ブレーメン市（人口：54万7,000人）は，容認政策を採りつつも，上記の2都市と異なり保健室を認めない。2000年実施予定のはずだった重度ヘロイン中毒患者に対するヘロイン交付についてもこれを実施する予定はなく，むしろ，否定的でさえある。ブレーメン市には2,500から4,000人の薬物中毒者（1997年）がいるとされているが，保健室などがないためか，中央駅周辺には薬物中毒者のための施設はない。

ブレーメン市には，推定約2,000人のメタドン治療患者（5年以上のヘロイン依存，3年以上ブレーメン市民であることが治療を受けるための条件）がいると言われているが，この施設には，毎日35人程度の人々がメタドン使用のために来訪する。メタドンの経口使用は，基本的に医

師の面前で行なう（他の施設とは異なり，ブレーメン市の施設では，ジュースと割ってメタドンを飲んでいた）。しかし，例外的にこれをもち帰ることができる。その条件は，1年間メタドン治療を受けていること，3ヶ月以上他の薬物を使用していない（カンナビスの使用はこれに含まない）ことである。これは，メタドンを持ち帰ることができるとなると，薬物中毒患者がヘロインを買うためにブラックマーケットでメタドンを売り，その結果メタドン市場が生まれる可能性があるため，一定の条件を満たした者だけに土・日曜日に限り持ち帰りを許可する。

3　フランクフルト市の薬物問題に関する研究報告
（1997年度の年次報告をもとに作成）

(1)　ここでは，まず，少年問題について薬物問題と少年問題関係機関の連携の欠如が指摘され，両者の協力関係と連携関係の構築の問題が取り上げられている。

従来，少年保護施設は，薬物を使用している少年を排除して彼らを一般の薬物中毒者救済施設に送っていたのであるが，これは少年の保護の見地から問題になっていた。

1997年6月と7月に，少年薬物相談所（JDB）および予防研究所と公的少年補導事業所，社会労働所（ASD）および少年司法保護所（JGH）の協力と連携の改善のための「地方協議会」が開催された。

その目的は，以下のようなものである。すなわち，
1．少年薬物相談所と中毒患者救済のそれぞれの事業内容を知ること，
2．何が必要かについての分析ならびに状況分析，
3．少年保護施設と中毒者救済施設との長期的協力関係構築のための計画，
4．予防的措置の作成と実施，および
5．薬物を使用している少年を排除しないことである。

この「地方協議会」の開催の結果，次のような協力が生まれた。
1．健康促進のための少年の家における諸計画の作成。

2．労働・就業計画。
　3．少年の家に薬物相談所の所員が常駐すること。
　4．共同訓練および共同研修。

　(2)　この「地方協議会」は，以来継続して行なわれている。
　薬物相談所は，長年その重点を長期の薬物依存者とその家族そして代替治療に置いていたことから，少年問題を別個・特別に扱うことはなかった。しかし近年，少年の間で合成薬物の乱用が目立つことから，薬物相談所と少年保護相談所との連携の必要が高まったのである。
　それによって，両者は，次のことを新たな重点とすることになった。
　1．主として少年は，訪問事業または具体的な提供事業によってのみ関係が得られる。
　2．少年にとって，薬物自体が主要問題ではなく，適当な機関との密接な共同作業によってのみ解決することのできる諸問題こそが主要な課題とされる。
　3．少年との事業は，とりわけ関係をもつことが必要な事業である。つまり，薬物相談所員は，標的とするグループに接触するために，少年とソーシャルワーカーとの既存の関係を利用しなければならない。
　次に報告書は，ドイツで最近問題になっているエクスタシーなどの合成薬物とクラックの問題についても言及している。
　まず，合成薬物では，その使用の80％が16〜24才の若年層とされている。その薬物使用の背景にはいわゆる「テクノ文化」がある。テクノ文化への接触は，嗜好を同じくする同世代の者以外は難しく，彼は一般的に薬物に関して問題意識をもっていないとされている。そこで，次のような目標を挙げた。
　1．"Safety Party People" などの同輩グループを介して接触する機会を作る。
　2．インターネットなどの新たなメディアを予防事業に組み入れる。
　3．父兄のための特別の情報資料を作成する。
　エクスタシーを使用している180人の少年にアンケートをとったところ，次のようなことが明らかになった。すなわち，

1．エクスタシーの使用は，ディスコなどのテクノシーンの見られる場所で使用されている。
　2．"Safety Party People" を介したテクノシーンへの接触が利用されなければならない。
　3．薬物の併用とその危険に関する情報を与えなければいけない。
　4．合成薬物に関する情報は，信頼に値し事実的でなものであるべきで，脚色をつけるべきではない。

　報告書は，近年ドイツでのコカインやクラックの氾濫と乱用の問題を取り上げている。とりわけ，クラックの氾濫は最近の現象とされている。200人（1997年）のクラック常用者が警察によって確認されているが，実数はその倍と考えられている。その取引は，中央駅付近とオーバーベルガー通りで行なわれているようである。実態調査のため "Crack-Street-Projekt" という計画が実施された。

　この計画は学問的に裏づけられたものではなく，実践的に対応することで問題点を探ろうとするものである。ここでも明らかであるが，プラグマティズムは，フランクフルトの薬物政策の基調となっている。

　調査は，3名でグループを構成し，1週間のうち，5日間で1日3時間（期間1年，予算3万3,000DM）行なったとされる。調査内容は，①個々の場面，つまり使用場面のモデル，その構成，そして居住態様などに関する情報収集，②乗用車は対話可能か，彼らはいかなる具体的な援助を必要としているかを発見することである。

　ヘロイン使用について，報告書によれば，現在フランクフルト市には4ヶ所の「保健室」があり，開室時間は施設により異なるが，一番長い薬物中毒救急センターでは，6時から24時まで，年中無休で事業が行なわれている。この4つの保健室の利用者は26万5,000人で1日平均726人である。約150万本の注射器と200万本が消費された（1997年）。使用時の緊急事態は397件発生し，その半分は保健室の室員によって対処された。

　メタドン治療について，フランクフルト市には10ヶ所の治療施設があり，565人（男性350人，女性215人，25〜30歳が134人，30歳以上が379人）がメタドン治療を受けている。その治療費は，福祉事務所からの生

活保護243人，健康保険290人，自己負担4人，不明3人，その他25人となっている。

そのうち，HIV陽性が124人，AIDSが67人，A型肝炎が199人，B型肝炎が292人，慢性B型肝炎が104人，C型肝炎が508人である。

また，15人が代替治療を終了，47人が移行施設ないし禁絶施設に入院，10人が死亡，85人が別の外来代替治療を受け，73人が開業医に行くことになった。また"イレギュラー"な形で代替治療を終えた者が249人（合併症で死亡1人，服役のため代替治療の中止74人，堕胎治療自体を放棄した64人，併用ゆえの中止31人，施設の規則上の理由から治療を終えた20人，理由不明59人）となっている。

その他，開業医のもとでメタドン治療を受けている者が314人，そしてコデイン治療を受けているのが推定500人となっている。

4 小括

薬物に対する社会対策について，これは警察活動にも関係するが，犯罪予防の分野であれば，薬物を調達・入手するために行なわれる薬物依存症者による財産犯や売春の問題，ブラックマーケットの撲滅とそのための暴力団対策法や組織犯罪対策法の運用問題，そして，学校までが薬物乱用の場となる危険のある今日，学校などでの薬物使用に対する教育のあり方やキャンペーン運動の活性化の問題などがある。その上，薬物中毒者の処遇の分野では，薬物使用に基づく諸々の病気の発生やHIVや肝炎などの感染予防が問題になっている。これらの問題は，すべての欧米諸国やアジア諸国で共通の深刻な課題となっている。しかし，国によってその対応は様々と言える。薬物問題解決のための協調が叫ばれる今日，諸外国との比較とその検討が重要な課題となっている。このことは，日本やアジアの薬物対策を考える場合にも言えることである。

薬物乱用の問題は社会生活の安全にとって大きな不安を与える。現代の社会問題は，「安全」と「不安」という2つのキーワードで括られるものが多い。薬物問題もその1つの典型であり，これは市民的安全の保護に関係する。未来の安全問題や複雑化を象徴とする現代社会において，

「薬物問題と刑法」の関係のなかには，今後，刑法がいかなる意義をもち，いかなる事象を管轄し，そして市民的安全のためにいかなる機能をもつのかという問題をも含んでいる。

以上のように，ドイツにおいては，現在日本で行なわれている薬物対策とはかなり異なる政策が採られている。このような政策に関して，これに全面的に賛成することには未だ躊躇せざるをえない諸問題もあるように思われる。しかし，薬物の一面的な犯罪と厳罰化は，日本でも顕在化しているが，裏のネットワークの巧妙化を助長させ，しかも中毒者の健康を悪化させることにつながる。若者の中には薬物が違法であるがゆえの一種の神秘的な興味を持っている者もいる。

これらの現実を直視したとき，社会教育的な目的のために刑法を使用したとしても，その効果は判然としない。むしろ，薬物に対する規制を繰り返し行なったとしても意図した結果が現われない場合には，法はむやみに自己増殖を繰り返すだけで，反対に，法に対する市民の信頼の喪失や捜査機関の自信喪失という逆の結果が生じるのではないだろうか。

（薬物問題に関するドイツおよびヨーロッパの以下のホームページを参照した。）
―http://eldd.emcdda.org/（薬物に関するヨーロッパ・データベースのホームページ）
―http://www.emcdda.org/home.cfm（薬物薬物依存に関するヨーロッパ・モニタリングセンターのホームページ）
―http://www.dbdd.de/home.htm（薬物薬物依存に関するヨーロッパ・モニタリングセンターのためのドイツ研究所のホームページ）
―http://idh-frankfurt.de/（統合薬物薬物依存者センターのホームページ）
―http://www.heroinstudie.de/（重度ヘロイン薬物依存者のためのヘロイン交付のドイツ連邦のモデルプロジェクトのホームページ）
―http://www.bmgesundheit.de/（ドイツ連邦健康省のホームページ）
―http://www.drogenberatung-jj.de/（〔社〕フランクフルト薬物中毒者救済センターのホームページ）
―http://www.duesseldorfer-drogenhilfe-ev.de（デュッセルドルフ薬物中毒者救済センターのホームページ）
―http://www.fh-fulda.de/projekte/drugs/（「薬物と依存」のホームページ）
―http://www.meb.uni-bonn.de/giftzentrale/dhsidx.html（ボン大学薬物情報センターのホームページ。ドイツの全土の薬物関連施設のアドレス・電話番号が記載されている）

—http://www.drogenberatung.de/（ハンブルク州少年援助センターのホームページ。ハンブルク州の薬物救済センターの案内などがある）
—http://www.drugtext.org/（ドラッグ・テキスト（薬物使用に関する危険削減のためのインターネットセンターのホームページ）
—http://ourworld.compuserve.com:80/homepages/ksh/（薬物の危険に対抗するヘッセン州施設と中毒予防のための調整所のホームページ）
—http://www.uni-oldenburg.de/fb3/politik2/ghr/praxis/fixp_index.html（ニーダーザクセン州の薬物諸施設に関するホームページ）
—http://www.bka.de/（ドイツ連邦警察局のホームページ。薬物問題の統計に詳しい）

（きむ・さんぎゅん／龍谷大学法学部助教授）

刑事拘禁とNGO（市民）活動
ジュリエット・ライオン氏に聞く

福島　至

1　はじめに
2　刑事拘禁とNGO活動の役割・意義
　(1)　市民参加それ自体の意義
　(2)　刑事施設におけるNGO活動の意義・役割
3　ジュリエット・ライオン氏に聞く
　(1)　政府との協働
　(2)　PRTのサービス
　(3)　キャンペーン活動と過剰収容
　(4)　研究・調査活動
　(5)　活動成果の評価手段
　(6)　被収容者の声
4　むすびにかえて

1　はじめに

　本稿では，刑事政策分野，とりわけ刑事拘禁に関するNGO活動の意義について論じることとする。
　刑事施設をめぐるNGO活動の意義は小さくない。そこで最初に，NGO活動の役割・意義について簡単に論述したい。その後，刑事施設において活発なNGO活動が行われているイギリスの状況について，2003年1月に来日したジュリエット・ライオン氏（同国にあるプリズン・リフォーム・トラスト事務局長）の龍谷大学における報告内容を要約することによって，紹介する。

2 刑事拘禁とNGO活動の役割・意義

(1) 市民参加それ自体の意義

　刑事施設におけるNGOの役割は，まず，民主主義社会における市民参加の一般的意義の文脈で評価することができる。立法や行政への市民参加と並び，司法においても市民参加が実現されることが，その社会の民主主義の定着度を示す要素といってよい。もっぱら官僚の手によってなされる刑事司法や刑事政策ではなく，市民の同輩も参加する司法によってなされることが望ましいということになろう。裁判員制度の導入が司法改革の中で検討されることになったが，このような文脈で理解することが可能であれば，肯定的に評価できる。

　とりわけ日本の刑事法分野においては，従来市民参加は制度上ほとんど認められてこなかった。本稿が取り上げる刑事拘禁に関係する分野も，その例外ではなかった。もちろん，篤志面接委員や教誨師，保護司，更生保護婦人会などの一定の市民参加は行われていたが，担い手は限定された人たちで，また運動の自発性には乏しかった。他方で，犯罪被害者問題が国際的に注目を集める中，リストラティブ・ジャスティスの発想の延長においては，刑事被拘禁者の社会復帰にも市民的関与が求められることになろう。こうした状況を踏まえると，とくに矯正・保護の分野における市民参加には，大きな必要性と意義が認められることになる[1]。

(2) 刑事施設におけるNGO活動の意義・役割

　一般的な民主主義的意義に加えて，とくにこの分野における市民参加の意義ならびにNGO運動の意義は何か。すでに別稿において指摘したが，人権侵害監視機能（Watch Dog）としての意義と，社会復帰援助機能の意義が重要である。日本においては，被拘禁者を市民の一員として捉える考え方や感覚が薄いといわれている[2]。したがって，外界から遮断された施設内においては，人権侵害の可能性が高くなるとされ，人権侵害監視団体としてのNGO活動が特に重要である。

　刑事施設は拘禁を目的とした施設であることから，逃亡防止のためセ

キュリティを確保しなければならない。この目的達成が至上命題化すると，外界との遮断の度合いは大きくなるし，施設内の秘密主義は強化される。こうした状況は，施設内で人権侵害事例が発生する温床となる。2002年に明らかになった名古屋刑務所における刑務官の暴行致死傷被疑事件[3]は，その典型例である。

　こうした状況の下でNGOに期待される活動は，施設に立ち入り，あるいはそれが困難であれば施設内への不断の働きかけにより，被拘禁者の訴えや苦情を受け止めることにある。NGOの人権侵害監視機能は，コミュニティの仲間・同輩である被拘禁者の生活や人生に共感・連帯することから生まれるべきものであり，「市民性」や「人間性」と関係がある。

　この被拘禁者の人間性や市民性との共感・連帯感は，NGOが社会復帰援助の機能を営むことを自然に導く。すなわち，被拘禁者はいずれ仮釈放ないし釈放されれば，再度コミュニティに戻ってくる仲間なのであり，その人生や生活に共感・連帯するのであれば，社会復帰に向けた被拘禁者の努力を促し，それを援助・支援する活動に関わるのは当然のことなのである。刑事政策の担い手としての市民活動が，NGOに期待できるのである[4]。

　最近は，犯罪被害者の刑事司法への関与が，注目を集めている。しかし，被害者の関与が警察主導で行われることになると，刑事手続を過度に懲罰的にしてしまうことも危惧されている。そうならないようにする一つの方策は，犯罪者の社会復帰にNGOが関与することである。前述した通りリストラティブ・ジャスティスの文脈でNGOが関与するのは，かかる観点から評価することも可能であろう。

　また，社会復帰の達成は，将来の犯罪予防や将来の犯罪被害者の発生防止につながるのであり，被害者と犯罪者との関係の止揚がはかられよう。また，かかる機能においては，被拘禁者への共感や拘禁の抑止の観点（長期の拘禁はコミュニティへの復帰を困難にする）において，たとえばアミティやその他自助グループ活動の促進をもたらすことになる。犯罪被害者支援や犯罪予防を，刑罰強化や警察など捜査機関の増強，被拘禁者の釈放情報の公開制度などの措置にたよることになると，犯罪を

犯してしまった人たちを社会から排除し，結局犯罪を繰り返すことに追いやりかねない。そうすることのないようにするには，上述の視点からの市民運動が必要である。

　NGO活動は，人権侵害を監視する点では，刑事施設に批判的であることを忘れるべきではないが，他方で，受刑者の社会復帰をサポートする点では，協力的でありうる。その意味で，いわば「辛口の応援団」としての活動が期待されるのである。

　上述のことを踏まえて，活発に活動を展開しているイギリスのプリズン・リフォーム・トラスト(5)を紹介しよう。

3　ジュリエット・ライオン氏に聞く

　ジュリエット・ライオン氏はプリズン・リフォーム・トラスト（以下 PRT）事務局長として，2003年1月末に龍谷大学矯正・保護研究センターの招待で初来日した。以下は，同年1月29日に開催された同センター主催セミナーにおける報告「PRTの活動と役割」を，同氏の了解を得て，当日通訳を務めた私の責任で訳出したものである。

　皆さん，こんにちは。これから，私の属しているNGOであるPRTの活動と役割について，お話しをしようと思います。

(1)　政府との協働

　PRTは，1981年に設立された小さなNGOです。政府とはとても密接な協働関係を持っていますが，独立しています。

　活動の目的は二つあり，一つは，刑務所を最終手段としてのみ利用することです。ただ現実には，私たちの国では，かなり早期の手段として利用することがしばしばです。もう一つは，刑務所が建設的体制と良好な環境を提供するとともに，被収容者とその家族が人道と敬意を持って処遇されることです。

　政府と協働しているという意味は，説明を少し要することです。人々の中には，私たちを「（政府の）批判的な友人」と称してくれる方々が

おられます（皆がそう丁寧に評価してくれるというわけではありませんが）。私たちは独立した基金とトラストによって設立されています。これはたぶんとても簡単な指標ですが，私たちはいかなる政府資金をも受け入れていないが故に，独立を保つことができるのです。

　もちろん，財政上そんなに豊かというわけではありません。現在，被収容者の作文コンテストや教育のためのプロジェクトを行っておりますが，これらについてはバークレイ銀行から基金をいただくようになりました。また，第三世界の債務免除を求める世界的な運動に関わってきた「社会変革のためのネットワーク」は，その資金を過剰収容問題に使用することに前向きでした。それ故に，私たちの団体の活動に関心を寄せることになり，この問題に対するプロジェクト資金が提供されることになったのです。その際には，ホームレス支援雑誌「ビッグ・イシュー」を刊行している団体にも資金を提供している女性が，プロジェクト支援財団の代表になってくれました。私たちは，大小様々な組織に支えられているのです。

　私たちは多くのプロジェクトを実施していますが，これは刑務所庁や内務省と私たちを密接に結びつけるものです。さらに，次第に政府の他機関とも提携しつつあります。

　ちょっと簡潔に政府との協働の例を示しましょう。私は3ヶ月ごとに刑務所庁担当大臣と会合を持ちます。これは，この3年間私が歴代の担当大臣と行なってきた約束です。大事なことに，会合はPRTの用意した協議事項にしたがって，進められます。協働の一つ目の例は，担当大臣や刑務所庁職員たちとの間に定期的な協議の場を持っていることです。

　次に，私たちは，政府の諮問事項に対して助言する仕事もしております。最近では，首相によって設置された「社会排除」課が報告書を作成する際に関与しましたし，内務省の行った量刑の見直しにも関与しました。いずれの時も私たちは委員会の独立したメンバーとして参加し，できる限り協力して，改革のために寄与しています。

(2) **PRTのサービス**

　改革に向けて担当大臣や職員に影響を及ぼすよう努めるのと同様，私

たちはそうする価値のある人たちと密接な関係を維持するよう努めております。そこで私たちは，二つのことを行っています。

　私たちは，被拘禁者とその家族に対して，助言と情報提供のサービスをしています。毎年約4,000人が，あらゆる範囲のことがらについて助言と情報を求めて，連絡をしてきます。家族との連絡とか，刑務所の移監請求についてなど，あらゆる事項にわたります。私たちは，それらに応えるように全力で努めております。もし私たちでは応えきれない場合には，もっと情報を持っている他の適切な人々を紹介します。

　もう一つは，定期的に刑務所を訪問することです。私自身はほぼ2週間毎に，私のスタッフはいつでも刑務所に行って，被拘禁者や刑務所スタッフと話をし，何がいま問題なのかを見つけてきます。

　私たちは政府職員と協働していますけれども，批判的であることに怖じ気づくわけではありません。不公正であるとか，非人道的であると私たちが感じることについて批判するのが，私たちの役割の一部であるからです。

　私たちはそのような批判活動を，以下のような様々な方法で行っています。政府に対して書簡を送る一方，できる限り多くテレビやラジオ，新聞に登場するようにしています。独立した報道モニター調査によれば，私たちはメディアを通して，イングランド・ウェールズの1,500万の人々に，毎月定期的に訴えかけているということです。

(3) キャンペーン活動と過剰収容

　私たちはたくさんの活動をしておりますが，いくつかその例を示すのがわかりやすいでしょう。中心的な活動の一つは，私が「改革を迫る行動」もしくは「キャンペーン」と呼ぶ活動です。新しい最も重要なキャンペーンは，社会奉仕命令（コミュニティ・センテンス）の利用を促進し，公共の安全を増大させるキャンペーンです。この過程を遂行することを通して，英国における刑務所人口を減らすことを求めています。

　他のキャンペーン・プログラムもある意味では類似の目的を持っておりまして，必要とされる人にのみ刑務所を用いるべきだとするものです。私たちのグループは，刑務所廃止論者ではありません。刑事司法制度の

中で効果ある場所かつ重要な最終手段として，刑務所が必要であると考えております。しかし，例えば精神的な病にかかっている人たちのために，刑務所を利用することは反対です。

　そして，これが「問題を抱えた人たち」のためのプログラムが，何であるべきかということと関係してきます。重い精神疾患を持っている人たちは，確実に刑務所システムから取り除かれ，より適切な厚生施設に入れられるべきです。それができずに，なお刑務所内に留まらなければならない人々に対しては，今よりも効果的かつ確実に，彼らのニーズに対応できるようにスタッフが訓練されるべきです。私たちは厚生当局との一連の協議や研究集会の開催，出版物を通して，この問題に対する注意を喚起し，解決をはかるように努めています。これが典型的な私たちの仕事の進め方です。

　私たちが行っている活動をお話しするだけではなくて，私たちの活動の文脈をお話しすることも有益かと思います。例として，刑務所の数を減らすことについてお話しましょう。ここ10年でイングランド・ウェールズの刑務所人口は4万2,000人から7万2,000人に激増しましたので，どうしてそんなに劇的に増加したのか，いぶかる向きもあろうと思います。

　また，精神病を患っている人との関係でお話をしますと，被拘禁者——とりわけ若者——を対象とした精神病状に関する政府の研究によれば，その90％が精神異常と診断可能な状態であることが明らかになりました。しかも顕著な結果として，刑務所被収容者の10％が非器質的精神異常の状態であることも報じておりました。私自身，精神福祉の分野で働いていた経験が有りますので，このことが，これらの人々がとても病んでいて，極めて不適当な場所に収容されていることを意味していると分かります。

　「最終手段原則」は，刑務所改革にとってひとつのパラドックスです。もしあなたが刑務所改革団体であるとするならば，刑務所庁と協力して，刑務所の中に良好な病院を作るべきでしょうか？　被収容者のために，社会の中では行われていないほどの良好な教育を行うべきでしょうか？　より多くの人々を魅了する刑務所内でのプログラムを呈示すべく，あな

刑事拘禁とNGO（市民）活動 **245**

たは努力すべきでしょうか？　これが，現在のジレンマの一つです。人々は，私たちにきっとこう言うでしょう。「刑務所改革を信じているならば，古いぞっとするようなビクトリア期の刑務所ではなく，いい設備を備えたすばらしい現代的な刑務所を，もっと多く作るように望んだらいいではないか」「本当にすばらしい精神保健上の治療を提供する刑務所を，作ったらいいのではないか」。

　いまや，多くの点で，私たちはこれらのことを望んではいます。しかし同時に，刑務所の人口をこれ以上増やそうとは望んでいません。それには非常に簡単な理由があります。ここ10年で刑務所人口はほぼ2倍に増えましたが，犯罪率はほぼ変わらず，横ばいだったのです。

　したがって実際に起きていることは，以前には拘禁されることのなかったような人々を多数拘禁しているという事実です。彼らは，本来ならば刑務所に収容する必要があるほどには，危険であるとは見なされなかったはずでした。社会奉仕命令もしくは罰金が科されるはずだったのです。それ故に，私たちは刑事司法の料金表を高く上げてしまったのです。

　私たちは，それらを再度下げるようにすることに関心を有しています。なぜなら，拘禁がおよぼす長期間の影響を考えるならば，それらは非常に損害を与えるものだからです。このことが意味するのは，もしあなたたちが刑務所拘禁を用いる場合には，次のことを念頭に置いていなければならないということです。それは，非常に重大な犯罪にとってのみ正当化できる刑罰なのであり，刑務所は重要な最終手段としての場所であるのです。

　しかし，もしあなたが他の理由からそれを用いるのであれば，あなたは刑務所人口増加に寄与してしまうことになります。被収容者の再有罪判決率（再入率）は，よくありません。刑務所から釈放された人のうち，2年以内に再度有罪判決を受けた人は全体の58％にあたります。しかもこれを21歳以下に限ると，76％に達します。何と，若者の4分の3以上が，2年以内に再度有罪となるのです。私たちの制度は，そんなにうまくいっていないわけです。

　人々は，「社会奉仕命令は，刑務所収容より良いわけではない」と言うかもしれません。しかし，新たな証拠によれば，ましであることは確

かです。事実として，コミュニティ内で刑の執行を終えた場合には，刑務所収容と同じスティグマを受けないで済みます。そして，社会奉仕によって何らかの良いことを行うことができたかもしれませんし，ほんの少し自尊心を持つことができ，自分が何ものかに寄与できるのだと感じるようになるかもしれません。他方，刑務所施設の中では，社会への寄与を行うことは極めて困難です。なぜなら，刑務所は結局のところ社会から人を遮断するところだからです。だからこそ，私たちは刑務所の利用を最終手段と考えているのです。

(4) 研究・調査活動

さて，社会奉仕活動ないし被拘禁者がなし得る寄与について話をしたところですが，いま手元にあるのが『Barred Citizens』（閉じ込められた市民たち）という私たちの研究レポートです。これは，イングランド・ウェールズのすべての施設を対象とした研究で，被収容者——たとえ施設内に完全に拘禁されている人も——によるコミュニティ・ボランティア活動や社会への何らかの寄与の可能性を調べたものです。それらは，たとえば，お互いに助け合って読み書きを学習したり，あるいはサマリタンズ[6]のトレーニングを受けて，自殺の危険のある仲間から訴えを聞いたり，コミュニティにいる人々と協働する活動などです。私たちがこの研究を行った理由は，刑務所庁にとって極めて重要なカルチャー変化をもたらすと考えたからです。

私はこの前，担当大臣ととても面白い会談をしました。彼は私にこう言いました。「危機的状況なのに，君たちはなぜボランティア活動を論じているんだ？ いまは，過剰収容の危機のときだ。信じられない。われわれの刑務所はあまりに多くの人で溢れかえっているんだ」と。私は次のようにお答えしました。「大臣，この報告書と『社会排除』報告書は，いずれも次のことを伝えています。もしわれわれが，被収容者が施設内にいる時に，彼らに責任感を与え，仕事のための訓練をさせ，釈放の時にまっすぐ歩むことができるようにするならば，こんなにも入所を繰り返すことは避けることができるのです。これが，過剰収容に対する施策なのです。施設内にただ閉じ込めておくというのは，社会復帰や処

遇を放棄することになってしまいます」と。

　また，イングランド・ウェールズにおける全ての刑務所を対象として，そこで何が行われているのか，とくによき実践活動が行われていることをくみ上げる研究活動もしています。私たちの役割の一つは，よき実践活動をひろめることなのです。刑務所庁と協力して，施設の中で一連のセミナーを開催し，スタッフや被収容者が所内で同様の実践活動ができるよう助力しています。

　もう一つわたしたちが行ったことは，刑務所庁の各管区部長をして被収容者にボランティア活動に取り組ませるように，報告書中の諸提言を様々な実際の計画として確定することでした。私たちは大蔵省担当者と会い，ボランティア活動の計画について話をしました。なぜなら，私たちの政府は，市民活動に対してとても関心が高いからです。私たちは，「被収容者たちを忘れないで」と伝えておきました。

　したがって，あらゆるレベルで，私たちは研究成果から得られた着想を政策の中に，少なくとも政策用語の中に入れさせてきました。いまや，多くの政府提言文書において，「被収容者はボランティア活動への潜在力を持っている」とか，「相互に助け合ったり，コミュニティを助けたりするこのような活動を行うことによって，再犯の可能性を低くしたり，釈放時の就職の可能性を高くすることができる」などと述べられるようになりました。

　最近行ったもうひとつの研究報告書は，私たちの活動の第二の側面を示すことができるでしょう。それは，『Prison Overcrowding —— The Inside Story』（過剰収容——所内からの告発）というものです。この報告書は，100あまりの訪問者委員会から私たちに提出されたアンケートの報告です。

　訪問者委員会は，刑務所内で独立して活動している人々です。内務大臣によって任命されますが，仕事は国中のすべての施設における処遇と諸条件をモニターすることで，興味深い組織です。報酬を受けるのではなく，コミュニティの中からボランティアとしてやってくる人々で，毎日施設の中に来ています。

　私たちが尋ねたことは，たとえば「あなたの施設はどんな状態ですか」

とか「過剰収容状態になっていますか」、「過剰収容は、スタッフや被収容者、その家族、所内の規律にどんな影響を与えていますか」などです。その結果、いまや、100のうち77の施設に関わる人たちが、過剰収容によって惹き起こされる弊害について強く懸念していることがわかりました。これが、いまお話ししている被収容者数増大の悲劇なのです。私たちは、世の人々と議会に対し、いかに状況が深刻であるのかを知らせることができるように、一つの文書の中にこれを一緒にまとめています。私たちはこの状態を、「我が刑務所制度において出現しつつある危機」と呼んでいます。

　いま一度、私たちがこのような研究成果をどう使うのかをお示ししましょう。私たちは証拠としてこれを議会内務（事項選定）委員会に提出しました。その後、同委員会は、内務大臣と会う前にそれを説明文書として使いました。そして内務大臣には、こう言ったそうです。「これはわれわれが自己満足してはならない事態です、大臣」と。大臣は「その通り、全くだ。私はPRTに大いに敬意を抱いている。彼らは、極めて責任ある合理的なやり方で活動しており、結果として、彼らが述べていることは、何も解決策を提案しない者たちよりも、極めて真剣に取り上げられるのである」と答えたとのことです。

(5)　活動成果の評価手段

　もう少し、私たちの活動について述べましょう。あなた方が運動団体で、二つの目的を持っていると想像してみてください。第一は、ウールフ卿(7)が「やむを得ない最小限度」と称した数まで、刑務所人口を減らすことです。第二の目的は、被収容者のための処遇と諸条件を改善することです。そうすると、被収容者数の増加は、あなたにとって極めて恐ろしい失敗であると考えなければならないかもしれません。

　そして私たちは、なしうることはもっとあるのかどうかについて、精一杯考えなければなりません。私たちの団体は、独りではありません。国内には同じ目的と考えを共有しているけれども、活動は様々である団体が、たぶん40くらいあります。政府それ自体も刑務所人口を減らしたいと考えておりますし、多くの機会に実際にそのように公言しておりま

す。それは誰かの関心においてあるのではなく，われわれが自分自身で発見する状況なのです。しかし，私が思うには，改革に向けた気力を維持するためには，成功例を探さなければならないのです。それ故に，私たちは自分たちの成功を測定することのできる方法を，種々有しています。それを少しお話ししましょう。

多くの例においては，それは一歩前進，そして一歩後退という行きつ戻りつの動きになります。私は自分たちの年次報告を作成する際には，国会の記録に目を通して，私たちの活動が議会の審議のどこで用いられたのかを確かめます。国会議事録には，多くの例があり，私たちの行った活動への言及がなされています。

その例をあげましょう。（刑務所にある）被収容者家族のための訪問者センターについての論争において，何人もの議員は，受刑者家族連盟とPRTのために行われたナンシー・リューク博士のすばらしい研究成果に何度も言及しました。この研究成果は，『Just Visiting——A Review of the Role of Prison Visitors' Centers』（ちょっと訪問——刑務所訪問者センターの役割についての検討）と名付けられて出版され，センターがなしうることがらを示しています。とくに中心においては，すべての刑務所に訪問者センターが設置されることを提案しています。しかしながら，こんにちこれが全て実現できると，申しあげられるわけではありません。というのも，それは資金の配分に依存するからです。私たちがちょうど入手したばかりの情報によりますと，センター設置の必要性が極めて高いと広範に認識されているにもかかわらず，政府はセンター設置数を増やすことはできないとのことでした。

もうひとつ例を示しましょう。刑務所主席査察官が，女性の被収容者に関するPRTの調査報告書について，ある事を教えてくれました。この調査は，ウェーデバーン教授を長とした調査チームによって，2年間にわたる活動の成果としてまとめられたもので，極めて真剣な提案がいくつか含まれております。主席査察官はその報告書中で，私たちの報告書がすでに政府の政策に入っていること，そして刑務所における女性に関する政策を基礎づけるために用いられてきたことを認めています。

しかし，主席査察官は続けてこう私たちに言うのでした。「悲劇的な

ことは，報告書はいまや政策の中に取り入れられているのに，収容数の急増と資金不足のために，政府は教授の提案採用を進めるほどの勇気がないのよ。だから，提案されていた女性受刑者の数を減らさなければいけないとか，女性たちの家のそばに小さなセンターを作って，そこで保護とか教育，社会保障，福祉など各機関が刑務所庁と連携して女性を助力しなければならないなどという提案は，ほとんど顧慮されなかったのよ」。

(6) 被収容者の声

　私たちが被収容者から証言を得ることは有益であるけれども，それと同時に私たちは彼らならびにその家族を励まして，メディアに手紙を出してもらったり，ラジオに出演してもらうようにしています。そうすることによって，彼らの声が人々に届くようになるのであり，それはしばしば大きな意味をもつのです。

　最後に，今年のはじめに私たちが作成した難民申請者の拘禁に関する報告書について，お話しします。この報告書案文を策定しているとき，私たちは政府と意見交換を続けていました。私たちは，難民申請者である被拘禁者たちから証言を集めました。彼らは，刑務所制度の中に拘禁されることの痛みを語っておりました。この取り組みは進行中の活動のごく一部で，まだそれが実を結んだと断言するまでには至っておりません。しかし，このような人々と一緒に活動することによって，刑務所制度とはかかわりのない施設に難民申請者を収容できる権限を持った人々に対して，情報提供することはできました。そしてまた，有罪の確定したわけではない人々を収容するには，刑務所は極めて不適当な場所であるがゆえに，こうしたことを取り上げて検討することはとてもよかったと思っています。

　したがって，被収容者の声は，私たちが行っていることの絶対的な中心です。PRTは12人という少数のスタッフでやっています。その中には，元受刑者もおります。彼女は，獄中にいたときから私たちのために働いており，その当時は，毎日刑務所から私たちのところに通ってきました。いまや彼女は，私たちのスタッフとして，フルタイムの恒久的なメンバ

ーとして働いています。私たちが可能な限り助力したいと考えている人々と私たちとの関係を私たちがどう評価しているのか，彼女のことがその好例になるでしょう。(終)

4　むすびにかえて

　イギリスのNGOは，非常に数が多く，活動が活発である。特徴的なことは，豊かな人的資源のもと，広範な参加者に支えられていることである。ジュリエット・ライオン氏の報告を踏まえて，今後の日本におけるNGO活動活発化に向けた条件ないし希望をのべて，本稿を閉じたい。

　彼女の報告から明らかであるが，刑事拘禁に関係するNGO活動には，政府との協働を推進しながらも，批判的姿勢を失わないことが重要である。協働が政府業務の下請けとなっては活動の意味がなく，政府に従属することになり，批判的精神も失われる。独立性の確保のためには，財政的な独立性が必要となる。しかし，NGOは利益追求が目的でない以上，財政的独立性を確保することには必然的に困難がある。それゆえ，政府には税制上の効果的な優遇措置をとるとともに，NGOの活動内容を規制しない限りでの補助金制度の充実と協働事業を展開する姿勢をとることが求められる。こうすることによって，刑事拘禁への市民的関心が高められ，建設的な政策の展開も可能となると考える[8]。

　NGOが提言する政策を政府に尊重させるためには，その提言能力を高める必要がある。このためには，一方で，不断に被拘禁者やその家族と接触するとともに，刑事施設を訪問し問題の所在を常に把握しなければならない。これは問題意識を鮮明化するためにも有用である。他方で，政策定立のために必要な調査・研究活動を実施して，政策立案を続けることも求められる。このためには，運営資金を確保するだけではなく，それを優秀なスタッフ確保のために用いる運営方針も必要となる。

　このようにして，NGO活動には財源と人的資源の確保を要するのであり，また独立性を失わない精神を維持することが求められる。

（1）拙稿「刑事施設におけるNGOの役割」村井敏邦＝後藤昭『21世紀の刑事施設』

55頁（日本評論社，2003年）。
（2）村井敏邦「監獄事情改良と『市民性』」海渡雄一『監獄と人権』237頁（1995年，明石書店）。
（3）一連の事件では，あわせて5人の刑務官が起訴され，2003年春から公判が始まった。また，これを機会に過去10年間の刑務所内における死亡事例の再検討が行われたほか，法務大臣は行刑改革会議を設置して，制度上の見直しを開始した。
（4）刑事政策の担い手としての市民を構想するものとして，石塚伸一『刑事政策のパラダイム転換』89頁以下（1996年，現代人文社）。
（5）1981年に設立されたNGOである。公正で効果的，人道的な刑罰制度を創ることを目的としている。活動は，被拘禁者に個別具体的なサービスを提供するわけではない。刑罰制度の改革に向けた研究活動や教育，情報提供を行うとともに，議会や政府に対するロビイングを行っている。最近は研究調査活動が活発で，ハワード・リーグなどよりも影響力がある。

特徴的なのは，刑務所庁と協力して，被拘禁者や家族のための各種情報ハンドブック（Prisoners' Information Books）を作成して，施設内の全員に配布していることである。ハンドブックには，諸権利や刑罰制度全般，施設内生活の説明などのほか，各NGOの連絡先まで記載されている。設立以来19年間その職にあった前事務局長スティーブン・シャゥStephen Shawは，初代刑務所オンブズマンに任命された。
（6）キリスト教系の団体で，自殺防止のため，電話などによるカウンセリングのサービスを全英で提供している。
（7）1990年の刑務所暴動をきっかけに設置された調査委員会の長をつとめたことがある。同委員会は，刑務所改革のための提言をまとめた。
（8）英国保護事業におけるパートナーシップについては，河原田徹「英国における社会内処遇の変革と『地域性』の再建」矯正講座24号127頁以下（2003年）参照。

（ふくしま・いたる／龍谷大学法学部教授）

研究活動記録

1　研究会

〔第1回研究会（準備会）〕1999年4月16日　龍谷大学・共同研究室
　報告者：石塚伸一（龍谷大学・刑事学）
　テーマ：「研究プロジェクトの目的と今後の進め方について」
〔第2回研究会〕1999年6月12日　龍谷大学・共同研究室
　第1報告：牛尾浩也（龍谷大学・民法）
　テーマ：「市民法的公共性論のための覚書～震災復興計画を契機として～」
　第2報告：佐藤岩夫（大阪市立大学・法社会学，現東京大学）
　テーマ：「『現われ』としての『市民』～『市民法』論研究会に臨む基本的視点～」
〔第3回研究会〕1999年7月3日　龍谷大学・共同研究室
　第3報告：馬場健一（神戸大学・法社会学）
　テーマ：「たったひとり（？）の市民運動：学校情報公開請求運動と法使用」
　第4報告：金尚均（西南学院大学・刑事法，現龍谷大学）
　テーマ：「ドイツにおける麻薬政策」
　第5報告：石塚伸一（龍谷大学・刑事学）
　テーマ：「北九州ダルク～薬物依存からの回復と市民的支援～」
〔第4回研究会〕1999年9月11日　龍谷大学・共同研究室
　第6報告：萩屋昌志（龍谷大学・民事訴訟法）
　テーマ：「プロサッカーへの市民の主体的関与の可能性について」
　第7報告：福島至（龍谷大学・刑事訴訟法）
　テーマ：「弘前におけるアムネスティの活動」
　第8報告：佐々木光明（三重短期大学・刑事法）
　テーマ：「東京都青少年条例制定プロセスと市民的オートノミー」
〔第5回研究会〕2000年1月22日　龍谷大学・共同研究室
　第9報告：見上崇洋（龍谷大学・行政法，現立命館大学）
　テーマ：「現代市民法論について」
　第10報告：佐藤岩夫（大阪市立大学・法社会学，現東京大学）
　テーマ：「現代市民社会論の射程と限界～司法改革の動きと関係させながら～」）
〔第6回研究会〕2000年6月3日　龍谷大学紫英館5階会議室
　第11報告：石塚伸一（龍谷大学・刑事法）
　テーマ：「第1次イギリス調査報告」

第12報告：石井幸三（龍谷大学・法哲学）
テーマ：「市民運動と権利論」（龍谷法学33巻 2 号 1 ～28頁〔2000年 9 月〕）
〔第 7 回研究会〕2000年 8 月 7 日　龍谷大学紫英館第 1 共同研究室
第13報告：葛野尋之（立命館大学・刑事訴訟法）
テーマ：「少年事件報道と市民的公共性」
第14報告：石塚伸一（龍谷大学・刑事法）
テーマ：「誤判救済と市民的支援：小倉支部事件を素材に」
〔第 8 回研究会〕2001年 1 月27日　龍谷大学紫英館共同研究室
第15報告：村井敏邦（龍谷大学・刑事法）
テーマ：「正当防衛の拡張と刑法解釈の方法～刑法解釈論における正当防衛の拡張と制限の問題～」
〔第 9 回研究会〕2001年 4 月13日　龍谷大学紫英館共同研究室
第16報告：石井幸三＝石塚伸一＝葛野尋之＝馬場健一＝福島至＝村井敏邦
テーマ：「第 2 次イギリス調査報告」
審議事項：2001年度の活動方針について
〔第10回研究会〕2001年 6 月 8 日　龍谷大学紫英館 2 階共同研究室
第17報告：福島至（龍谷大学・刑事訴訟法）
テーマ：「イギリスにおける検死陪審について」
第18報告：村井敏邦（龍谷大学・刑事法）
テーマ：「イギリス調査について」
〔第11回研究会〕2001年11月 3 日　龍谷大学深草学舎 6 階会議室
第19報告：ハンス・ルートヴィッヒ・シュライバー（ゲッティンゲン大学・医事法）
テーマ：「胚子の使用と研究」
〔第12回研究会〕2001年11月 5 日　龍谷大学深草学舎 6 階会議室
第20報告：ハンス・ルートヴィッヒ・シュライバー（ゲッティンゲン大学・医事法）
テーマ：「遺伝子工学と身体への侵襲」
〔第13回研究会〕2002年 1 月12日　日本民主法律家協会・会議室
第21報告：土井政和（九州大学・刑事法）
テーマ：「イギリス刑事施設の実態調査」
〔第14回研究会〕2002年 2 月 8 日　龍谷大学紫英館 2 階第 2 共同研究室
審議事項：桑山亜也（現代人文社）「研究成果の出版について」
〔第15回研究会〕2002年 3 月 5 日　龍谷大学紫英館 2 階第 1 共同研究室
第22報告：ロッド・モーガン（英国保護監察局）
テーマ：「ブレア政権下における刑事政策の変容」

（龍谷大学・法学会研究会，矯正保護課程などと協力し，ロッド・モーガン教授〔英国保護観察局首席査察官〕を招聘し，研究会および講演会を開催した。なお，3月5日には，講演会「イングランド・ウエールズにおける保護観察査察官の役割について」を後援した。3月9日，法政大学ボアソナード・タワー26階において開催された刑事立法研究会主催のシンポジウム「21世紀の刑事施設：グローバル・スタンダードと市民参加」にも参加した。）

2　調査・講演会活動

(1)　1999年6月22日（龍谷大学2－507教室）
　　講演「少年犯罪被害者遺族の現状」（武るり子さん：少年犯罪被害者の会代表）
(2)　1999年10月15日（龍谷大学21－404教室）
　　講演「同性愛者に対する性的差別」（池田久美子さん：高等学校教員）
(3)　2000年2月24日〜3月4日
　　調査〔第1次イギリス調査（ブリストルおよびロンドン）〕
　　（参加者：石井幸三，石塚伸一，牛尾浩也，福島至，本田稔，馬場健一以上6名）
(4)　2000年4月6日〜7日（1泊2日：石塚伸一・東京）
　　調査「アミティと実務家とのクローズド・ミーティング」（アムネスティ日本支部）
(5)　2000年5月16・17日（1泊2日：石塚，飯田正剛弁護士，坂井眞弁護士・福岡）
　　調査「牧野正さん（死刑確定者）からの聞き取り調査」（福岡拘置所）
(6)　2000年6月10日〜12日（2泊3日：石塚伸一・東京）
　　調査「牧野正さんの訴訟についての聞き取り調査」（ミネルバ法律事務所等）
(7)　2000年6月23日〜25日（2泊3日：石塚伸一・福岡）
　　調査「司法制度改革審議会・地方公聴会および市民集会」（福岡国際センター）
(8)　2000年7月13日（滋賀・京都）
　　講演「京都の監獄・囚人労働の歴史を訪ねて」（水先案内：平井正治さん）
(9)　2000年8月8日（龍谷大学）
　　講演「薬物依存からの回復」（大阪ダルク代表：倉田和彦さん）
(10)　2001年2月22日〜3月5日
　　調査〔第2次イギリス調査（ブリストルおよびロンドン）〕
　　（参加者：石井幸三，石塚伸一，葛野尋之，福島至，馬場健一，村井敏邦以上6名）

3 アミティ関連

　2000年度には，アメリカの犯罪者の社会復帰のための自助グループ「アミティ」の日本招聘および関西セミナーの実施に協力した。

(1)　2000年6月27日，第1回勉強会
　アミティ招聘実行委員会有志制作ビデオ『アミティ・魂と出会う旅』の鑑賞と今後の活動についてのミーティング。
(2)　2000年7月13日，第2回勉強会
　エモーショナル・リテラシーについてのミニ・ワークショップ。
(3)　2000年8月8日，第3回勉強会
　大阪ダルクからのメッセージとメンバーからのお話。
(4)　2000年9月29日，第4回勉強会
　今後の活動についてのミーティング。
(5)　2000年10月27日，第5回勉強会
　今後の活動についてのミーティング。
(6)　2000年11月16日，第6回勉強会
　（第1回読書会）ヤブロンスキー著『治療共同体（TC）』の読書会を行いながら，この構想についての理解を深めるためのディスカッションを行っている。
(7)　2000年12月14日，第7回勉強会
　（第2回読書会）同上。
(8)　2001年1月10日，第8回勉強会
　2001年秋のアミティ招聘についてのミーティング。
(9)　2001年2月15日，第9回勉強会
　2001年秋のアミティ招聘についてのミーティング。
(10)　2001年3月23日，第10回勉強会
　2001年秋のアミティ招聘についてのミーティング。
(11)　2001年4月22日，全国招聘委員会
　2001年秋のアミティ招聘についてのミーティング。
(12)　2001年4月26日，第11回勉強会
　再来日に向けて研究会，実行委員会の発足。
(13)　2001年5月17日，第12回勉強会
　再来日に向けての研究会，実行委員会のミーティング。

⑭ 2001年6月1日・2日，第23回アルコール関連問題学会への参加と報告（札幌プリンスホテル）
　テーマ：「試されるアルコール・薬物医療
　　　　～精神保健，医療，福祉への広がりをめざして～」
　分科会(7)「薬物依存者の再発予防プログラムについて」
　石塚伸一「治療共同体（TC）とリーガル・モデル（LM）」
⑮ 2001年6月14日，アミティ京都プレ企画
⑯ 2001年6月22日，アミティ講演会実行委員会
⑰ 2001年7月3日，アミティ京都プレ企画
⑱ 2001年7月21日，アミティ大阪プレ企画（ドーンセンター）
⑲ 2001年9月22日，アミティプレ企画「坂上香講演会」（キャンパスプラザ京都）
⑳ 2001年10月16日，アミティ来日延期・代替プログラム（キャンパスプラザ京都）
　テーマ：「テロ（暴力）とアミティ（友愛）
　　　　～暴力と報復の連鎖からの回復をめざして～」
　シンポジスト：坂上香さん（映像ジャーナリスト），近藤恒夫さん（日本ダルク責任者），野田正人さん（立命館大学）　司会：石塚伸一（龍谷大学）
　（10月16日に予定していた「アミティ再来日講演会・イン・京都・心の叫びに耳をすまして～あらゆる暴力から自由になるために～」は，9月11日のアメリカにおける同時多発テロのため，アミティのスタッフが来日できなくなり，中止になった。その代替プログラムとして，アミティ〔友愛〕の本当の意味をじっくりと考える機会を設けるためのシンポジウムを開催した。）

4　海外調査

〔第1次イギリス調査（2000年2月24日～3月4日）〕
調査地：イギリス（ブリストルおよびロンドン）
参加者：石井幸三，石塚伸一，牛尾浩也，馬場健一，福島至，本田稔
調査行程：
2月24日
　　関西空港発→アムステルダム経由→ブリストル着
2月25日
・家庭裁判所見学。
・市立図書館でクエーカーに関する文献を調査（図書館司書のウォーカー氏が対応）。
・VICTIM SUPPORT BRISITOL 事務所訪問。

研究活動記録　259

36 Dean Lane, Bedminster, Bristol BS3 1BS (TEL:0117-963-1114)
・ブリストル大学におけるジェネラル・トーキング。
　（ロッド・モーガン教授，アンドリュー・サンダース教授，エド・ケイプ教授）
　　1　イギリスにおける刑事司法とNGO
　　2　NGOを支える社会的・歴史的背景
　　3　被害者問題と被疑者・被告人・受刑者の権利

2月26日
・ラドクリフ協会を訪問。
・アムネスティ・インターナショナル（AI）ブリストル・グループの古本屋訪問。
　AI Bristol Group (Bookshop for AI) 103 Gloucester Road, Bristol(TEL:0117-942-2969)
　＊寄付を受けた古書をセカンド・ブックとして売り，資金としている。
　　Yvonne Millさんとペギーさんに対応していただいた。
　　　2階は，簡単なAIの展示と作業室になっており，最近開催した，戦争の悲劇を考える子どもの絵画展の作品が置かれていた。
・市立図書館でクエーカーに関する文献を調査（ウォーカー氏対応）。

2月27日
・ロッド・モーガン教授のお宅を表敬訪問。

2月28日
・市立博物館・美術館，書店などを訪問の後，市立図書館でクエーカーに関する文献を調査（ウォーカー氏）。
・南グロススター・シャー薬物問題対策チーム訪問 (South Gloucestershire Drug Action Team：DAT)。
　48-50 Elm Park,Filton,South Gloucestershire BS34 7P
　（TEL:0117-945-4855/FAX:0117-945-4804）
　South Gloucestershire DAT Co-ordinator David Warren 氏に対応していただいた。
　＊地域社会の薬物問題対策のための特設チームで，フィルトン警察署の裏の敷地内にある。NGOというよりは，各種の関係機関・団体の調整機関。基本計画の策定が終わり，枠組みはできたが，これから本格的な活動に入り，どのような評価を受けるのかが次の大きな課題となっている。

2月29日
・王立裁判所(Crown Court)を訪問。
　裁判傍聴とVSのWitness Service の調査が主たる目的。
　　1　陪審裁判を傍聴。
　　2　Witness Service（証人保護のためのヴォランティア活動）

＊事件は，父親が長期にわたって娘を虐待していたという事件であった。被害者である娘の証言を，ボランテイアがサポートしていた。頭は紫色に尖って，鼻に大きなピアスをしたロッカー風の若者が，真剣に証人の話しを聞く姿には感激した。かつらをかぶったバリスターの質問はかなり厳しかったが，証人は涙で声を詰まらせながらも，一生懸命答えていた。女性の裁判官が，証人に対して，自分の方ではなく，陪審員の方を向いて答えるようにと言っていたのも印象的であった。

　公判終了後，法廷の外では，証人の夫や友人らしき人たちが，彼女を慰めていた。裁判所の外へ出ると，被告人の初老の男性が私たちの前を歩いていた。日本であれば，この種の事件で保釈が許されることは稀であろう。訴訟法上は，権利保釈を認めながら，実質的に争いのある事件では保釈の認められない日本とはかなり事情が違うようである。

3月1日

　ブリストルからロンドンに移動。

・アムネスティ・インターナショナル国際事務局訪問。

　1 Euston Street, London WC1X 0DW(TEL:020-7413-5540)

　Rajiv Narayanさん，Mark Alisonさん，Silviaさんが対応してくれた。

　＊日本の死刑確定者・被収容者の人権状況についてブリーフィングを行った。

　　ラジブさんが翌日から日本調査に出発するということだったので，事前にコンタクトをとり，牧野ケースについて状況説明した。

3月2日

・ロンドン大学を訪問。

　＊ベンサムの剥製，1863,64年の日本人留学生の碑を見学。

　　ストーンウエル書店を訪問し，法律関係の文献を収集した。

・Prison Reform Trust 訪問。

　15 Northburgh Street,London EC1V 0JR(TEL:020-7251-5070)

　Deputy Director Nick Flynn氏が対応。

　＊政府から中立の立場で活動する刑務所を中心とする刑事司法問題に関するNGOである。専門家による調査研究が中心で，政党に偏りなく具体的な立法提案のためのロビー活動をしている。国会で，犯罪問題や刑務所改革について実証的データに基づいた提案をすれば，国民から評価されるので，議員たちも彼らの意見を尊重しているという。科学的調査研究の積み重ねが重要であるというコンセプトのようである。

　　思うに刑事司法関係のNGOには，①政府に対抗的な権利保障型，②政府の意を受けて行動する政府擁護型，そして，③実証的調査研究を中心とする政策提案型の

3種類のものがあるようだ。このトラストは，③のカテゴリーに属するといえよう。
・Friends House Euston を訪問。
Workshops in Prisons (Alternatives to Violence Projekt:AVP)
547 Leytonstone High Rd London E11
(TEL:+44-020-8558-3336/FAX:+44-0181-558-6040 or +44-020-8558-6040)
3月3日，4日
スタムステッド発→アムステルダム経由→関西空港着。

〔第2次イギリス調査（2001年2月22日～3月5日）〕
調査地：ブリストル，ロンドンおよびグレンドン
参加者：石塚伸一，石井幸三，葛野尋之，福島至，馬場健一，村井敏邦
調査行程：
2月22日
　関西空港発→フランクフルト経由→ロンドン着。
2月23日
・ブリストル和解プログラム（Bristol Mediation）および和解プログラム・イギリス（Mediation UK）を訪問。
　＊前者は，少年・被害者・地域の和解をめざして活動しているNGOグループ。修復的司法の現状について聞き取り調査を行った。また，後者は，同じ建物にある上記団体の全英を統括する団体。ブリストルに本部がある。
・ブリストル・薬物プロジェクト（Bristol Drugs Project）を訪問。
　＊薬物依存のリハビリテイションを支援するNGO。ブリストルにおける薬物対策の現状について調査した。
2月24日
・アムネスティ・インターナショナル・ブリストル事務所を訪問。
　＊世界的な人権擁護のためのNGOのブリストル・グループ事務所を訪問した。同所は，セカンドハンドの本屋を経営しており，支援者から寄贈された古書を販売し，運営資金に充てている。メンバーのマーガレットさんから，聞き取り調査を行った。
2月25日　休日
2月26日
・Victim Support Bristolを訪問。
　＊2000年の調査でも訪問したイギリスでもっとも古い被害者支援のためのNGO。被害者問題についての意見交換を行った。日本の被害者問題などにつても質問があった。同組織の2000年度のパンフレットには，「日本の研究者の訪問」として，わ

れわれの訪問が紹介されている。
・Witness Support Bristolを訪問。
 ＊上記のグループの実施している証人を支援するためのプロジェクトで，2000年の調査でも調査した。ブリストル地方裁判所内にスペースを確保し，多様な証人援助を展開している。最近，日本でも採用されたビデオリンク・システムを見学した。イギリス方式は，日本のモデルでもある。
 ブリストルからロンドンへ移動。
・オックスフォード大学犯罪学研究所研究員Carol Martinさんのインタビュー。
 ＊グレンドン刑務所訪問に備えて，刑務所内での薬物プログラムについての調査を行ったキャロル・マーチン氏から，①イギリスの薬物対策の現状，②労働党の発表した刑事政策プログラムの評価，③犯罪者処遇へのNGOの関わりなどについてお話をうかがった。

2月27日
・ロンドン・シティー検死陪審法廷（City of London Coroner's Court）を傍聴。
 ＊シティーを管轄する検死陪審法廷を傍聴し，Paul Martin裁判官から，検死陪審の歴史と現状について聞き取り調査を行った（季刊刑事弁護25号118頁以下の福島論文参照）。
・インクエスト（INQUEST）を訪問。
 ＊被拘禁者の死亡事件について救援活動を行っているNGOを訪問し，聞き取り調査を行った。http://www.gn.apc.org/inquest/

2月28日
・ロンドン区内保護観察所（Inner London Probation Service）を訪問。
 ＊ロンドン区内における薬物プログラムを中心に聞き取り調査を行った。
・アダクション（Addaction）を訪問。
 ＊公的支援を受けて地域社会における薬物対策プログラムを実施しているNGO。ミーティングのほか，コンピューター・コースなど様々な治療プログラムを計画していた。隣では，注射針の提供プログラムを行った。

3月1日
・グレンドン（Grendon）およびスプリングヒル(Spring Hill) 刑務所を訪問。
 ＊前者は社会治療型刑務所。Tim Newell所長をはじめとするスタッフに対応していただいた。性犯罪の特別区画の10名程度の受刑者の方たちとミーティングを行った。レセプションの後，スタッフとの意見交換を行った。スプリングヒルは，開放施設で，地域社会への奉仕プログラムなど様々な試みを行っている。おそらく，イギリスの刑事施設のうちでも，もっとも進歩的な施設の一つであろう。

3月2日
・サマリタンズ（Samaritans）を訪問。
　＊日本の「いのちの電話」に相当する電話サービスを提供しているNGO。特に興味深いのは，このサービスを刑務所内でも提供している点。受刑者の中で他人の悩みを聞く役をする人（listener）を養成し，被拘禁者の自殺防止に寄与している。
　http://www.samaritans.org.uk/
・刑務所研究国際センター（The Centre for Crime and Justice Studies：ICPS9）を訪問。
　＊同じくキングスカレッジ付属研究所。今回の刑務所とLondon Inner Probation Service訪問のアレンジに尽力していただいた。所長は，Andrew Coyle氏。
　http://www.prisonstudies.org/
・犯罪および司法研究センター（The Centre for Crime and Justice Studies：CCJS）を訪問。
　＊ロンドン大学キングスカレッジに付属する犯罪学研究所。British Journal of Criminologyを発行していることで有名。付属研究所ではあるが，NGOでもあり，きわめてユニークな活動を展開している。http://www.kcl.ac.uk/depsta/rel/ccjs/home.htm

3月3日
・ハイゲイトを訪問し，Karl Marxの墓などを見学。

3月4，5日
　ロンドン・ヒースロー→フランクフルト経由→関西空港に到着。

おわりに　〜21世紀の「市民像」を求めて〜

　本書のおわりにあたって，共同研究の到達点と将来の展望を述べておくことにする。

　理論編の石井幸三の論稿は，最近の「現代市民法論」が市民法の射程ないしは領域の設定にこだわるあまり，変革の中核となる市民運動を支える現実の人間像を看過ごしていることを鋭く批判している。馬場健一の論稿は，みずからが「たった一人の市民運動」のなかで得た体験にもとづき，法廷での争いで勝とうと思えば，司法官僚の作り上げた判例理論を，外側から批判しているだけでなく，判例を市民の視点から練り直す必要があると主張する。本田稔の論稿は，近代市民社会における「啓蒙の弁証法」の矛盾的契機が，現代の「危険社会」における刑事政策の理論と実践のなかにも看取できることを指摘している。葛野尋之の論稿は，近年の少年の事件報道をめぐる議論を素材に，多数者としての「市民」が社会的「弱者」であるはずの少年を犠牲にして，社会の統合を維持・強化しようとすることの危険性を指摘し，それに対抗するための新たな「公共性」論を模索している。石塚伸一の論稿は，国家主導の刑事政策を「市民」主導のそれへと転換することによって，小さな刑事司法をめざすべきであるとの立場から，大きな刑事司法を志向する最近の兆候を批判している。

　実践編の佐々木光明の論稿は，少年法「改正」をめぐって展開された様ざまな利益集団と市民運動の動きを追跡している。石塚の薬物問題に関する論稿は，薬物依存からの回復をめざす自助グループ「ダルク」を市民の呼びかけによって招致した北九州の市民運動を紹介している。南口芙美＝石塚の論稿は，アメリカの犯罪や非行からの回復をめざすNGO「アミティ」の来日を契機にはじまった小さな市民グループの活動を紹介している。ナヤ・アビータ（坂上香訳）の論稿は，来日の際のスピーチの翻訳である。金尚均の論稿は，薬物問題に対する厳罰主義に

効果がないことを経験したドイツにおいて，依存症者の回復が市民にとっても利益になるとの観点から，自己使用についての容認主義へと変わっていった背景を詳しく紹介している。福島至の論稿は，イギリスにおける刑事司法の改革に市民運動がどのようにかかわっているのかを紹介している。

　近代市民社会は，合理的・理性的判断能力を有する抽象的市民の存在を前提としている。しかし，現実には，すべての人間が，このような能力をもっているとは限らないという矛盾をかかえている。フランス革命によって，すべての人が解放され，自由を享受したその日に，「橋の下で生活する自由」を獲得した人たちがいたというアナトール・フランス（小林正訳『赤い百合』白水社，2000年）の指摘を想起していただければお分かりであろう。なんの財産ももたない理性人が「ホモ・エコノミクス」として，弱肉強食の市場経済の主人公になれるであろうか。十分な教育も受けぬまま，大人の社会に放り出された少年が，20歳になったからといって，一人前に政治的判断をしているといえるであろうか。経済社会の主人公たるホモ・エコノミクスも，政治社会の主人公たる主権者たる国民も，すべての人間が，独立・平等・自由であるという「虚構（フィクション）」の上に成り立っている。しかし，現実社会で，わたしたちが出会うのは，生活の「におい」のする生身の人間であり，ときには，自分の利益だけを追求するエゴイストになることもあるが，ときには，他人への思いやりや優しさに充ちた「善き隣人」になることもある普通の人たちである。このような2つの顔をもつ人間たちのなかに，わたしたちは，21世紀の市民像を見る。

　近代市民社会とその構成員たる市民像がある種の虚像であり，現実世界の実像を反映していないというのには，消極的な意味だけでなく，積極的な意味もある。矛盾に充ちた人間の存在を丸ごと認めた上で，その積極的側面を評価して，現実社会の変革にどのようにむすびつけていくかがわたしたちの課題であった。当然，存在を認めることは，新たな市民像の構築につながる。

わたしたちは，龍谷大学のある伏見の研究会での議論にはじまり，霞ヶ関の立法運動，北九州の市民運動，アメリカのNGOの招聘とその日本への影響，そして，ドイツの薬物対策やイギリスの市民運動にいたる調査研究を通じて，いまを変えようとして動きはじめている多くの人たちに出会った。しかし，21世紀の「市民像」を求める珍道中は，いまだ最終目的地には到達していない。

　現実の経済や政治や社会は混迷をきわめ，平和を破壊し，人権を抑圧している。犯罪や貧困が人々の生存を脅かし，これを暴力で押さえつけようとする「大衆」の権力が肥大化している。しかし，絶望ばかりはしていられない。この旅を通じて，おぼろげながら，現実社会の実像が見えてきたような気がする。疲弊し，絶望にくれている人は多いが，希望をもって，活動している人もいる。

　そんな人たちが，現実の社会問題に目を向け，手を携えて，いきいきと動き回っている市民運動にわたしたちは，望みを託していこうと思う。「市民法」研究会の21世紀の「市民像」をもとめる旅は，いまだ道半ばである。

（文責：石塚　伸一）

石井　幸三（いしい・こうぞう／龍谷大学法学部教授）
石塚　伸一（いしづか・しんいち／龍谷大学法学部教授）
金　　尚均（きむ・さんぎゅん／龍谷大学法学部助教授）
葛野　尋之（くずの・ひろゆき／立命館大学法学部教授）
坂上　　香（さかがみ・かおり／アミティを学ぶ会）
佐々木光明（ささき・みつあき／三重短期大学法経科教授）
Naya Arbiter（なや・あーびたー／アミティ）
馬場　健一（ばば・けんいち／神戸大学大学院法学研究科教授）
福島　　至（ふくしま・いたる／龍谷大学法学部教授）
本田　　稔（ほんだ・みのる／立命館大学法学部教授）
南口　芙美（みなみぐち・ふみ／龍谷大学大学院法学研究科修士課程）
（50音順）

龍谷大学社会科学研究所叢書第53巻
現代「市民法」論と新しい市民運動
21世紀の「市民像」を求めて

2003年3月31日　第1版第1刷発行

編著者：石塚伸一
発行人：成澤壽信
編集人：桑山亜也、北井大輔
発行所：株式会社現代人文社
　　　　〒160-0016　東京都新宿区信濃町20　佐藤ビル201
　　　　電話：03-5379-0307（代表）　FAX：03-5379-5388
　　　　Eメール：daihyo@genjin.jp（代表）、hanbai@genjin.jp（販売）
　　　　Web：www.genjin.jp
　　　　振替：00130-3-52366
発売所：株式会社大学図書
印刷所：株式会社ミツワ
装　丁：清水良洋
検印省略　PRINTED IN JAPAN
ISBN4-87798-163-2 C3032
ⓒ2003　ISHIZUKA Shin-iti

本書の一部あるいは全部を無断で複写・転載・転訳載などをすること、または磁気媒体等に入力することは、法律で認められた場合を除き、著作者および出版者の権利の侵害となりますので、これらの行為をする場合には、あらかじめ小社または編著者宛に承諾を求めてください。